Manual de traducción

Francés / Castellano

Mercedes Tricás Preckler

Serie
Práctica, Universitaria y Técnica

Obras publicadas por Editorial Gedisa

Manuales
de traducción

Francés / Castellano
por Mercedes Tricás Preckler

Inglés / Castellano
por Juan Gabriel López Guix

Alemán / Castellano
por Anna Maria Rossell Ibern

Manual de traducción

Francés / Castellano

por

Mercedes Tricás Preckler

Primera edición, Barcelona, 1995

Diseño de cubierta: Marc Valls

Derechos reservados para todas las ediciones en castellano

© by Editorial Gedisa S.A.
Muntaner, 460, entlo., 1ª
Tel. 201 60 00
08006 - Barcelona, España

ISBN: 84-7432-551-X
Depósito legal: B-15.274.1995

Impreso en Libergraf
Constitució, 19 - 08014 Barcelona

Impreso en España
Printed in Spain

ÍNDICE

Prólogo

Los traductores no son infalibles. Son muchas las razones de este fenómeno, pero es cierto que quienes se dedican a la tarea de la traducción corren el riesgo de incurrir en una serie de vicios y errores —algunos debidos al mero hecho de traducir; otros, a las lenguas de trabajo— que sería posible evitar si se tomara plena conciencia de ellos. Una reflexión sobre el análisis y la interpretación del texto que debe traducirse permite solventar muchos de estos errores y sistematizar los más habituales, y ésta es una de las características innovadoras de la serie que presentamos. Así pues, estos manuales pretenden llenar el vacío existente en este sentido en la enseñanza de la práctica de la traducción.

Aprender a traducir sólo a partir de la teoría es una tarea imposible; por ello, esta colección se basa en ejemplos recogidos de la enseñanza de esta disciplina y de textos publicados. La concepción de estos manuales que presentamos parte pues de estas dos premisas: del análisis de los errores y vicios de estilo, por un lado, y de una reflexión más general sobre la práctica traductora, por otro. También por este motivo sus autores son profesores universitarios de reconocido prestigio tanto en el campo de la traducción como en el de la enseñanza de esta disciplina.

Nuestro trabajo va dirigido fundamentalmente a todos aquellos que en un futuro quieran ser traductores, a los profesionales y a quienes deban superar cualquier prueba de traducción (entidades privadas, intérpretes jurados, organismos internacionales: ONU, Unión Europea, etc.). La comparación directa de los aspectos morfológicos, léxicos y textuales entre dos lenguas permite poner de manifiesto los puntos de coincidencia y divergencia entre las mismas. Por ello estos manuales pueden ser también de gran utilidad para los estudiantes de las correspondientes lenguas, ya que aquí se recogen aquellos aspectos que habitualmente quedan excluidos en la enseñanza de idiomas.

JOSÉ LUIS SÁNCHEZ GONZÁLEZ
Coordinador

Introducción

Durante largos años, la traducción había sido considerada un arte o un *divertimento* realizado por móviles vocacionales, totalmente ajenos a obligaciones de tipo profesional. Hasta la primera mitad de nuestro siglo, la existencia de centros dedicados a la formación de los futuros traductores no existe más allá de la imaginación de algún idealista utópico. Cuando se hace referencia a la insigne Escuela de Traductores de Toledo no se está mencionando, pese a que algunos se empeñen en afirmarlo, ningún tipo de centro cuya finalidad sea la enseñanza, sino por el contrario un lugar de reunión de traductores competentes con una amplia experiencia profesional. Los organismos dedicados a la formación de traductores profesionales empezaron a crearse hace poco más de cincuenta años, ante la necesidad de formar especialistas en una actividad de demanda creciente. Las razones hay que buscarlas en el desarrollo y la intensidad de las comunicaciones internacionales, la reducción de distancias y la abolición de fronteras que llevan a una demanda cada vez mayor de profesionales dedicados a hacer de puente entre las distintas lenguas y culturas. El fenómeno se observa tanto a nivel escrito —los traductores—, como a nivel oral —los intérpretes—.

La pedagogía de la traducción es pues una disciplina relativamente reciente.

La traducción, actividad intelectual basada en la práctica de ciertas técnicas específicas y en una habilidad, un *savoir-faire* especial, exige, por parte de quien la realiza, la activación de una serie de mecanismos encaminados a restituir el sentido de un mensaje, lo más rápidamente posible, con la mayor fidelidad, claridad y corrección, a fin de que dicho mensaje pueda ser entendido por un nuevo lector en una nueva situación.

La riqueza y diversidad de cada uno de los sistemas lingüísticos, las dificultades de convertir un mensaje en otro equivalente pero distinto, han llevado a muchos teóricos a preguntarse por la posibilidad de la práctica traductora. Lógicamente pues, la pregunta de si es posible aprender a traducir debería ser previa a estas páginas. Pero es evidente también que esta cuestión epistemológica no tiene demasiado sentido cuando se parte de un planteamiento eminentemente pragmático.

Este libro es, en cierto modo, el resumen de lo que ha constituido mi actividad profesional durante los últimos trece años. Y la mejor prueba de que esta enseñanza rinde sus frutos es la constatación —no exenta de cierto asombro, justo es reconocerlo— de que unas cuantas generaciones de alumnos, tras pelear y pelear con palabras y textos, poniendo en práctica ciertos presupuestos teóricos, aplicando ciertas técnicas y desarrollando sus capacidades expresivas, han conseguido dominar esta operación de transferencia. Después de haberles guiado en esta aventura, después de haber sido testimonio de su lucha y de sus progresos, la posibilidad de organizar un contenido pedagógico para el aprendizaje de esta materia —pese a su dificultad, a sus limitaciones— está, a mi entender, fuera de dudas. Siempre y cuando, claro está, se definan con claridad los objetivos que se pretenden alcanzar y se utilicen los medios adecuados para ello.

Las páginas siguientes pretenden pues exponer los mecanismos fundamentales de los que debe servirse un traductor de la lengua francesa a la lengua castellana para realizar ese acto tan atípico de comunicación que consiste en transmitir las ideas de otro ser humano a un nuevo receptor, no previsto por el autor del primitivo mensaje. Es decir, están encaminadas a presentar un método y unas técnicas que ayuden al aprendiz de traductor a enfrentarse con el reto que representa el trasvase de un acto de comunicación de una lengua a otra distinta.

Para este planteamiento, la obra ha sido estructurada del modo siguiente:

En primer lugar, se esbozarán brevemente las características de esta profesión.

A continuación, se presentarán las líneas generales de los postulados lingüísticos que fundamentan la operación traductora.

Los dos capítulos siguientes se dedicarán al proceso traductor propiamente dicho. En primer lugar se expondrán las estrategias fundamentales, pragmáticas y semánticas, que un traductor debe conocer para llevar a cabo el análisis y la interpretación de todos los niveles de la unidad de comunicación —macro y microtextuales— con vistas a la traducción.

En el cuarto capítulo se plantean una serie de reflexiones acerca de las distintas técnicas de restitución de sentido en el texto de llegada.

Un último capítulo se dedicará a presentar los aspectos más importantes de la revisión a la que el traductor debe proceder una vez finalizado su trabajo a fin de evaluar las ganancias y pérdidas respecto al texto original.

Estos capítulos recogen el contenido de lo que constituye la esencia de la práctica de la traducción aunque no pueden presentarse, en el aprendizaje, de un modo disgregado como el que, por razones metodológicas, debe forzosamente llevar a cabo este trabajo. La traducción es una operación de sentido global, caracterizada por sucesivos avances y retrocesos, por la elaboración de hipótesis que luego deben ser confirmadas o rectificadas. Por ello, la teoría y la práctica, la interpretación y la restitución, el análisis y la síntesis, forman un todo continuo, imposible de delimitar, donde todas las etapas se yuxtaponen y se imbrican entre sí, a modo de círculos concéntricos. Solamente desde esta perspectiva unitaria puede entenderse el presente manual.

Capítulo primero

El contexto profesional

1.1. ¿Qué quiere decir traducir?

Para delimitar los objetivos de un curso de traducción hay que empezar por descartar algunos objetivos adyacentes que no forman parte del dominio de esta disciplina. Los enunciaremos en forma de postulados:

1. Un curso de traducción francés-castellano no es un curso de lengua francesa. La lengua de partida es un instrumento que el traductor debe dominar de antemano para así poder penetrar en los textos objeto de traducción. Pero conocer bien una lengua extranjera y poseer una buena competencia traductora son dos cosas muy distintas. Si bien la primera es una condición previa para la segunda, la competencia traductora exige el dominio de unas técnicas interpretativas bien definidas y alejadas de la capacidad de comunicar en una lengua que no es la propia.

Por esa razón los Centros Universitarios dedicados a la enseñanza de la traducción se diferencian claramente de los centros de enseñanza de lenguas extranjeras. Su objetivo no consiste en un perfeccionamiento de dichas lenguas por parte del alumno, sino en el desarrollo de sus técnicas de comprensión y sus capacidades de transferencia de una lengua a otra. Tal como dice J. Delisle:

> *La compétence linguistique est une condition nécessaire, mais non suffisante à la pratique professionnelle de la traduction.*[1]

2. Los objetivos de un curso centrado en la terminología y en la documentación no son tampoco los mismos. Las técnicas de recopilación documental y terminológica son cada vez más complejas e incluyen el manejo de amplios bancos de datos de tratamiento automatizado. Estas técnicas son un instrumento de ayuda al traductor de valor incalculable pero que ha dado lugar a una profesión diferenciada: la de documentalista.

3. Un curso de traducción no es tampoco un curso de redacción en la lengua de llegada. Las exigencias expresivas del texto traducido re-

quieren una especial atención y un buen dominio de la lengua materna es la base de este trabajo, pero no el fin último del mismo.

¿Cuáles son pues los objetivos reales que debe perseguir el futuro traductor? ¿De qué modo se pueden transmitir una serie de estrategias y técnicas que ayuden a realizar esta actividad?

Sintetizados al máximo, se podrían enunciar así [2]:

1) **Comprender / interpretar**, esto es, desarrollar las competencias lectoras y las capacidades comprensivas a fin de conseguir una correcta interpretación del «sentido» del mensaje que debe traducirse. Dicho de otro modo, aprender a penetrar en el mensaje, dilucidar toda la información en él contenida, los sobre-entendidos y presuposiciones implicados, el mecanismo mediante el cual fue elaborado, las funciones del mismo y las intenciones ocultas, descomponerlo en elementos y, en cierto modo, asumirlo como propio, para luego poder convertirse en locutor de un nuevo mensaje que pretende recubrir el mismo espacio semántico y reproducir funciones comunicativas similares.

Se trata de una fase forzosamente *analítica* que requiere el aprendizaje de los mecanismos de análisis textual. Mediante una serie de técnicas se recuperan los sentidos expuestos y ocultos del mensaje, su marco referencial y situacional y las intenciones de sus primitivos hablantes al producirlo.

2) **Re-expresar**, esto es, desarrollar las competencias «expresivas y redactoras» a fin de conseguir reconstruir un texto que reproduzca, lo más fielmente posible, el primitivo acto de comunicación, recogiendo una intencionalidad similar y unas características funcionales equivalentes.

Lo cual exige el desarrollo de unas capacidades *sintéticas*, que recojan las claves del texto de partida y las reincorporen a un nuevo acto de comunicación.

Estas dos operaciones se completan con una tercera, no menos importante:

3) **Valorar el resultado**, esto es, ser capaz de realizar el proceso que tiene como misión confrontar el texto creado por el traductor con el producto primitivo, evaluando las ganancias y pérdidas, y corrigiendo, en la medida de lo posible, las desviaciones semánticas y pragmáticas que inevitablemente se habrán producido.

1.2. La profesión de traductor en España

El mercado de la traducción está desarrollándose con rapidez en nuestro país en los últimos años. La entrada de España en la Comunidad Europea data de 1985 y representó un hito importante en la evolución del mercado español de la traducción. La Comunidad Europea no sólo ha generado por sí misma una gran demanda de traductores sino que ha servido de base para el asentamiento de empresas europeas en las que se practica un vaivén multilingüe. Al mismo tiempo, empresas, editoriales, casas comerciales, revistas europeas e incluso administraciones —estatales y autónomas— requieren cada vez una mayor presencia de traductores de temas generales y especializados. En todos los casos, si la institución conoce la problemática del oficio de traductor y comprende la diferencia abismal que existe entre conocer una lengua y ser un buen traductor de la misma, encomendará los textos de otros idiomas, que deben vertirse al castellano, a traductores que posean éste como lengua materna y no al contrario, pues es necesario dominar a la perfección una lengua para poder emplear todos los recursos lingüísticos de la misma en este intento de adecuarse al mensaje de otro locutor. Al revés, pues, de lo que ocurre en el caso de los intérpretes, que operan generalemente *desde* y *hacia* su lengua B, los traductores utilizan su propia lengua como instrumento de trabajo.

En todo este ajetreo lingüístico, la traducción literaria ha quedado relegada en términos de cantidad. Constituye una actividad absolutamente distinta que, por sus características especiales, se acerca mucho más al arte de creación —o de re-creación— literaria que a las técnicas traductoras. Basten para corroborarlo estas contundentes palabras de R. Etiemble:

> *La traduction des oeuvres littéraires ne se réduira jamais, je dis jamais, à une opération linguistico-scientifique. Elle ne peut être évaluée qu'en fonction des normes littéraires et doit être étudiée comme une manifestation littéraire.*[3]

Sigue siendo la traducción más altamente cualificada, la que exige el verdadero *tour de force* por parte del traductor, pero ocupa sin embargo a muy pocos profesionales. Las mayores necesidades del mercado se centran en un traductor ágil y polifacético, con una buena cultura general, que maneje tipos distintos de textos y que conozca bien las distintas técnicas de aproximación a cada uno de ellos. Es lo que el mercado conoce por traductor generalista. A él y a su preparación se dirigen, fundamentalmente, en estos momentos, todos los centros universitarios de formación de Traductores e Intérpretes y a ellos se orientan estas páginas.

1.3. Tipos de textos

Todos los manuales de traducción coinciden en la conveniencia de utilizar, en este aprendizaje, textos de tipo general, caracterizados por el «anonimato» del autor y por un estilo directo y poco subjetivo, que corresponden *grosso modo* al tipo de lenguaje utilizado por los medios de comunicación, revistas no especializadas, obras ensayísticas de tema socio-político, económico, administrativo, publicitario, etc., pues constituyen el material más adecuado para facilitar la introducción en todo el muestreo de problemas de transferencia.

Para la división de los textos a partir de sus características funcionales, Neubert [4] establece los tipos siguientes:

a) El texto está dirigido explícitamente a los receptores de la lengua original.

b) El texto, si bien dirigido a los receptores de la lengua original, puede ser descodificado por los lectores de otras lenguas sin graves problemas.

c) El texto no está dirigido específicamente a ningún público lector enraizado en un marco socio-cultural determinado.

d) El texto escrito en una lengua tiene presente, desde el momento de su elaboración, el público de la traducción.

Para ilustrarlo con algún ejemplo, incluiríamos, en el primer grupo los textos jurídicos, en el segundo buena parte de la producción literaria, en el tercero los textos científico-técnicos y, en el cuarto, los folletos turísticos, los textos destinados a la publicidad en el extranjero, etc.

La progresión didáctica exige siempre sistematicidad. Un texto con excesivos problemas que intentan atacarse al mismo tiempo no puede ser nunca productivo desde el punto de vista del aprendizaje. Pero tampoco es fácil encontrar unidades textuales que sirvan para analizar una sola dificultad translatoria. Se trata entonces de adecuar los objetivos, seleccionando ciertas dificultades, a fin de resolver, en cada unidad textual, un número limitado y progresivo de problemas relativos a cada una de estas categorías, aún a riesgo de dejar de lado algunos aspectos del texto en cuestión. Esta es la técnica que parece más productiva, por lo menos en las primeras fases del aprendizaje.

En todos los casos, se pretende que el análisis interpretativo, previo a la traducción, examine detenidamente la función textual del producto que se debe transferir, con el convencimiento de que dicha función es determinante en la elección de los medios lingüísticos que deben utilizarse en la traducción, pues es evidente que:

para que la tipología cumpla sus fines, es preciso que analice la función co-
municativa de los textos en situaciones y preste especial atención a las in-
tenciones del hablante y a las expectativas del oyente y a los correlatos en-
tre ellas en las estructuras textuales (señalizadores textuales internos) que
permiten al receptor reconocer qué tipo de texto quiere producir el hablante [5]

1.4.   Otra documentación

Las posibilidades de explotación de textos sirven de apoyo a muchas otras técnicas útiles para un traductor, además de la transferencia propiamente dicha. Entre esta utilizaciones se cuentan las siguientes:

• Textos documentales. De ellos se extrae el contenido informativo para elaborar el conocimiento necesario del tema y para familiarizarse con su léxico. Es un instrumento de ayuda para comprender mejor el texto que va a traducirse.

• Textos paralelos. Se trata de textos parecidos que, en la lengua de llegada, indican al traductor el tipo de lenguaje —sus normas y convenciones— que debe utilizar y le guían en la re-escritura del texto que debe traducirse.

• Traducciones ya elaboradas. Sirven para contrastar, a todos los niveles, las dos versiones, original y traducción, a fin de analizar retrospectivamente el proceso de traducción y aprender a valorar las pérdidas y ganancias de estos textos respecto al original. El objetivo de este ejercicio comparativo es proceder a una crítica del resultado obtenido a fin de determinar cuáles son las técnicas traductoras que predominan en la elaboración del texto de llegada.

Todos estos instrumentos están encaminados a un único objetivo: el aprendizaje de unas técnicas. La reflexión acerca de algunos fenómenos son meros estímulos para contribuir a un esfuerzo personal y, en cierto modo, introspectivo mediante el cual cada aprendiz de traductor debe encontrar su propio modo de hacer y sus propios recursos.

Capítulo segundo

La reflexión teórica

2.0.   De la práctica a la teoría

> *La traduction devient traductologie quand le traducteur qui réfléchit sur sa pratique, en fait —ou tente d'en faire— le discours. Et la traductologie est nécessaire pour bien comprendre l'opération traduisante et mieux traduire. Comme toute oeuvre humaine, il s'établit un rapport dialectique entre pratique et théorie. Tout traducteur doit être un peu traductologue, s'il veut garder suffisamment de distance par rapport à son texte. Il apprend à réfléchir, à analyser*[6].

La práctica de la traducción ha precedido a todos los intentos de teorización. La mayoría de los traductores que, a lo largo de los siglos, se han dedicado a la tarea de reproducir un mensaje en una lengua distinta de aquella en la que fue escrito, han realizado su actividad desde una postura totalmente pragmática.

Cuando el traductor pretende reflexionar sobre su trabajo, justificar las razones que le llevan a resolver los problemas de un modo determinado, es decir, cuando intenta convertir en postulados teóricos su práctica cotidiana, topa con dificultades de diversa índole. Los mecanismos que entran en juego en la traducción no son nada simples y la diversidad de soluciones ante un problema concreto es una demostración de que, en esta actividad, no existen los esquemas precisos ni las sistematizaciones rigurosas.

Y, sin embargo, numerosos traductores, de todas las épocas, han sentido la tentación de dejar por escrito ciertas normas «teóricas» que les han servido de guía en sus trabajos.

J.C. Santoyo, en un libro titulado *Teoría y crítica de la traducción: una antología*,[7] recoge bastantes de estas reflexiones aparecidas en España desde el siglo XIV hasta nuestros días.

Pero todas ellas pueden resumirse en este breve texto del siglo XIII cuyo autor, el escritor árabe Ṣalāḥ al-Dīn al-Ṣafadī, resume la filosofía de la Ciencia Traductológica posterior:

> *...miran cada palabra griega y lo que significa. Buscan un término equi-valente, en cuanto al sentido, en árabe, y lo escriben. Toman luego la pa-labra siguiente y proceden así sucesivamente, hasta que terminan lo que han de traducir. Este método es malo porque (...) la sintaxis y la estructu-ra de las frases no siempre se corresponden en uno y otro idioma. (..)*
>
> *El segundo método es el empleado por Ḥunayn b. Isḥāq-al-Ŷawharī y otros. Consiste en leer la frase y entenderla. A continuación la trasvasa a otra frase, tanto si las palabras son equivalentes como si no. Este método es el mejor.*[8]

La proliferación, en los últimos veinticinco años, de tratados sobre traducción y sus relaciones con las teorías lingüísticas, ha dado lugar a esta nueva disciplina: la Traductología, cuya finalidad, recogiendo las palabras de R. Larose, consiste en:

> *systématiser le processus de traduction lui-même et fournir des principes et des règles de conduite qui guident les choix de traduction.*[9]

Finalidad que no está exenta de problemas. Las formulaciones téo-ricas sobre la traducción no podrán nunca presentar reglas inapelables e infalibles. La base puramente práctica de esta actividad y la multipli-cidad de funciones comunicativas impiden que cualquier ciencia esta-blezca unos límites excesivamente rígidos. Tampoco ha sido nunca éste el objetivo real de la ciencia traductora y muchos autores son conscien-tes de las limitaciones que plantea este tipo de ciencia.

De todos modos, pese a las dificultades de una disciplina de esta na-turaleza, parece que nadie pone en duda que una cierta reflexión sobre este complejo «arte» produce resultados indudables y así lo afirman muchos autores:

> *on peut et on doit admettre qu'il existe des traducteurs capables de résou-dre des problèmes de traduction sans se reporter délibérément à un en-semble de principes. Mais nous sommes à une époque où la demande dé-passe l'offre et où la nécessité se fait de plus en plus sentir de former des traducteurs plutôt que de compter sur leur compréhension intuitive des langues qu'ils utilisent.*[10]

Así pues, la Ciencia de la Traducción se concibe como un conjunto de formulaciones teóricas que establecen el marco para una metodolo-gía válida y útil. Estos postulados sirven indiscutiblemente de ayuda al traductor pero son incapaces de resolver todo el problema de la traducción. Peter Newmark está realmente en lo cierto respecto a la teoría de la traducción cuando insiste en que la utilidad real de dicha teoría radica en:

- identificar y definir el problema de traducción.
- indicar los factores que deben tenerse en cuenta para solventarlo.
- establecer una lista de los posibles procedimientos de traducción
- y, finalmente, mostrar cuál es el más adecuado.

En la misma línea, Gambier [11] reduce a tres los objetivos de dicha teoría:

- *l'élaboration d'outils conceptuels pour satisfaire aux exigences de l'objectivité et à un certain degré de formalisation.*

- *la définition d'un certain niveau d'abstraction, afin que la systématisation ne s'en tienne pas à une description superficielle dépendante de tel ou tel genre de texte.*

- *l'explication des présupposées de départ.*

Muchos expertos han puesto de relieve la importancia de combinar la teoría con la práctica. V. García Yebra nos dice:

> *La teoría sola es estéril y la práctica sin teoría rutinaria y ciega. El estudio de la traducción es una rama de la lingüística aplicada y con toda razón se puede adoptar en él la postura que B. Pottier propugna para la lingüística general:* Nous refusons la théorie sans exemples et les exemples sans théories.[12]

No es mi intención presentar aquí un extenso panorama de la Ciencia Traductológica. Pero es obligado hacer una breve mención de los postulados teóricos en que se asienta la metodología de la práctica traductora.

Y, antes de proceder a esta presentación, es necesario indicar cuáles son las relaciones entre Lingüística y Traducción, para poder situar la disciplina que nos ocupa en el panorama general de las Ciencias del Lenguaje. Sin perder de vista sin embargo que la diferencia entre una y otras es sustancial: mientras que la Lingüística tiene como objeto de estudio fundamental analizar, fragmentar, catalogar, los hechos de lenguaje, los traductólogos pretenden comprender los mecanismos intelectuales que sirven para hacer realidad la operación de comunicación inter-lingüística.

2.1.   El concepto de traducción

> *Aprender a hablar es aprender a traducir;*
> *cuando el niño pregunta a su madre por el*
> *significado de esta o aquella palabra, lo que*
> *realmente le pide es que traduzca a su len-*
> *guaje el término desconocido.*[13]

Tal como R. Larose indica,[14] el término *traduire* no aparece en francés hasta 1539, cuando Robert Estienne, en vez de utilizar el habitual término *translater* (procedente de un verbo latino irregular cuyo infinitivo era *transferre* y su participio *translatus*), lo introduce en sus páginas. Algo más tarde, en 1540, Etienne Dolet dará origen a los dos derivados *traducteur* y *traduction*. Asimismo, dicho autor, en *La manière de bien traduire d'une langue en aultre,* enuncia por vez primera los principios básicos de esta operación que J.C. Margot sintetiza así:

> *1. Il faut que le traducteur entende parfaitement «le sens et la matière» de l'auteur qu'il traduit. 2. Il faut que le traducteur ait une parfaite connaissance de la langue de l'auteur qu'il traduit et, de même, une parfaite connaissance de la langue dans laquelle il traduit. 3. En traduisant, il ne faut pas asservir au mot à mot. Ceux qui commettent cette erreur «dépravent souvent le sens de l'auteur qu'ils traduisent, et n'expriment la grâce et perfection de l'une et l'autre langue». 4. Le traducteur doit utiliser les tournures qui sont naturelles dans la langue réceptrice (et non pas traduire dans sa traduction des formes calquées sur la langue originale). 5. Le traducteur doit veiller à l'équilibre de la phrase, à l'harmonie de la construction du texte. Autrement dit, il ne suffit pas de choisir des mots appropriés, mais encore convient-il de les disposer dans un ordre qui ne rebute pas l'oreille ou l'esprit du lecteur.*[15]

El concepto recubierto por el término traducción, ha sufrido diversas modificaciones a lo largo del tiempo. Aunque no es el objetivo de estas páginas recorrer los caminos de la historia, no podemos evitar el aludir brevemente a breves destellos de la misma relacionados con el arte de transferir textos de una lengua a otra.

Como, E. Dolet, también Martín Lutero, en su gran obra, la traducción del *Nuevo* y, a continuación, el *Antiguo Testamento* (finalizado en 1534), establece unos principios de la técnica de traducir que R. Larose resume así:

> *1) la modification de l'ordre des mots; 2) l'emploi d'auxiliaires modaux; 3) l'utilisation des connecteurs; 4) la suppression des termes grecs ou hébreux sans équivalents convenables en allemand; 5) le recours à des phrases là où c'était nécessaire de le faire afin de rendre des mots simples dans l'original; 6) le passage de métaphores à des non-métaphores et viceversa; et 7) le soin à porter à l'exactitude exégétique et aux variantes textuelles.* [16]

El siglo XVII, por su parte, es testigo de cómo los dictámenes del Preciosismo obligan a eliminar de las traducciones todo aquello que no se adecúe a las costumbres y gustos de esta refinada época. Así nacen una serie de textos que pretenden ser traducciones pero tan alejadas y expurgadas de los contenidos originales que dan pie al apelativo de *belles infidèles*. [17]

El siglo XVIII continuará esta corriente de traducción *libre*, más cercana de la adaptación. El siglo XIX, en cambio, representará una vuelta al concepto de traducción literal, considerada como el menor atentado posible al contenido original porque en realidad se parte de la convicción de que «rien qui vaille être traduit ne peut être traduit». [18] El propio R. Larose cita, para corroborarlo, la traducción «fotográfica» que Nerval hace del *Fausto* de Goethe, la del *Paraíso Perdido* de Milton, llevada a cabo por Chateaubriand, o la *Ilíada* y la *Odisea* de Homero, vertidas al francés por Leconte de Lisle.

Y ciertamente entre estos dos polos opuestos: la traducción libre —a la que Mounin [19] designa como *les verres colorés*— y la traducción literal —que Mounin percibe como *des verres transparents*— se mueve este amplio concepto de traducción. Aunque no siempre se utilizan los mismos términos: Catford, por ejemplo, denomina *word-for-word* lo que aquí acabamos de denominar traducción literal, mientras reserva el término de *literal* para designar aquella versión en la que fragmentos de traducción *palabra por palabra* se combinan con transformaciones forzadas por las necesidades de la lengua de llegada. [20]

Muy pocos traductólogos defienden actualmente la postura *literal* o *sourcière* de sagrado respeto a la fuente original, que debe traslucirse fielmente a través del nuevo texto y cuya finalidad Meschonnic resume así:

> *les sourciers seraient des littéralistes qui voudraient en quelque sorte qu'on pût lire la forme même de la langue-source, du texte original comme en filigrane de sa traduction.* [21]

R. Jakobson, en un artículo titulado *Aspects linguistiques de la traduction*,[22] establece tres formas distintas de traducción:

> *1) La traducción intralingüística o reformulación (rewording), que consiste en la interpretación de los signos lingüísticos mediante otros signos de la misma lengua.*

> *2) La traducción interlingüística o traducción propiamente dicha, que consiste en la interpretación de los signos lingüísticos por medio de otra lengua.*

> *3) La traducción intersemiótica o transmutación, que consiste en la interpretación de los signos lingüísticos mediante sistemas de signos no lingüísticos.*

En los tres niveles, recalca Jakobson, el objetivo es buscar *equivalencias* no entre palabras sino entre *unidades del código* o mensajes enteros:

> *Le plus souvent, en traduisant d'une langue à l'autre, on substitue des messages dans l'une des langues, non à des unités séparées, mais à des messages entiers de l'autre langue.*[23]

La definición de Nida y Taber, siguiendo una línea similar, se expresa en estos términos:

> *Traducir consiste en reproducir, en la lengua de llegada, la equivalencia más próxima al mensaje de la lengua de partida, en primer lugar en el aspecto semántico y, en segundo lugar, en el aspecto estilístico.*[24]

También Catford insiste en este aspecto de sustitución de un mensaje por otro con un enfoque equivalentista:

> *La traducción es una operación que tiene lugar entre lenguas, esto es, un proceso de substitución de un texto en una lengua por un texto en otra distinta.*[25]

Al aspecto lingüístico de la definición anterior, Ch. Nord añade la vertiente funcional, es decir, el objetivo para el cual se traduce:

> *La traducción es la producción de un texto de llegada funcional que man-*

tiene con el texto de partida una relación acorde con la función que éste posee o pretende poseer. La traducción permite la realización de un acto comunicativo que, debido a barreras lingüísticas y culturales, no hubiera sido de otro modo posible.[26]

En resumen, el término *traducción* puede efectivamente incluir operaciones bastantes distantes. E. A. Gutt, recogiendo una referencia de Krings llega a describir todas éstas:

- traducción intralingüística *versus* interlingüística.

- traducción de palabras o frases aisladas *versus* traducción de textos auténticos.

- traducción *versus* interpretación (consecutiva o simultánea).

- traducción como proceso *versus* traducción como producto.

- traducción de una lengua a otra *versus* traducción de un lenguaje natural a otro sistema de signos (código Morse, por ejemplo).

- traducción *versus* transliteración (traducción a otro sistema de escritura, por ejemplo el paso de la escritura cirílica a la romana).

- traducción humana *versus* traducción automática.

- traducción desde (una lengua extranjera) *versus* traducción hacia (una lengua extranjera).

- traducción *versus* libre paráfrasis o imitación.[27]

Esta dispersión terminológica no preocupa sin embargo demasiado al traductor profesional que concibe esta operación como un acto de comunicación, resultado de una interpretación lo más ajustada posible del original, cuya finalidad es reproducir, en otras palabras y para otro destinatario, lo más fielmente posible, el contenido del mismo.

Recogiendo estos elementos, se delimita en esta operación la doble vertiente ya aludida: un análisis/interpretación del texto original para dilucidar los elementos claves del mismo y, la reconstrucción, mediante una elección de los elementos apropiados en la lengua de llegada, del mismo espacio textual en un nuevo sistema lingüístico.

Resumiendo pues, la traducción consiste estrictamente en un acto de comunicación que pretende reproducir el sentido de un mensaje, mediante la creación, en otra lengua, de un mensaje equivalente, con una función comunicativa similar, expresado en la forma más adecuada posible, para que pueda ser entendido por un nuevo lector en una nueva situación.

Lo cual, representado muy esquemáticamente, nos daría esta trayectoria:

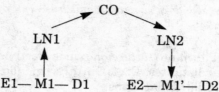

en dónde M1 es el mensaje del texto original, expresado por un emisor (E1) y dirigido a un destinatario (D1). Este acto primitivo de comunicación se transmite mediante un envoltorio verbal y textual determinado (LN1).

Un segundo sujeto hablante (E2), actúa como receptor del mensaje M1, para luego, después de haber aprehendido su carga semántica y emocional, adecuarlo a una misma conceptualización y finalidad comunicativa (CO), envolviéndolo con los signos de otro sistema lingüístico (LN2). De este modo se recompone un nuevo mensaje (M1'), equivalente pero no idéntico, destinado a un nuevo destinatario (D2), en unas circunstancias enunciativas distintas.

Así, un primitivo acto de comunicación, concebido en una situación comunicativa concreta, pasa a formar parte de un nuevo proceso, tras haber sufrido una serie de transformaciones de diversa índole, extratextuales e intratextuales, pero asentadas fundamentalmente en la base material de dicho acto: los signos lingüísticos.

2.2.   Los límites de la traducción

> *Une langue est un instrument de communication selon lequel l'expérience humaine s'analyse différemment dans chaque communauté.*[28]

Cualquier estudio sobre la traducción se inicia siempre por una reflexión acerca de la posibilidad de transferir, con fidelidad, un mensaje expresado con los signos lingüísticos de una comunidad, a otro sistema lingüístico distinto.

Cada pueblo, cada sociedad, cada cultura posee un sistema de signos que le sirve para comunicarse. Estos signos nos transmiten la riqueza y la complejidad de un modo de vivir, de pensar, de sentir, único e irrepetible.

Plantearse el problema de la operación de transferencia semántica denominada traducción es, ante todo, plantearse el problema de la diversidad de sistemas lingüísticos y de la necesidad —y posibilidad— de comunicarse entre sí.

Si una lengua es un instrumento de expresión del modo de ver la realidad desde una perspectiva determinada, ¿cómo es posible pretender la reproducción de esa realidad, desde otra perspectiva y mediante otras herramientas de expresión?

Es evidente que si intentamos por un momento olvidar la práctica traductora y nos situamos en la raíz misma del problema de la transmisión de sentido, la posibilidad de forzar y distorsionar unos signos lingüísticos para que se adapten a las necesidades de otro sistema no parece tan evidente.

Si es cierto que, tal como sostienen las tesis de Wilhem von Humboldt, el mundo es comprendido y pensado por el hombre por medio de su lenguaje y que «disecamos la naturaleza según líneas previamente trazadas por nuestras lenguas maternas»,[29] las lenguas pueden parecer instrumentos no intercambiables ya que cada una posee los medios adecuados para definir la realidad que le es propia.

Sin embargo, aunque desde una perspectiva lingüística sea fácil aportar pruebas que apoyen la imposibilidad de traducir, lo que no puede negarse es que la traducción sea una tarea repetida a diario por muchos profesionales. Este es el mejor argumento en favor de su viabilidad. La traducción es posible por una razón primordial: las lenguas poseen, además de una dimensión lingüística, una dimensión comunicativa. La capacidad de los sistemas lingüísticos para comunicar ideas, hechos, sentimientos... hace que éstos puedan adaptarse, mediante estrategias diversas y complejas, a las más variadas necesidades expresivas. Dicho de otro modo, aunque la precisión varía de una lengua a otra, todas las lenguas pueden expresar, con mayor o menor acierto, cualquier tipo de mensaje. Numerosos lingüistas, como Jakobson y Nida, defienden con firmeza esta tesis.

Por consiguiente, es preciso contemplar la traducción esencialmente como un acto de comunicación. Y, si las lenguas pueden poseer términos que no tengan equivalente, siempre es posible que, en el interior de la situación comunicativa, un emisor encuentre el modo de hacer llegar a un oyente el sentido que dichos términos recubren.

M. Wandruzska habla de «denominador común» entre las distintas lenguas para justificar la posibilidad de pasar de una a otra:

On peut traduire dans la mesure où il y a denominateur commun; reste à savoir, et c'est évidemment un vaste sujet, dans quelle mesure les structures mentales sont différentes. [30]

Aunque este autor afirma la existencia de una cierta intraducibilidad cuando, al proseguir, asegura:

Si elles étaient profondément différentes on ne pourrait plus traduire, parce qu'il reste toujours quelque chose d'intraduisible, c'est-à-dire que nous vivons, en nous exprimant par exemple en anglais, dans un univers mental incompréhensible à des hommes s'exprimant à l'aide d'un autre instrument. Il reste donc évidemment toujours quelque chose d'intraduisible, mais en bonne méthode nous devons comparer les possibilités de traduction, c'est-à-dire les structures mentales qui ont ce dénominateur commun. [31]

Un texto nunca podrá ser totalmente intraducible; puede presentar serias dificultades de traducción en algunos segmentos, pero incluso éstos, integrados en una situación de comunicación, no pueden sustraerse a una transferencia, como mínimo parcial, de sentido. Aún así, es justo reconocer la existencia de ciertos problemas de intraducibilidad.. Esta intraducibilidad puede situarse a dos niveles:

- intraducibilidad lingüística
- intraducibilidad cultural

2.2.1. *Intraducibilidad lingüística*

Cada binomio de lenguas presenta dificultades distintas en la transferencia de la materia lingüística.

El francés y el español, por su proximidad geográfica y por la semejanza social y cultural de sus hablantes, poseen un grado muy elevado de isomorfismo semántico. Es muy difícil pues que los recursos de estas lenguas no consigan recubrir, como mínimo parcialmente, un espacio semántico equivalente.

Los típicos ejemplos, siempre fuera de contexto, a los que se alude reiteradamente (por ejemplo, que el francés diferencie *fleuve* de *rivière* o que *bois* corresponda en español a diversos términos según el contexto: *bosque, leña, madera...*) no constituyen en realidad graves problemas, pues la operación de transferencia se realiza siempre a partir de textos y la contextualización de cada vocablo proporciona, en la mayoría de casos, elementos suficientes para dar con la solución adecuada.

Lo que no quiere decir que el traductor de estas dos lenguas no tope con casos de intraducibilidad a nivel lingüístico. Defender la posibilidad de reproducir exactamente en la traducción ciertas construcciones, como los juegos de palabras, revela un optimismo poco realista. Las adaptaciones de una lengua a otra tienen sus límites y es difícil superarlos.

Ningún traductor español puede salir triunfante de algunos retos, como por ejemplo la reproducción del sentido —sin olvidar, claro está, el aspecto fónico— de una frase como ésta:

On se veut; puis un jour, on s'en veut, c'est l'Amour.

O ante un empeño —abocado inevitablemente al fracaso— de reproducir exactamente este ingenioso titular:

Quand le tchador, les houris dansent.[32]

que juega con su equivalente fonético pero no semántico:

Quand le chat dort, les souris dansent.

La única conclusión posible de este tipo de ejemplos es que el proceso de transferencia es un mecanismo de aproximación difícil y complejo, en el que hay que poner en juego la capacidad intelectual, la intuición y la habilidad. Y que está realmente en lo cierto Peter Newmark cuando dice:

Personalmente, considero la traducción como un proceso complejo, artificial y antinatural que requiere un grado excepcional de inteligencia.[33]

2.2.2. *Intraducibilidad cultural*

Los problemas planteados por la transferencia de los distintos códigos culturales son más complejos.

Cuando las lenguas que el traductor debe poner en contacto son el vehículo de expresión de sistemas psico-sociales y culturales muy alejados entre sí, los problemas de transferencia cultural pueden ser notables. Especialmente si, entre el texto y la traducción, han transcurrido muchos años o si existe un considerable alejamiento geográfico y cultural. Evidentemente, entre lenguas próximas, las distancias son menores y la traducción es más accesible gracias a lo que Clark y Carlson [34] denominan «zona común», es decir, el conjunto de conocimientos, creencias y suposiciones comunes.

Pero aunque esta coincidencia cultural o «zona común» sea lo suficiente amplia para que se puedan realizar continuos trasvases de información, como es el caso de las dos lenguas que nos ocupan, la traducción de referencias culturales sufre generalmente ciertas distorsiones y es cierto que, en ocasiones, los límites de la intraducibilidad están muy próximos. Cuando se trata, por ejemplo, de transmitir ciertas connotaciones socio-culturales inherentes a los registros de lenguas es difícil hallar soluciones realmente adecuadas.

Así una de las traducciones castellanas de este párrafo de Madame Bovary:

> *Il parlait argot afin d'éblouir les bourgeois disant* turne, bazar, chicard, chicancard, Bredastreet et je me la casse *pour je m'en vais* [35]

muestra claramente estas limitaciones aunque no por ello el texto traducido deja de transmitir, de un modo muy imperfecto, una parte del mensaje:

> **hablaba argot a fin de deslumbrar a los burgueses, empleando palabras y giros de la jerga populachera *para decir*: me voy.**[36]

En otras ocasiones, la aparente intraducibilidad cultural viene motivada sin embargo por una falta de conocimiento del contexto cultural de la lengua de partida por parte del traductor: en la misma novela de Flaubert hallamos esta referencia a las costumbres sociales de la época:

> *Madame Bovary remarqua que plusieurs dames n'avaient pas mis leurs gants dans leur verre.*[37]

que otra traducción española recoge erróneamente como:

> **Madame Bovary observó que algunas señoras no habían rozado siquiera sus vasos.**[38]

Error que no es sin embargo atribuible a un problema de traducibilidad sino a un mero desconocimiento de una costumbre de las damas de la sociedad francesa del siglo XIX que solían colocar los guantes en el vaso para indicar que no deseaban que se les sirviera vino.

Sin embargo, ¿de qué modo puede un traductor recoger todas las connotaciones socio-político-afectivas de frases como ésta:

Tonton, tiens bon![39]

pronunciada por los partidarios de Mitterrand en un acto electoral?

Los riesgos inherentes a todo trasvase de información entre dos sistemas son inevitables. Por esta razón J. Delisle nos pone en guardia ante una pretensión de perfeccionismo exagerado, recordando que «traducir» consiste únicamente en elaborar un mensaje que se «aproxime», en la medida de lo posible, al acto de comunicación inicial:

> *La traduction est «un art d'approximation», elle n'est pas et ne peut être une discipline exacte, il y a des degrés de compréhension; la nature et la fonction des textes expliquent en partie les limites relatives du transfert interlinguistique du sens du message; chaque texte est une gageure, il n'est uniformément bien ou mal traduit mais ponctué d'échecs lamentables et de réussites géniales. La traduction est un travail ardu, mortifiant, désespérant même par moments, mais aussi un travail enrichissant, indispensable, qui exige honnêteté et modestie.*[40]

Los problemas pragmáticos, semánticos, léxicos y morfosintácticos planteados por la traducción deben afrontarse con un tratamiento pertinente y con unas estrategias adecuadas para poder reconstituir el proceso comunicativo de un modo más o menos próximo. Ello nos lleva al concepto que hace posible la operación traductora: la equivalencia.

2.3. Equivalencia y traducción

El concepto de *equivalencia* garantiza la viabilidad del acto traductor, permitiendo a quien lo realiza llevar a cabo una manipulación y redistribución de la materia textual sin que por ello pierda lo esencial de su contenido y su intencionalidad características.

Todos los teóricos de la traducción utilizan, de un modo u otro, la noción de *equivalencia* como postulado teórico básico para definir esa operación que, bajo designaciones tales como re-composición, re-expresión, transposición, etc., caracteriza la operación traductora. Pero el problema, tal como Newmark expone, es que dicha noción de equivalencia es diversa y engloba conceptos y expresiones distintas: «mensaje equivalente», «material textual equivalente», «texto similar», «texto paralelo», «texto idéntico», «texto comparable», «texto sinónimo»...[41]

Rosa Rabadán ha dedicado una parte de su libro *Equivalencia y Traducción. Problemática de la equivalencia translémica inglés-español* (1991) a recoger las distintas acepciones del concepto de equivalencia a lo largo de la historia de la traducción, hasta llegar a lo que la autora denomina *equivalencia translémica*, enmarcada en unos factores históricos:

> *Entre ambos textos, es necesario cierto tipo de relación que defina al TM (texto de llegada o texto meta) como* traducción *de un TO (texto de partida o texto origen) determinado. Esta relación global, única e irrepetible para cada binomio textual y, por supuesto, para cada actuación traductora, presenta un nivel jerárquico superior al de las relaciones estrictamente lingüísticas y/o textuales, ya que está subordinada a normas de carácter histórico.*[42]

La definición tiene en cuenta la importancia de los factores culturales e históricos y pretende considerar el concepto con el máximo dinamismo y flexibilidad, aceptando la multiplicidad de factores que intervienen en el proceso y definen unas pautas equivalentísticas:

> *La actualización de las relaciones potenciales de equivalencia en un proceso de transferencia determinado se produce dentro de un marco polisistémico gobernado por unas* normas de carácter *intersubjetivo. Esto explica que no sea posible establecer puntos fijos para cada uno de los límites, pues, como la propia noción de* equivalencia, *son dinámicos y están sujetos a condicionamientos históricos, es decir, su realización es distinta en cada proceso de transferencia, en cada binomio textual y en cada estadio diacrónico.*[43]

J. Darbelnet ya había señalado que las equivalencias traductoras se desarrollan a tres niveles: lingüístico, textual y cultural, aunque no siempre su tratamiento sea homógeneo:

> *La traduction est une opération qui consiste à faire passer d'une langue dans une autre tous les éléments de sens d'un texte et rien que ces élé-*

ments, en s'assurant qu'ils conservent dans la langue d'arrivée leur im-
portance relative ainsi que leur tonalité, et en tenant compte des différen-
ces que présentent entre elles les cultures auxquelles correspondent respec-
tivement les deux langues en présence.[44]

Sin embargo, la utilización laxa y ambigua de este concepto de equivalencia ha dado pie a un amplio abanico de modalidades traductoras
que se extienden, como hemos indicado, desde la más estricta literalidad hasta la adaptación más o menos libre de una misma fuente original.

Con el concepto de *equivalencia* se abre vía libre a la aplicación de
una serie de estrategias que, mediante recuperaciones y compensaciones, dan lugar a una nueva producción textual. Puesto que la sinoni-
mia total entre una lengua y otra es imposible, el resultado de la utilización de dichas estrategias es inevitablemente distinto al original,
pero debe intentar mantener, pese a las diferencias, una buena parte
de la función comunicativa de aquél. Redistribuir los elementos lingüísticos pero sin perder los matices connotativos y la intencionalidad
del autor es la exigencia a la que todo traductor debe tender, consciente sin embargo de la utopía que representa la consecución total de dicho objetivo.

No obstante, a medida que la Lingüística desarrolla más aspectos
del acto comunicativo, y que las teorías funcionales —a las que más
adelante se hará referencia— indican la multiplicidad de posibilidades
de un mismo acto de enunciación, este concepto se enriquece y desarrolla. Tanto es así que incluso adquiere una nueva denominación: la *adecuación*

de hecho, la equivalencia no es más que un caso especial de una noción
más amplia: la adecuación.[45]

La traducción de un texto está intrínsecamente condicionada por
una serie de factores que desarrollan un abanico de posibilidades de interpretación anulando otros. Por lo que es más ajustado a la realidad
referirse no tanto a una equivalencia única sino a una correcta elección
de aquellos elementos que se adecúen mejor a las intenciones comunicativas que se pretende vehicular. Porque las equivalencias sólo funcionan en el interior de marcos contextuales delimitados.

Volvamos de nuevo a un ejemplo. ¿De qué modo podrá el traductor
decidirse por una interpretación si no es adecuando este segmento a
una estructura argumentativa determinada?:

Développement, productivité, croissance....Voilà les enjeux de notre civili-

sation. Ils ont produit un grand bouleversement dans la qualité de vie de l'humanité.

La interpretación no puede ser la misma si la conclusión es:

A.   *Car ils sont coupables de la dégradation de l'environnement*

o por el contrario:

B.   *Bien qu'ils soient coupables de la dégradation de l'environnement.*

¿Por qué razón?. Porque, interpretando las instrucciones argumentativas, es fácil comprender que, en el primer caso, el enunciado proviene de un locutor ecologista y, en el segundo, de un partidario del desarrollo capitalista. Y la traducción no puede ser indiferente a dicha caracterización. Aparecen pues dos formas de traducir el mismo segmento subordinadas a las características pragmáticas del acto comunicativo. Y no puede entonces hablarse de una única equivalencia.

En el primer caso —si el enunciado corresponde a un ecologista—, el traductor puede construir el siguiente texto equivalente:

> *Desarrollo, productividad, crecimiento.... Estos son los* problemas cruciales *de nuestra civilización y los* culpables *de un gran* trastorno *en la calidad de vida de la humanidad.*

Pero si la frase corresponde a un discurso productivista, inmediatamente la conclusión del mismo impregna cada uno de los segmentos que lo conforman y términos como *bouleversement* o *enjeu* se orientan en la dirección opuesta. Podemos entonces re-crear una traducción bastante distinta:

> *Desarrollo, productividad, crecimiento... Estos son los* puntales *en que se asienta nuestra civilización y los* causantes *de un* importante cambio *en la calidad de vida de la humanidad.*

Es decir que todo el texto se ve afectado por la función comunicativa que el locutor confiere a las palabras y algunos elementos pueden manifestar claramente esta impregnación.

La búsqueda de la *equivalencia* adecuada a cada acto comunicativo, o de la *adecuación* de un mensaje a otro que le dio origen, es un fenómeno tan amplio que el traductor recurre a una serie de disciplinas a fin de poder abarcar todas las facetas interpretativas. Pero, entre ellas, destaca claramente la Ciencia Lingüística.

2.4. Lingüística y traducción

Cuando Ferdinand de Saussure introduce en el debate teórico acerca de la composición del signo lingüístico el binomio significante/significado, está asentando las bases de la lingüística moderna pero, al mismo tiempo, los fundamentos de una teoría de la traducción desde la perspectiva de las ciencias del lenguaje. La operación que hace que el sentido se asocie a la palabra —el significado al significante— es el punto de partida de la traducción.

Sin embargo, una rápida revista a las diversas escuelas demuestra que, en un principio, la ayuda que la Lingüística aporta a la Traducción no es muy alentadora.

Varias generaciones de lingüistas pasaron por alto cualquier tipo de consideración semántica alegando, como indica Mounin, que ésta era «la parte menos científicamente constituida de la lingüística actual».[46]

Desde la perspectiva de los teóricos de la traducción, las relaciones entre Traducción y Lingüística son evidentes. Catford, por ejemplo, se expresa en estos términos:

> *Cualquier teoría de la traducción debe asentarse sobre una teoría del lenguaje, es decir, sobre una teoría de lingüística general.*[47]

O de un modo aún mas contundente M.Pergnier (1980) indica:

> *Aucune théorie du langage ne peut être considérée comme satisfaisante si elle ne rend pas compte du phénomène de la Traduction.*[48]

Y sin embargo los lingüistas pocas veces dirigen sus reflexiones a este tema. En el Círculo de Praga, cuya reputación se debe sobre todo a sus trabajos fonológicos, se encuentra uno de los pocos autores que manifiesta interés por la traducción: Roman Jakobson. En sus *Ensayos de Lingüística General* aparecen tres estudios que abordan esta operación desde tres aspectos diferentes: el lingüístico, el antropológico y el co-

municativo. Nos referimos a: «El lenguaje común de lingüistas y antro-
pólogos», «Aspectos lingüísticos de la traducción» y «Lingüística y teoría de la comunicación». Para este autor, el concepto de traducción
equivale a:

l'interprétation des signes linguistiques au moyen d'une autre langue.[49]

y también a la relación que une:

deux messages équivalents dans deux codes différents.[50]

Exceptuando este autor, el fenómeno traductor permanece al margen de la lingüística estructural pues esta escuela considera que el sentido no puede ser observado y descrito y por consiguiente someterse a
un análisis objetivo y metodológico.

Algo parecido ocurre con la escuela generativo-transformacional.
Si el objetivo de ésta es dar cuenta de las reglas sintácticas, fonológi-
cas y también semánticas que definen las oraciones gramaticales que
forman una lengua, el objetivo de la ciencia traductora queda en las
antípodas de este enfoque. Si bien una parte de sus análisis sintácticos han podido ser aplicados a aspectos concretos de la traducción automática y algunas reflexiones traductológicas son en parte deudoras
de su conceptualización, sus postulados, restringidos fundamentalmente al nivel frástico, no consiguen abarcar el problema general del
sentido.

La traducción, operación basada en la lengua, requiere indudable-
mente unas pautas de análisis lingüístico que ayuden a llevar a cabo el
proceso. No obstante, en el terreno semántico, fin último de la operación traductora, las sistematizaciones, tan evidentes en el terreno de la
gramática y de la fonética, han sido siempre difíciles.

Hay que esperar al nacimiento de las teorías textuales y enunciativas, que conciben la lengua como un instrumento de comunicación,
para hallar conceptualizaciones lingüísticas que salgan en ayuda de los
traductores.

De todos modos, es importante no perder de vista que la traducción,
como operación lingüística real, con características propias y no mol-
deables, no puede pretender integrarse en ninguna de las escuelas que
componen el panorama de los estudios de lingüística teórica, ni siquiera de las corrientes más recientes. Es cierto que la reflexión sobre la
operación traductora requiere un cierto grado de abstracción que ayude
a delimitar y resolver algunos aspectos lingüísticos concretos, pero
también es evidente que la ciencia traductora solamente puede pedir a
la Lingüística una cierta ayuda enfocada a problemas muy determina-

dos. Con lo que nos trasladamos al marco de la Lingüística Aplicada que es el verdadero ámbito en el que puede moverse la enseñanza de la traducción. La necesidad de solventar múltiples problemas por vías diversas y apelando a presupuestos heterogéneos hace que el carácter de la actividad que nos ocupa poco tenga que ver con el enfoque reduccionista a que inapelablemente se ve abocada la Lingüística General.

Fundamentada ciertamente en una base lingüística, la práctica traductora es una actividad mucho más amplia y heterogénea.

No obstante, algunos conceptos de naturaleza lingüística, entre los que se cuentan la dicotomía *significación* y *sentido* y las diferencias que la Lingüística Pragmática establece entre *enunciación* y *enunciado*, nos ayudan a situarnos mejor en el punto de partida.

2.4.1. *Significación y sentido*

> *Qu'est-ce donc que le sens?. Si personne ne me le demande, je le sais; mais si on me le demande et que je veuille l'expliquer, je ne le sais plus.*[51]

Examinar el concepto de *sentido* plantea una serie de dificultades, no sólo porque se trata de un concepto inestable, tal como señala San Agustín en la anterior cita, sino porque los múltiples intentos de definición han añadido además una gran confusión terminológica. Con frecuencia se señala [52] esta falta de claridad conceptual y el hecho de que los términos *sentido*, *significación* y *significado* se han utilizado repetidamente para recubrir las mismas realidades.

Las aportaciones que a las teorías interpretativas han proporcionado los lingüistas franceses reunidos en torno a O. Ducrot y conocidos como la Escuela de Pragmática Integrada muestran cómo los textos están compuestos por una serie de entidades gramaticales abstractas, que constituyen la frase, a las que se añaden, en cada acto de comunicación concreto, los elementos correspondientes al acto de enunciación. Es decir que, tal como plantea Benveniste: [54]

> la significación *corresponde al valor semántico de la frase, mientras el* sentido *equivale al valor semántico-pragmático del enunciado.*[53]

O.Ducrot ratifica ambas concepciones en sus trabajos. Todos ellos parten del concepto de *significación* como un término empírico, construido por el lingüista:

> *...je propose, c'est le choix qui commande mon travail, d'affecter aux énon-*
> *cés eux-mêmes (aux phrases) une valeur sémantique que j'appelle leur*
> *«signification». Cette valeur, objet spécifique, objet de connaissance, est*
> *construite par le linguiste, qui lui impose deux exigences. D'une part elle*
> *doit contribuer à expliquer les sens réalisés dans l'énonciation (objets réels*
> *de la recherche), d'autre part elle doit être calculable, pour toutes les*
> *phrases d'une langue, à partir de règles générales liées au lexique et à la*
> *syntaxe de cette langue.* [54]

En otro momento delimitirá la noción de *sentido* concibiéndola como:

> *une lecture de l'énoncé à travers la situation*[55]

Esta concepción del sentido, íntimamente enraizado en las intenciones ilocutorias del hablante, constituye el objetivo de todo traductor.

Cualquier proceso interpretativo debe partir de la constatación de que cada uno de los elementos lingüísticos posee un mero contenido potencial, correspondiente a *la significación:*

> *il est exclu que les discours puissent être lus au niveau du sens littéral:*
> *l'enchaînement des phrases, fait éminemment linguistique, ne peut se*
> *comprendre qu'après leur interprétation situationnelle: s'il y a des signi-*
> *fications pour les énoncés, il n'y en a pas pour les textes ou les dialo-*
> *gues.* [56]

Toda *significación* se recubre de *sentido* cuando se integra en una situación precisa de comunicación.

Por consiguiente, el *sentido* textual se entiende como el resultado de la unión de dos fuerzas heterogéneas:

• Por un lado las posibilidades o virtualidades significativas de los elementos que componen las frases.

• Por otro, la anexión, a estas posibilidades, de todos los elementos pragmáticos presentes en el acto de enunciación.

Según la definición de J.M. Adam:

> *Le sens d'un énoncé résulte d'un calcul opéré dans une situation de dis-*
> *cours donnée et à partir d'instructions fournies par le texte.* [57]

Interpretar el *sentido* quiere decir reconstruir el proceso subyacente a la creación textual atendiendo a dos tipos de elementos:

1) Un conjunto de factores internos que establecen las relaciones entre los signos que constituyen el texto, proporcionando información acerca de los elementos intrafrásticos, la estructura inter-oracional y su posterior orientación.

2) Una serie de factores externos que influyen en la materia verbal a través de una serie de implicaciones y relaciones. Entre ellos se cuenta el marco referencial, el aparato enunciativo, la función textual y la situación concreta de comunicación. Todos ellos acaban de conformar la verdadera función de las palabras.

Formulado muy esquemáticamente podemos pues afirmar que el sentido es el resultado de una serie de relaciones entre categorías lingüísticas y extralingüísticas.

Por otro lado, tal como intentaremos exponer, la comprensión de un enunciado está íntimamente unido a los efectos argumentativos del mismo, por lo que atribuir sentido a un enunciado es interpretar una serie de instrucciones muchas de las cuales son de naturaleza argumentativa.

2.4.2. *Enunciación y enunciado*

Ambos conceptos, acuñados por E. Benveniste, sustentan los planteamientos de la Lingüística Pragmática. Para este autor, el término de *enunciación* indica la puesta en funcionamiento de la lengua en un acto de comunicación realizado de modo individual.
Esto es, la conversión, en la situación de comunicación, del *proyecto de comunicación* que un hablante tiene en mente en un *acto comunicativo*.
El *enunciado* es el resultado o el producto de dicha *enunciación*.

La concepción pragmática considera la *enunciación* como base para la reconstitución del sentido.
J.C. Anscombre, después de puntualizar que los términos de *enunciado* y *enunciación* no se corresponden con la dicotomía saussuriana de *lengua* y *habla*, pone de relieve la presencia de la enunciación en cualquier tipo de enunciado con estas palabras:

Nous affirmons que les énoncés eux-mêmes ne peuvent être décrits de façon adéquate que si l'on admet qu'ils comportent des marques relatives à l'énonciation; en un mot que la description de l'énoncé doit faire intervenir l'énonciation. Il ne s'agit pas de considérer que l'énoncé ne peut être décrit qu'à l'aide de la situation d'énonciation, mais bien plutôt que la présence de l'énonciation se manifeste dès le niveau de l'énoncé par la présence d'un certain nombre de paramètres relatifs à l'énonciation, ou variables situationnelles, qui recevront des spécifications diverses selon les diverses situations de discours à l'intérieur desquelles apparaîtra l'énoncé.[58]

Junto con él, O. Ducrot insiste también en la importancia de los factores que contribuyen a la enunciación afirmando que comprender no es tanto interpretar «le dit» como «le vouloir dire», lo que se desea vehicular.

Volviendo de nuevo la vista a los problemas que plantea la traducción, parece evidente que éstos deben plantearse siempre desde las circunstancias concretas del acto de la comunicación. Y que ésta debe ser entendida como un lugar de encuentro entre diversos factores que se adecúan entre sí mediante una serie de negociaciones, en el momento concreto de la enunciación.

El lenguaje y la comunicación se producen en un contexto que envuelve a los interlocutores y los implica en los hechos. Por consiguiente, valorar las huellas de las estrategias discursivas constituye una etapa imprescindible en toda aproximación a un texto que debe traducirse. Este enfoque posibilita la integración de aspectos de traducción hasta ahora dispersos y, tal como se expondrá más adelante, ofrece un marco operativo para articular los planteamientos y análisis lingüísticos con la teoría de la traducción.

2.4.3. *La unidad textual*

En la historia de la Ciencia Lingüística, se produce un cambio fundamental con la introducción del concepto de *texto*. E. Benveniste es, sin lugar a dudas, el iniciador de esta revolución lingüística que permite enfocar cada acto de comunicación como una unidad global y específica:

el mensaje no se reduce a una sucesión de unidades por identificar separadamente; no es una suma de signos la que produce el sentido, es, por el contrario, el sentido concebido globalmente, el que se realiza y se divide en signos particulares que son las palabras...[59]

Las huellas de estas ideas, además de influir en escuelas muy características y delimitadas, como la escuela francesa de Análisis del Discurso, se recogen también en autores individuales. Así, por ejemplo, E. Coseriu en su obra *El hombre y su lenguaje* (1977), está muy próximo de las mismas cuando presenta el *sentido* como:

> *el contenido particular de un texto o de una unidad textual, en la medida en que este contenido no coincide simplemente con el significado y con la designación.*[60]

Este concepto de *designación*, incluido en un capítulo dedicado a la reflexión traductológica y titulado «Lo erróneo y lo acertado en la teoría de la traducción», es efectivamente un concepto semántico importante:

> *la designación es la referencia a las cosas extralingüísticas, a los hechos o estado de cosas.*[61]

según el cual, la traducción tendría como objetivo:

> *reproducir, no el mismo significado, sino la misma designación y el mismo sentido con los medios de otra lengua.*[62]

E. Coseriu se sitúa en una nueva perspectiva que es común a todos los enfoques comunicativos: la unidad textual.

También los conceptos de *texto* y *discurso*, según quien los utilice, recubren realidades diversas. Sin embargo las concepciones más habituales de ambos términos corresponden a la presentada por E. Bernárdez en su *Introducción a la Lingüística Textual*. Según ésta, mientras la denominación de *discurso* hace referencia a un conjunto de enunciados enfocados desde las condiciones de producción y recepción de los mismos, el término *texto* recubre siempre la idea de una unidad de comunicación íntegra, con un principio y un cierre, con un sistema de reglas textuales específicas y con un plan semántico global subyacente a la serie de representaciones semánticas. Literalmente dicho autor afirma:

> *Texto es la unidad lingüística comunicativa fundamental, producto de la actividad humana, que posee siempre carácter social; está caracterizado por su cierre semántico y comunicativo, así como por su coherencia pro-*

funda y superficial, debida a la intención (comunicativa) del hablante de
crear un texto íntegro, y a su estructuración mediante dos conjuntos de re-
glas: las propias del nivel textual y las del sistema de lengua.[63]

No parece necesario insistir en el hecho de que un traductor se enfrenta siempre con una materia verbal organizada en forma de texto y
de que los procesos semasiológico y onomasiológico tienen lugar en el
marco concreto de la unidad textual que determina todo el proceso. Así
lo indican estas palabras de R. Goffin:

la traduction opérant sur des messages, les choix sémantiques se font à
l'intérieur de la dynamique du texte et sont dictés par la logique de son dé-
roulement. La valeur des mots n'est pas donnée par le système de la lan-
gue mais par la différenciation contextuelle et par l'insertion dans un
champ lexical que détermine l'ensemble du texte.[64]

Una serie de enfoques textuales unitarios, a los que muy brevemente vamos a aludir, servirán pues de base a las reflexiones traductológicas.

2.5.   Los enfoques lingüísticos textuales

2.5.1.   La lingüística del texto

La Lingüística Textual, entendida como la teoría lingüística que
describe los fenómenos que exceden el marco de la oración, es el primer
enfoque científico que considera al texto como objeto de análisis global
cuyo sentido radica en la suma de la fuerza comunicativa de los distintos enunciados.
Para los estudiosos del texto, la elaboración de éste no depende tan
sólo de unas reglas gramaticales y retóricas sino, sobre todo, de un conjunto de factores —semánticos y pragmáticos— que determinan su coherencia y lo convierten en una unidad comunicativa.
En esto coinciden con los parámetros requeridos por la Ciencia Traductológica.
A la Lingüística del Texto no le han pasado desapercibidas las con-

comitancias con los intereses de los traductores. Así E. Bernárdez manifiesta:

> *Esta necesidad de no limitarse a la frase se ve con mayor claridad aún en*
> *el campo de la traducción, sea automática o humana, que en los demás te-*
> *rrenos de la lingüística. Partiendo de la problemática específica de la tra-*
> *ducción se llega a consideraciones de interés no meramente metodológico,*
> *sino también teórico.*[65]

Para los teóricos de la Lingüística del Texto o Semántica Transfrástica, entre los que se cuentan T.A. Van Dijk, J.S. Petöfi, W Dressler, H.
Weinrich, cada texto es el producto de una elección muy cuidadosa de
unos determinados medios expresivos, que responden todos ellos a un
proceso de macroestructuración y encierran en su interior una lógica
global. Esquematizando al máximo diríamos que, antes de iniciar el
acto de comunicación, cada hablante, cada responsable de la comunicación, tiene en su mente un «proyecto textual» de lo que desea expresar.
La realización del acto comunicativo no es más que la puesta en práctica del conjunto de reglas que organizan este «proyecto textual». Dichas
reglas obedecen a un conjunto de imperativos de tipo semántico y pragmático mediante los cuales se establece la coherencia textual en el interior de un contexto comunicativo.
   Al considerar pues el texto no «como un conjunto de frases con una
determinada estructuración» sino como «la unidad fundamental del
lenguaje entendido comunicativamente»,[66] se modifican todos los mode-
los de análisis anteriores y se replantean ciertas concepciones lingüísticas.

2.5.2. Los inicios del análisis del discurso

Paralelamente a la Lingüística Textual de origen germánico, nace
en Francia la escuela de Análisis del Discurso. El nombre se debe al
lingüista norteamericano Z.S. Harris que en 1952 publica en la revista
Language un artículo titulado «Discourse Analysis» [67] considerando el
discurso como un conjunto de oraciones conectadas entre sí.
   Un conjunto de lingüistas delimita paulatinamente la noción de *aná-*
lisis del discurso concebido como el estudio de un texto desde el punto
de vista de las condiciones de producción, coherencia y funcionamiento
global. El primero de ellos es J. Dubois que llega al análisis del discurso a través de la lexicología.

Pero los estudios susceptibles de incidir en la tarea traductora no aparecen en el país vecino hasta bastantes años más tarde. Después incluso de que la lingüística anglosajona hubiera producido las primeras obras de Ciencia Pragmática.

2.5.3. *El enfoque pragmático anglosajón: la teoría de los actos de habla*

El punto de partida de estas teorías son las investigaciones de J.L. Austin que no es propiamente un lingüista sino un filósofo del lenguaje. La idea fundamental de su pensamiento es el reconocimiento de que el lenguaje no es únicamente un medio de transmisión de información o de descripción de estados de cosas sino que existe un estrecho vínculo entre lenguaje y acción que amplía las funciones del lenguaje descritas hasta entonces. Su famosa tricotomía, según la cual existen actos *locutivos*, actos *ilocutivos* y actos *perlocutivos*, da un giro radical a las concepciones lingüísticas introduciendo un elemento importante: el concepto de intencionalidad del hablante.

Los actos *locutivos* —caracterizados por poseer *significado*—, los *ilocutivos* —caracterizados por poseer *fuerza*— y los *perlocutivos* —que logran *efectos*— descritos por este lingüista, dan pie a una reflexión interpretativa con repercusiones directas para el traductólogo.

La Pragmática Ilocutoria o Teoría de los Actos de Habla, que J. Searle formula por vez primera en 1959, es un modelo más desarrollado de las concepciones de Austin y establece un nuevo instrumento para abordar el análisis textual. Para Searle, hablar una lengua es tomar parte en una forma de conducta altamente compleja, controlada por una serie de reglas. Cuando hablamos, no traducimos únicamente unas funciones (las clásicas funciones formuladas por Jakobson: referencial, expresiva, fática...) sino que estamos realizando efectivamente una forma de actividad. Un locutor toma la palabra para hacer afirmaciones, pedir, prometer, dar órdenes, advertir, negar etc., y todos los elementos que integran el acto de habla están condicionados semánticamente por esta finalidad, por lo que obedecen a unas reglas constitutivas. La palabra no sirve solamente para comunicar sino que, además, es un instrumento de acción sobre el mundo y lo que nos rodea. Este poder de acción, de transformación, es la clave de la relación humana entre lengua y cultura.

Pero además existen muchos usos del lenguaje en los que el hablante quiere decir algo ligeramente distinto de lo que realmente expresa, con lo que aparece la concepción de los *actos de habla indirectos (indirect speech)*. Dichos actos plantean una cuestión fundamental para la descodificación de cualquier tipo de acto comunicativo: cómo es posible decir una cosa y querer decir esa cosa y algo más. Lo cual replantea totalmente el problema del *sentido* desde unas coordenadas mucho más amplias: si el sentido consiste, en parte, en la intención de producir comprensión en el destinatario, ¿qué estrategias comunicativas se ponen en juego cuando entre la oración que se emite y su intención real existen serias divergencias?

2.5.4. *La escuela francesa de pragmática*

La novedad que la escuela francesa aporta a la Ciencia Pragmática consiste en desplazar el enfoque de las interacciones conversacionales a todo tipo de entidad *susceptible d'intégrer les diverses dimensions de la discursivité.*[68]

La Pragmática Integrada Francesa abre nuevas vías a las teorías del Análisis del Discurso por cuanto permite introducir en el análisis textual elementos tales como presuposiciones, sobre-entendidos, creencias de los interlocutores, diversidad de enunciadores y, fundamentalmente, valores argumentativos que esclarecen el sentido discursivo.

El núcleo de Pragmática Integrada más compacto es el constituido en torno a O. Ducrot y sus seguidores, por un lado, y por el grupo de investigadores de la Universidad de Ginebra encabezados por E. Roulet, por otro. Entre todos ellos definen y completan el viejo postulado según el cual la comprensión del texto es un proceso relacional, situando este proceso en una perspectiva interpretativa.

El pensamiento de O. Ducrot es original y renovador por cuanto, partiendo del análisis de las instrucciones argumentativas ligadas a los conectores pragmáticos, realiza un trabajo interpretativo fundamentado en una perspectiva estrictamente lingüística. Para este autor un texto es el lugar de solidificación de una serie de relaciones de índole argumentativa que impulsan su dinámica interna y definen las intenciones comunicativas que encierra.

Cuando un hablante plantea una argumentación, toma una posición determinada respecto al universo referencial del discurso, es decir, manifiesta una duda, un rechazo, una creencia, respecto al universo al que está aludiendo. Selecciona entonces un principio argumentativo que le permite, a partir de unas posiciones ideales, alcanzar una conclusión determinada. Este principio recorre todo el texto y establece su propia coherencia. La dimensión argumentativa de la lengua es la encrucijada en la que se encuentran todas estas relaciones. Esta dimensión argumentativa se asienta fundamentalmente en los conectores y operadores pragmáticos y en otros elementos relacionantes como las anáforas y las marcas temporales. En consecuencia, un conjunto de elementos que la perspectiva semántica había menospreciado durante mucho tiempo, cobran una nueva dimensión en las tareas interpretativas. Algunos estudios contrastivos acerca del funcionamiento de conectores en francés y en español, así como la aplicación a la operación traductora de ciertos instrumentos de interpretación acuñados por esta escuela —como el de *polifonía*, de *trayectoria argumentativa* o de *relaciones tópicas* o *topoi*—, parecen indicar claramente que los principales parámetros de la Teoría de la Argumentación pueden ser de gran utilidad para la operación traductora.

Con ello no se llega a configurar un modelo traductológico globalizante que resuelva todos y cada uno de los problemas de transferencia lingüísticos, pero ayuda a completar la interpretación del sentido. En realidad, lo que el traductor requiere no es tanto un modelo empírico muy complejo que recubra la totalidad del fenómeno de la transferencia —empresa por otra parte bastante utópica—, sino ciertas pautas orientativas que le permitan organizar dicho fenómeno y a las cuales pueda acudir cuando topa con la opacidad de ciertos enunciados.

Intentando resumir todas las formulaciones de la teoría de la argumentación válidas para el análisis interpretativo que el traductor requiere subrayaríamos lo siguiente:

• La concepción de los enunciados como elementos integrantes de una argumentación que recorre el texto.

• La idea de que **el sentido** de los enunciados está estrechamente ligado a su orientación dentro de la argumentación de la unidad textual.

• La observación de que, para comprender un enunciado y las relaciones argumentativas que lo sostienen, hay que recurrir, generalmente, a elementos implícitos.

• La constatación de que las referencias socio-culturales que rodean al texto van en gran medida ligadas al análisis intencional y argumentativo.

Antes de entrar en esta aplicación concreta es imprescindible hacer un breve recorrido por el conjunto de enfoques traductológicos que configuran el panorama de la Ciencia de la Traducción.

2.6.   Los modelos traductológicos

Curiosamente quienes han comprendido mejor el tipo de teorización que requería las preocupaciones reales de la práctica traductora, no han sido los lingüistas sino los pedagogos de la traducción. En este último cuarto de siglo las escuelas de traducción han proliferado. Existen actualmente una treintena, esparcidas por todo el mundo, y en sus cursos, enfocados hacia una praxis concreta, se hace rápidamente evidente la necesidad de crear una «metodología» que, sin perderse en abstracciones estériles, incluya unos principios generales y una metodología para llevarlos a la práctica.

Las «teorías» de la traducción pueden dividirse en dos grandes grupos:

• el que pone de relieve el aspecto puramente verbal de la operación de transferencia.

• el que hace hincapié en el aspecto comunicativo.

Esta división corresponde, de modo general, a dos períodos de la historia de la traducción:

• en un primer momento los teorizadores eran fundamentalmente lingüistas. Es el caso de Firth, de Catford, de Nida y Taber, de Mounin.

• más tarde, sobre todo con la aparición de la corriente de París denominada l'*Ecole du Sens*, se produce un cambio radical de perspectiva. Los miembros de esta Escuela, que profesionalmente son intérpretes, conceden una primacía absoluta al aspecto comunicativo.

Posteriormente, aparecen posturas eclécticas que combinan la atención a las formas verbales con el aspecto comunicativo.

2.6.1. La perspectiva lingüística

Entre los lingüistas británicos destaca, en primer lugar, J.R.Firth que en diversos artículos referidos a la traducción, —«Linguistic analysis and translation», «Linguistics and Translation»...— pone de relieve la importancia del contexto en la teoría lingüística. En sus investigaciones, frente a la preocupación de Saussure por el terreno de la *langue*, Firth se concentra en las posibilidades de la *parole*, único aspecto que puede serle de utilidad al traductor.

J.C. Catford, que se considera a sí mismo discípulo de Firth, intenta aplicar las teorías comparatistas al análisis de la traducción en su obra *A linguistic theory of translation* (1965). Según este autor:

> *La teoría de la traducción está basada en la relación entre lenguas y en consecuencia es una rama de la lingüística contrastiva.*[69]

Tanto Catford como Firth insisten, con toda razón, en que solamente ampliando el campo de la Lingüística al dominio de la semántica, de la estilística, de la teoría de la comunicación...las preocupaciones de los traductores podrán hallar alguna respuesta.

Eugene Nida es uno de los primeros y grandes teóricos americanos de la ciencia de la traducción. Miembro de la *American Bible Society*, partiendo del análisis de la traducción de la Biblia, realiza una serie de trabajos de orientación sociolingüística el primero de los cuales data de 1947. El más importante, *Toward a Science of Translating*, es de 1964 y desarrolla, sobre las mencionadas bases sociolingüísticas, los principales conceptos de su teoría, entre los que se cuenta el de *equivalencia dinámica*, con el que designa la reconstrucción de un texto que, aunque distinto en su forma, da lugar al mismo efecto que el mensaje primitivo produjo en el lector a quien iba destinado. Otro libro posterior, *Theory and Practice of Translation*, escrito en colaboración con Ch. Taber, inspirado en los trabajos de la lingüística generativa, establece un modelo tripartito de traducción en tres etapas:

• en la primera fase el traductor procede a un análisis de las relaciones gramaticales de los elementos textuales, así como de las significaciones referenciales y de los valores connotativos.

• en la segunda etapa se trata de transferir estos resultados del análisis a un nivel pre-frástico, a una etapa anterior a la re-estructuración.

• finalmente, en la tercera fase, se procede a reconstruir el texto en función del público al cual va dirigido.

Entre los autores de lengua francesa que siguen la corriente puramente lingüística debe destacarse a Georges Mounin, autor de *Les problèmes théoriques de la Traduction*, una reflexión sobre el problema de la traducibilidad e intraducibilidad y los «universales lingüísticos». Pese a permanecer en un terreno puramente teórico, es un libro claro que plantea muchos de los problemas que el traductor deberá resolver de modo práctico.

2.6.1.1. *La estilística comparada*

Los profesores canadienses J. P. Vinay y J. Darbelnet publican en 1958 lo que pretende ser el primer «método de traducción» con el título de *Stylistique Comparée du français et de l'anglais*. La obra, que es el resultado de aplicar las categorías de la estilística interna, fundamentalmente la de Charles Bally, y los procedimientos de la retórica clásica a la traducción entre el francés y el inglés, pretende analizar las técnicas de transposición entre un binomio de lenguas cualquiera, tal como Malblanc señala en el «Avertissement» que encabeza la obra:

> ...la stylistique comparée offre une technique nouvelle pour aborder les problèmes de la traduction quelles que soient les langues considérées: il ne s'agit pas en effet d'une collection de recettes à appliquer automatiquement mais bien de principes fondamentaux grâce auxquels peut être dressée la carte des cheminements qui permettent de faire passer tous les éléments d'un texte dans un autre.[70]

Esta estilística interna se estructura en tres partes: el léxico, la articulación (morfología y sintaxis) y el mensaje, definido como el conjunto de significados de un enunciado. El objetivo era ofrecer al estudiante de traducción un método para producir en la lengua de llegada un texto adaptado al nuevo contexto situacional y a las nuevas necesidades estilísticas. La obra ha sido, sin embargo, frecuentemente criticada porque parte de la traducción como resultado y establece sus conclusiones a partir de los pares de equivalencias confrontados sin tener en cuenta que ciertas exigencias —funcionales, contextuales, estilísticas— pueden llevar a traducciones distintas de un mismo segmento verbal. Por esta razón J. Delisle manifiesta:

> L'analyse de la langue que pratiquent les stylisticiens comparatistes reste en déçà de l'analyse du discours sur lequel se fonde toute vraie traduction.[71]

Pese a todo, sus procedimientos o técnicas de traducción —*emprunt, calque, traduction littérale, transposition, modulation, équivalence et adaptation*—[72] se han convertido en conceptos clásicos. De todos ellos, *la transposición y la modulación* son, ya lo indicaremos, los propiamente traductológicos.

2.6.2.   Las teorías comunicativas

2.6.2.1.   La «Escuela del Sentido»

La teoría del sentido nace en torno al grupo de profesores de la Escuela Superior de Intérpretes y Traductores (ESIT) de la Sorbonne de París. Son sus representantes D. Seleskovitch, M. Lederer, K. Déjean le Féal y M. García-Landa. Todos ellos son profesionales de la interpretación lo que les permite enfocar la traducción desde una perspectiva esencialmente comunicativa. Tras un análisis de ambas actividades —traducción e interpretación—, subrayan su similitud en cuanto a técnicas, pues, aseguran, comparten los mismos objetivos.

D. Seleskovitch lo expresa así:

> *Traducteurs et interprètes ont le même objectif: communiquer la pensée d'autrui. Leurs traductions ne reposent pas sur des procédés différents, le transcodage d'une part, la transmission des idées de l'autre. La plus mécanique des traductions a toujours une part d'interprétation; la plus libre des interprétations comporte toujours une part de transcodage.*[73]

En estas teorías aparece por vez primera el reflejo de una Lingüística Textual que considera el texto como parámetro esencial. Sus autores, considerando que las traducciones no pueden ser esclavas de las palabras y resultado de una mera comparación formal entre las lenguas, parten de una interpretación centrada no en los enunciados lingüísticos sino en las ideas, haciendo total abstracción de la forma. La idea clave radica en la dicotomía «traducir la lengua/traducir el sentido». La finalidad del traductor es la re-composición de la intención de un autor en una nueva lengua, olvidándose de las formulaciones lingüísticas del texto original. El sentido debe recubrirse, en cada lengua, de un envoltorio verbal distinto.

Dicho «sentido» —objeto fundamental de una escuela que se llama a sí misma «Ecole du Sens»— viene determinado, además de por las palabras, por estos factores:

• el contexto verbal que limita las virtualidades semánticas de cada unidad.

• el contexto cognoscitivo que permite extraer el sentido de cada unidad en el interior del enunciado.

• el «sàber» y «los conocimientos» del lector sin los cuales no se podría restituir el valor exacto que el emisor otorgó a las palabras.

La generación del texto traducido gira en torno a tres fases:

comprensión — desverbalización — re-expresión

En la fase de comprensión el traductor interviene con su saber lingüístico y extra-lingüístico para aprehender el sentido del texto. Este *sentido*, según dicha teoría, es una especie de síntesis no verbal —por eso se alude a la etapa de desverbalización—, una especie de elaboración cognoscitiva realizada a partir de la confluencia de elementos lingüísticos y no lingüísticos. En la etapa de re-expresión, por último, se tratará de movilizar nuevamente los conocimientos lingüísticos y extra-lingüísticos para hallar las equivalencias en la otra lengua.

Con la «Escuela del Sentido» surge un modo nuevo de concebir la traducción. Pero esta concepción del sentido, como síntesis no verbal del proceso de comprensión, puede minimizar un análisis más profundo de la compleja negociación que se establece entre las formas lingüísticas y las designaciones por ellas vehiculadas. Por esta razón ha sido objeto de ciertas críticas.[74] Sin embargo no puede negarse que todas las teorías posteriores han recogido sus planteamientos en lo que respecta a la fidelidad a los conceptos e ideas del texto original y en el distanciamiento al aspecto morfosintáctico.

2.6.2.2. *El Análisis del Discurso como método de traducción*

Jean Delisle, profesor de traducción del inglés al francés de la Escuela de Traductores e Intérpretes (E.T.I.) de la Universidad de Ottawa (Canadá), recoge algunas de las formulaciones de la «Escuela del Sentido», de la que él mismo se considera miembro, aunque haciendo un hincapié especial en el concepto de discurso.

El objetivo de su libro, titulado *Analyse du Discours comme méthode de Traduction* (1980) consiste, según sus palabras, en:

> *prouver la possibilité et la nécessité de faire ressortir les traits les plus ca-*
> *ractéristiques du processus cognitif de l'opération traduisante et de dé-*
> *montrer, à des fins pédagogiques, les mouvements complexes de cette*
> *«gymnastique mentale».*[75]

El libro presenta un examen de los mecanismos de la traducción realizado con claridad y rigor y centrado en principios discursivos y pragmáticos porque, según él, la operación traductora debe:

> *absolument déborder sur la pragmatique pour inclure dans l'analyse du*
> *processus de la traduction les compléments cognitifs et situationnels non*
> *manifestes dans les signes linguistiques.*[76]

El trabajo de un traductor va dirigido, reconoce, a las significaciones de los signos siempre rodeados de un contexto:

> *le contexte a pour effet de découpler les moyens linguistiques dont peut dis-*
> *poser le traducteur pour réexprimer en langue d'arrivée le sens du messa-*
> *ge original.*[77]

Pero además del contexto, en las operaciones intelectuales que un
traductor lleva a cabo para dilucidar el sentido, la materia lingüística,
aunque integrada a los elementos contextuales que acaban de definir
su verdadero significado, no deja de jugar un papel:

> *traduire est une opération sur le discours et celui-ci s'interpose entre la*
> *langue et la pensée.*[78]

Delisle establece una metodología de la traducción centrada en cuatro niveles que denomina «paliers de maniement du langage». Son los
siguientes:

1. Las convenciones de la escritura.— Fase en la que el traductor
debe fijar su atención en las exigencias de redacción de la lengua: ortografía, puntuación, mayúsculas..., así como en la aplicación de las reglas gramaticales.

2. La exégesis léxica.— Corresponde a la etapa del análisis de las redes léxicas del mensaje. La restitución del sentido a este nivel se realiza mediante la «reactivación» de formas léxicas y la búsqueda de medios equivalentes y a través de la «re-creación» del contexto que impregna de sentido a las diversas unidades.

3.   La interpretación de la carga estilística.— Aún tratándose de textos no literarios, es imprescindible el análisis de las reglas que rigen el discurso y de los elementos afectivos presentes en él y dirigidos a producir alguna reacción en la sensibilidad del lector.

4.   La organización textual.— Esta última etapa pretende captar la lógica interna que hace coherente un texto y que dirige la organización de los conceptos así como la concatenación de las frases y los reajustes que el texto impone a todos los elementos. Las transformaciones motivadas por la organización textual son de cuatro tipos:

• redistribución de los elementos de información

• concentración de varios significados en menos significantes

• implicitación o explicitación de elementos de información

• transferencia de los conectores de los enunciados.

En cuanto al proceso traductor propiamente dicho, para J. Delisle se reduce a tres grandes operaciones:

1.   *La comprensión* que consiste en la descodificación de los signos lingüísticos y del *vouloir-dire* del autor.

2.   *La reformulación* que, mediante asociaciones sucesivas y deducciones lógicas, consigue reconstruir de modo analógico el contenido del primitivo texto.

3.   *La justificación* que tiene como fin comprobar retroactivamente la exactitud del nuevo texto respecto al texto original.

La fundamentación científica y la claridad de estas propuestas constituye una base excelente para desarrollar una teoría de la traducción. La obra de Jean Delisle es una guía importante de la que son deudores muchos otros intentos realizados en este sentido. Pero las teorías del Análisis del Discurso siguen avanzando y continúan proporcionándonos nuevos elementos aplicables a la operación de transferencia. Una metodología renovadora de la traducción debe pues integrar estos progresos a sus planteamientos.

2.6.3. Otros autores

El libro *Approaches to Translation*,[79] del profesor Peter Newmark, in-
corpora el original concepto de «traducción comunicativa», definida como
aquella que tiene más en cuenta las exigencias expresivas de la nueva
lengua que las estructuras sintácticas y semánticas del original. Subraya
además que la traducción comunicativa puede combinarse con otro tipo
de traducción más fiel a la forma —que el autor denomina traducción semántica— y que la validez de una u otra dependerá de las características
del texto objeto de la traducción. Al mismo tiempo insiste en el hecho de
que traducir no consiste en parafrasear continuamente y reivindica algo
fundamental que algunos teóricos de la traducción han olvidado: la legi-
timidad de la traducción literal o «mot à mot» cuando las exigencias de
las dos lenguas la hagan factible. Esta obra, que no está construida como
una unidad metodológica sino como una mera exposición de algunos problemas concretos, representa, en cierto modo, un contrapunto a las teorías puramente interpretativas de la «Escuela del Sentido».

P. Newmark completa su teoría con un segundo libro, mucho más
elaborado, *A Text book of Translation*,[80] que constituye una muy completa presentación de toda la problemática del análisis textual y una
descripción muy minuciosa de una serie de procedimientos (más de
treinta) de transferencia.

2.6.4. La traductología en lengua española

El profesor Valentín García Yebra, en *Teoría y práctica de la Traducción* (1982), establece una clara diferencia entre los dos aspectos de
esta actividad. En la parte dedicada al aspecto teórico analiza detalla-
damente las dos fases del proceso traductor: comprensión y expresión.
En la parte práctica lleva a cabo un estudio de gramática contrastiva
utilizando diversas lenguas románicas. El capítulo dedicado a galicis-
mos léxicos y sintácticos es de lectura obligatoria para todo traductor
del francés al castellano.

Otro autor, G. Vázquez-Ayora,[81] intenta adecuar las teorías generati-
vistas a la traducción:

> *el procedimiento traductivo consistirá, pues, en analizar la expresión del
> texto en Lengua Original en términos de oraciones prenucleares, trasla-
> dar las oraciones prenucleares de Lengua Original en oraciones prenucle-
> ares equivalentes de Lengua Término y, finalmente, transformar estas es-
> tructuras de Lengua Término en expresiones estilísticamente apropia-
> das.*[85]

2.6.5. Las últimas formalizaciones: la teoría del escopo

Las reflexiones traductológicas llevadas a cabo por estudiosos alemanes y austríacos tienen una larga tradición.

El profesor Wilss es tal vez el más conocido. Su obra fundamental, *The Science of translation. Problems and methods* (1982), es un completo análisis de la función de los factores que intervienen en la operación traductora entre los que incluye factores de tipo pragmático. Su obra, que no hace alusión al *escopo*, se sitúa sin embargo en la línea funcionalista de este enfoque.

En 1978 H.J.Vermeer formula el concepto de *escopo* entendido como el propósito del texto resultante de la traducción.

La teoría del *escopo* parte de la base de que un texto es siempre una acción comunicativa enmarcada en unas coordenadas espacio-temporales y cuya finalidad es la de cumplir un determinado objetivo de comunicación. Este objetivo puede no coincidir con el de la traducción pues al transformarse el marco de comunicación se produce una importante modificación de todos los demás factores. Por esta razón, factores como el público al que va destinada la traducción, objetivos de la misma y características concretas de su publicación influyen en todo el proceso y determinan la elección de los medios verbales. Ya hemos indicado antes cómo este perspectiva replantea lúcidamente el concepto de *equivalencia*:

> un texto no es un texto, sino que es recibido como tal o cual texto y, por ejemplo, interpretado por un traductor, quien lo transmite de modo personal (...) No es posible concebir la traslación simplemente como transcodificación del / un significado (...) de un texto. La traslación presupone la comprensión de un texto y con ello la interpretación del objeto «texto» en una situación concreta. Por lo tanto, la traslación no está sólo sujeta a significados, sino a sentido / pensamiento (...), es decir, al sentido del texto en situación.[82]

Desde esta perspectiva se subraya la importancia de factores pragmáticos, tales como la situación y los receptores, ya que un texto no puede cumplir con éxito su objetivo de comunicación si se ignora a quién va dirigido.

La teoría del *escopo* completa un aspecto que, en algunas concepciones, queda en cierto modo relegado: la finalidad comunicativa del texto traducido que define ciertos criterios —no todos— de traducción.

Capítulo tercero

La interpretación de la carga semántico-pragmática del texto

3.0.   Comprender/interpretar/traducir

> *Tortura y traducción se cuentan, de hecho,*
> *entre los pocos actos que pueden ser peores*
> *que la muerte. Estrictamente hablando, la*
> *traducción es una forma sutil de tortura.*[83]

¿En qué consiste la operación traductora? ¿Qué extraños mecanismos intervienen en esta actividad que hay quien considera, como en la anterior cita, equivalente a la tortura? ¿Qué misterio encierra la traducción que convierte la comunicación —de la que todos somos capaces— en un acto de una dificultad a veces insuperable? ¿Por qué cuando hablamos somos capaces de expresar nuestras ideas, deseos u opiniones, con estructuras más o menos complicadas, generalmente claras y casi nunca exentas de coherencia y, en cambio, cuando traducimos, la falta de lógica, la contradicción y hasta, en ciertos casos, la agramaticalidad hacen acto de aparición como si de repente hubiéramos perdido toda capacidad comunicativa?

A continuación se presentan las líneas generales de la operación lingüística que tiene como objetivo transmitir las ideas de otro ser humano a un receptor en principio no previsto por el autor del mensaje. Estas líneas pueden centrarse en estos dos grandes ejes:

• La comprensión/interpretación de la carga semántico-pragmática del texto de partida.

• La restitución del acto de comunicación en el interior de unas nuevas coordenadas pragmáticas y comunicativas.

Muchos autores coinciden en señalar que la fase de aproximación al texto de partida es el momento crucial de la operación traslativa:

> *Il semble évident(...) que le texte de départ est et doit être de première im-*
> *portance dans toutes les perspectives de la recherche en traductologie.*[84]

Un texto es el resultado de un conjunto de correspondencias que se manifiestan a nivel sintagmático, estilístico, argumentativo y pragmático, por lo que interpretar un texto quiere decir desentrañar las relaciones que existen a todos estos niveles.

El concepto de *interpretación* asociado a la idea misma de *traducción* es algo frecuente en las definiciones de este tipo de operación.

Así, según el profesor canadiense Jean Delisle, la traducción es una operación que consiste en:

> *Interpréter le sens d'un message et manier le langage porteur du sens dans une situation précise de communication.*[85]

Refiriéndose a la descodificación de la unidad textual, J.M. Adam nos dice también:

> *Le texte apparaît comme une série de contraintes qui dessinent des parcours interprétatifs.*[86]

Parece pues importante reflexionar sobre estas posibilidades interpretativas y las fuerzas que las sustentan, para lo cual, se impone una cuestión previa: ¿Qué quiere decir exactamente interpretar?.

El diccionario María Moliner, da varias definiciones:

• Atribuir cierto significado a una expresión.

• Encontrar y explicar *para otros* el significado de ciertas expresiones.

Además, en una sola palabra sintetiza otra definición:

• Traducir.

Y el mismo diccionario da como sinónimos de interpretar: *descifrar, desentrañar...*

Si interpretar quiere decir «*encontrar, para otros*, el significado de ciertas expresiones», y para poder hacerlo es preciso *descifrar* el valor real de lo que el autor del texto quería expresar, ello implica que, en todo este proceso de análisis lingüístico, se están introduciendo elementos ajenos a los propios signos verbales —o dicho de otro modo *no lingüísticos*—, tales como el locutor y los receptores.

El acto de interpretar posee unas características propias y diferenciadas que lo distancian respecto a otra acción, en la que muchos traductores pretenden centrar su trabajo: la *comprensión*.

Comprender e *interpretar* constituyen dos procesos diferenciados. Mientras la comprensión requiere una competencia meramente lingüística y se centra en la materia verbal, para interpretar un texto es preciso desarrollar unas *competencias de análisis textual* —que requieren el dominio de unas técnicas concretas— encaminadas a desentrañar el conjunto de relaciones que los distintos enunciados establecen entre sí.

Un texto es el resultado de la interacción entre autor y lector y debe valorarse dentro de un proceso de comunicación con unas intenciones específicas. Para interpretarlo, un traductor debe poseer una *competencia semántica* en virtud de la cual se extraen las posibilidades informativas de los elementos léxicos, una competencia de tipo *pragmático-argumentativo* que le capacita para penetrar en la estructura argumentativa de la unidad textual y desentrañar las *intenciones argumentativas* de los distintos enunciados. Además, todo texto está englobado en un marco cultural, social e histórico de una comunidad y los elementos referenciales solamente adquieren su verdadero valor en el interior de dicho marco, por lo que una última competencia requerida es la capacidad de descifrar las presuposiciones e implicaciones *socio-culturales* transmitidas por el conjunto del texto.

El análisis interpretativo debería llevar a cabo, y así lo proponemos en estas páginas, una aproximación tendiente a dilucidar los siguientes niveles textuales:

1.   **El nivel peritextual** [87] que recoge la carga significativa de todos los elementos extra-verbales situados en estos niveles:

• *el marco cultural general* en el que se mueve el texto de partida.

• *el marco referencial general* en el que se incluyen una serie de imágenes correspondientes a los mundos particulares de los enunciadores.

• *la función textual* que da forma al acto comunicativo.

• *el conjunto de implícitos y sobre-entendidos* que otorgan coherencia a la unidad textual.

2.   **La unidad textual** que a su vez se subdivide en dos grandes capítulos: el **macrotexto** y el **microtexto**.

Dentro del **macrotexto**, es decir, la unidad textual considerada en su globalidad, se incluyen las estrategias de interpretación de los elementos que componen la carga retórica y la organización narrativa y argumentativa, entre los que se cuentan:

• *los mecanismos retóricos y estilísticos* que dan forma y expresividad al conjunto.

- *la estructura argumentativa* englobada en una trayectoria argumentativa que conduce el texto a una conclusión.

- *la organización interenunciativa*, asentada fundamentalmente en una serie de marcas con función transfrástica, tales como las marcas de temporalidad, las anáforas, los moduladores, etc.

El microtexto, es decir, la serie de elementos que componen cada una de las frases, por su parte, incluye:

- *La competencia léxica*, esto es, el conjunto de estrategias de interpretación de las micro-unidades de significación.

- *La competencia gramatical*, es decir, las estrategias de transposición a nivel morfológico y sintáctico.

- *La competencia grafémica*[88] en donde se sitúan elementos tales como la puntuación, el valor de mayúsculas o minúsculas, las asociaciones onomatopeicas, etc...

Con lo cual el sentido se despliega en el texto desde la unidad global hasta los niveles inferiores. Así lo plantea M. Snell-Hornby:

> *desde nuestro enfoque, la traducción empieza con el texto-en-situación como una parte integral del sustrato cultural, por lo tanto, el análisis textual procede desde la macroestructura textual a la microunidad de la palabra, considerada ésta no como un elemento aislado sino en relación a su función en el interior del texto.*[89]

Entre otras razones, porque ciertos aspectos del sentido se encuentran en zonas no verbales y porque éste depende de la función que cada elemento desempeña en todo el conjunto. Solamente la unidad textual puede definir factores tales como la coherencia de los elementos que la componen o la función del acto de comunicación.

Entre las características específicamente textuales, siguiendo a Grice, podemos destacar éstas tres: está conectado, tiene una finalidad y es un esfuerzo de co-operación entre enunciadores.[90]

Todo texto está formado por un sustrato verbal que, en el interior de las formaciones frásticas, compone la información «literal» de los signos lingüísticos. Este componente literal pertenece al nivel semántico de la lengua y proporciona únicamente referencias sobre el aspecto informativo de la unidad textual.

Pero, para penetrar en el rendimiento comunicativo, es necesario ir más allá del valor puramente informativo de las palabras para estar en condiciones de desentrañar la totalidad de estos aspectos textuales:

1. **Informatividad**, esto es, *¿qué dice* el texto?
2. **Intencionalidad**, esto es, *¿por qué* lo dice?
3. **Finalidad**, esto es, *¿para qué* lo dice?
4. **Receptividad**, esto es *¿cómo* llega al lector?

Estos parámetros constituyen los ejes básicos de una metodología de la práctica traductora.

3.1. El contexto comunicativo

Tal como se ha indicado, un texto es un conglomerado de factores que intervienen en la construcción del sentido y toda comunicación se concibe como una intersección entre el espacio externo o situacional y el espacio interno o las condiciones lingüísticas del texto.

Desde la perspectiva de la traducción aparece con mayor claridad la hipótesis que constituye el fundamento de la teoría del texto, según la cual únicamente se realizan operaciones verbales en vinculación con procesos de comunicación dentro de una sociedad, porque el lenguaje únicamente existe, y es importante socialmente, como instrumento de comunicación. Así afirma A. Culioli:

> *Un texte n'a pas de sens, en dehors de l'activité signifiante des énonciateurs.*[91]

y prosigue:

> *La communication se fonde sur cet ajustement plus ou moins réussi, plus ou moins souhaité, des systèmes de repérage des deux énonciateurs.*[92]

La Lingüística Pragmática proporciona los procedimientos para penetrar en estos factores, externos a los propios signos y vinculados a la unidad textual propiamente dicha gracias al fenómeno de coherencia.

3.1.1.   La coherencia externa e interna

> *El concepto de cohesión me ha parecido siem-*
> *pre el concepto más productivo, en su aplica-*
> *ción a la traducción, de todos cuantos han*
> *sido acuñados por el análisis del discurso y*
> *la lingüística textual.*[93]

P. Newmark define la *cohesión* como la propiedad que poseen las frases para anexionarse entre sí desde un punto de vista léxico y gramatical. Por su parte *la coherencia* da forma a los valores lógicos y nocionales de la unidad textual global. Mientras la cohesión depende de leyes morfológicas, los encadenamientos argumentativos constituyen el soporte de la coherencia textual. La cohesión es un fenómeno interno del discurso. La coherencia, en cambio, relaciona la textualidad discursiva con elementos extra-lingüísticos o, como indica O. Ducrot, con un marco intelectual concreto:

> *Nous n'entendons pas seulement par cohérence l'absence de contradiction*
> *logique, mais l'obligation, pour tous les énoncés, de se situer dans un ca-*
> *dre intellectuel relativement constant, faute duquel le discours se dissout*
> *en coq à l'âne.*[94]

La coherencia discursiva no es interpretable más que en relación a la situación cultural en la que se produce el texto y se asienta fundamentalmente en ciertos elementos textuales: conectores, anáforas, temporalidad... que definen un encadenamiento lineal y una progresión textual participando de una estrategia argumentativa.

Pero además, por encima del sentido literal, existe una serie de niveles extra-textuales que contribuyen a este proceso de coherencia. Los participantes del discurso, sus correspondientes situaciones culturales, sociales, etc., son elementos que contribuyen a tejer un entramado de relaciones que otorgan sentido a las producciones lingüísticas. Por lo que aprehender dicho sentido implica no sólo recurrir a la competencia lingüística sino a leyes lógicas y psicológicas más generales.

3.1.2. El marco referencial

> *Chaque texte contient certaines instructions adressées au lecteur qui lui permettent de s'orienter dans ce morceau de monde que propose le livre.*[95]

Los sujetos actores del discurso han creado una serie de representaciones de sí mismos, de las circunstancias, de la cultura en la que viven etc., que, forzosamente, se reflejan en el lenguaje. Es decir, cada locutor suscribe sus enunciaciones en unos marcos referenciales concretos y estables y los contenidos lingüísticos reflejan, aunque a veces de modo vago y poco preciso, estos universos.

La realidad extra-lingüística, el contexto, *la designación* invocada por Coseriu, el mundo referencial... son términos distintos para referirse al marco cultural y social en el que el lenguaje se mueve y al que el lenguaje hace referencia.

Es un hecho evidente que la fraseología textual, las metáforas lexicalizadas de la lengua, las metonimias habituales, revelan una buena dosis del imaginario colectivo que la lengua transmite. El léxico asimismo está marcado por creencias profundamente enraizadas en el colectivo de una comunidad lingüística. Todo este marco referencial aparece *implícitamente* en las realizaciones discursivas.

En muy escasos momentos el referente del discurso corresponde a realidades incuestionables. Enunciados del tipo:

El agua es un compuesto de hidrógeno y oxígeno

que poseen la propiedad de ser verdaderos en todos los mundos posibles, pueden transferirse a otros sistemas lingüísticos sin demasiadas dificultades.

Pero la mayoría de actos discursivos tienden a relativizar la verdad, a presentarla desde la visión de un individuo o un grupo de ellos. El discurso construye todas sus relaciones argumentativas a partir de esta verdad relativa, aceptando unas correlaciones, descartando otras y construyendo su propia visión del mundo.

R. Martin, para analizar esos elementos referenciales que el locutor activa en la enunciación, ha acuñado el concepto de *universo de creencias*, constituido por el conjunto de enunciados que, en el momento en que se expresa, el locutor considera verdaderos o intenta acreditar como tales:

On appelera univers de croyance *d'un locuteur donné l'application au moment de la parole, de l'ensemble de propositions décidables dans l'ensemble des valeurs de vérité.*[96]

Estos *universos de creencias* organizan redes de razonamiento a las que pertenecen las estructuras y sub-estructuras discursivas.

Ante un enunciado como éste:

On lui a offert un gâteau mais il est malade

la interpretación de la presuposición que lo sustenta y le confiere coherencia no entraña ningún misterio. Se trata de una presuposición de tipo general y comúnmente admitida según la cual

en principio, los enfermos no comen pasteles

Pero la presuposición no siempre es de acceso tan inmediato. En este otro enunciado:

On lui a offert un Martini mais il est musulman

la interpretación será un operación algo más compleja según la cual debe, por un lado, reconocerse qué tipo de bebida es un Martini para, a continuación, relacionar este aperitivo con una presuposición del tipo:

Si se es musulmán, no se pueden consumir bebidas alcohólicas.

La argumentación puede volverse más hermética en un enunciado como:

On lui a offert un Martini mais ce n'était pas lui.

En este caso la estrategia interpretativa consistirá en desentrañar una presuposición que convierta en coherente un enunciado aparentemente incoherente. Dicho de otro modo, el traductor/intérprete deberá llevar a cabo una operación de tipo deductivo que le permita hallar un contexto de interpretación válido. Por ejemplo, en un contexto policíaco, la presuposición podría ser:

Buscaba a un sospechoso aficionado al Martini pero no lo encontré.

Interpretar quiere decir pues extraer aquellos supuestos pertenecientes a sistemas de creencias, estructuras culturales y personales, etc. que sustentan la argumentación.

Un locutor puede considerar que un enunciado A posee un estatuto argumentativo para una conclusión B en función de un *universo de creencias* que da origen al discurso. Según esto, el ejemplo mencionado posee un estatuto argumentativo del tipo:

los musulmanes no beben vino

que sitúa a la frase en la conclusión:

ofrecer vino a un musulmán es recibir una negativa.

Al mismo tiempo, el locutor pretende envolver al receptor en este universo de creencias y como considera, o presupone, que el interlocutor se mueve también dentro del mismo, no lo explicita, por lo que solamente un movimiento de interpretación de lo implícito puede desentrañarlo. Pero el trasvase de estas presuposiciones de una cultura a otra, tarea del traductor, es ardua y compleja.

Volvamos a otro ejemplo. Fuera de contexto, el enunciado:

Quel travail!

equivale en castellano a la exclamación:

¡qué trabajo!

Pero la interpretación pragmática puede teñirlo de equivalencias diversas. Positivas en algunos contextos:

qué estupenda labor
qué trabajo tan bonito
qué hermosa tarea

Más o menos neutras en otros:

qué extraño trabajo

O claramente negativas:

cuánto trabajo
qué trabajo más horrible
menudo esfuerzo

También puede equivaler a inferencias de negatividad del tipo:

Pueden irse preparando
la que les espera
lo tienen crudo
lo siento por ellos

O adelantarse a una posible conclusión:

no conseguirán hacerlo
será un fracaso

Cuando el enunciado se integra en la unidad textual y se retrointerpreta en función del enunciado anterior, se puede percibir su función pragmático-valorativa. Así, el segmento referido señala la dificultad de conseguir el voto de los ecologistas en el Parlamento si éstos forman grupúsculos heterogéneos:

Si François Mitterrand tente de les (les Verts) amadouer en leur octroyant le scrutin proportionnel, leur tendance à se diviser en groupuscules s'accentuera (...). Dès lors, pour les pêcheurs de voix, plus de coup de filet possible. Il leur faudra un hameçon spécial pour chaque poisson. Quel travail![97]

Por lo que la traducción debe recoger una valoración de tinte negativo, y sería:

Si François Miterrand intenta apaciguarlos concediéndoles el sistema de escrutinio proporcional, su tendencia a dividirse en grupúsculos se acentuará (...). Y en consecuencia los pescadores de votos no podrán recogerlos lanzando grandes redes. Necesitarán un anzuelo especial para cada pez. ¡Laboriosa tarea!

El problema de la interpretación estriba pues en la reconstrucción del espacio semántico determinado por la *enunciación*, es decir, por el momento real en el que unos hablantes concretos producen el discurso en una situación determinada.

3.1.3.   *El aparato enunciativo*

Analyser dans un texte «l'appareil de son énonciation», c'est tout d'abord identifier «qui parle» (dans) ce texte.[98]

Los protagonistas del discurso están profundamente enraizados en la estructura semántica del mismo y no es posible abordar un análisis interpretativo dejando de lado a sus utilizadores.[99]

En 1984, O. Ducrot en su «Esquisse d'une théorie polyphonique de l'énonciation», ampliada luego en 1989 en «L'énonciation et polyphonie chez Charles Bally», aporta la novedad de contemplar en cualquier tipo de enunciación la existencia de dos categorías de personajes:

- el locutor
- los enunciadores

Según este autor, un texto está siempre compuesto por un concierto polifónico de voces correspondientes a diversos enunciadores. Éstos se interpelan desde una serie de circunstancias enunciativas diversas por lo que no pueden recibir un tratamiento homogéneo. Ya en 1930, M. Bajtín afirmaba:

> *les énoncés (...) bien qu'ils émanent d'un interlocuteur unique — par exemple: le discours d'un orateur, le cours d'un professeur, le monologue d'un acteur, les réflexions à haute voix d'un homme seul—, sont monologiques par leur seule forme extérieure, mais, par leur structure sémantique et stylistique, ils sont en fait essentiellement dialogiques.*[100]

Al transmitir la palabra a los personajes, el narrador pone en escena diferentes visiones del mundo y simultáneamente la suya propia, estableciendo una especie de negociación en el interior del discurso. La perspectiva polifónica pretende desplazar el análisis discursivo del habitual análisis del contenido, es decir, de «qué se dice», a la perspectiva de «quién lo dice».

En el esquema

L dice que P

(donde P corresponde al espacio discursivo ocupado por el texto y L al locutor) ambos elementos son igualmente determinantes para definir la estructura semántica del enunciado.

En la traducción se produce un tipo especial de discurso en el que L se disocia en dos. Podríamos esquematizarlo así:

L' dice que [L dice que P]

en donde L' es el traductor y L corresponde al locutor/autor del texto original.

La traducción es una re-enunciación que transforma un discurso P, producido por un primer locutor L, en un nuevo discurso, producido por un traductor, convertido en locutor del nuevo discurso. Como consecuencia de esta sustitución de L por L' una serie de filtros referenciales sufren evidentemente transformaciones y los distintos enunciadores reaccionan de un modo distinto ante la obligación de prestar su voz a una nueva representación teatral, paralela pero distinta, constituida por el texto traducido.

En este tipo de discurso, traductor y autor comparten y se reparten responsabilidades. El traductor está, en principio, legitimado para suplantar a L y su «estatus» le otorga poderes para modificar, adaptar, modelar elementos que, de lo contrario, no podría asumir como propios porque no corresponden a su universo referencial. No obstante, en el texto traducido, persiste la presencia del creador del discurso original que continúa ejerciendo su autoridad —en mayor o menor grado según el tipo de textos objeto de traducción y según el modo de hacer de cada traductor— y que protege algunos de estos elementos haciéndolos refractarios a posibles adaptaciones.

Con lo cual cualquier traducción superpone voces heterogéneas, procedentes de dos universos referenciales, el del texto de partida y el de llegada. Las condiciones de enunciación y, sobre todo, la identidad de los enunciadores ejerce en dicho proceso traductivo un peso importante.

La presencia del enunciador influye directamente en las características del contenido pues sus palabras pasan siempre por códigos de referencias, que varían según la voz que ha producido el enunciado.

Si, desconociendo la identidad de quién la ha pronunciado, encontramos una producción lingüística del tipo:

Rien à signaler

podemos pensar en una información equivalente a algo así como:

No hay nada digno de mención

Pero supongamos que el enunciador se dirige al personal de aduanas en la frontera. La traducción dará:

Nada que declarar

Podemos cambiar de nuevo las condiciones de enunciación y situar el segmento en boca de un oficial del ejército francés en el ejercicio de sus funciones. El traductor se verá obligado a aplicarle un tratamiento especial y a sustituirlo por la voz correspondiente al mismo enunciador español en las mismas circunstancias. Lo que daría entonces:

Sin novedad

Así pues, la identidad del enunciador y las circunstancias de la enunciación constituyen el factor clave que determina el sentido.

En lo que respecta a la traducción de las diversas combinaciones polifónicas, podríamos establecer las siguientes modalidades de enunciación del texto traducido, que recogen distintas posibilidades de traducir en función del grado de responsabilidad que asume el traductor y de su grado de implicación en el universo referencial del texto de partida y la distancia entre el texto original y el texto traducido. Distancia que, en mayor o menor grado, está presente en cualquier acto traductor pues en él se hacen realidad estas palabras de J. Authier que ella aplica al discurso polifónico:

A travers nos mots d'autres mots se disent.[101]

Primera modalidad:

Las condiciones enunciativas de L y L' respecto a P presentan diferencias sensibles, pero L' asume las condiciones de L y se coloca en su lugar pese a las posibles distorsiones textuales.[102] Dicho de otro modo, la traducción pretende ser un espejo en el que se refleje, sin excesivos filtros, la realidad original.

Para ello, el traductor se inclina por dejar la palabra al autor, dando paso a la voz extranjera del original.

Es un fenómeno frecuente en expresiones y frases hechas. Como en este segmento de Emma Calatayud traduciendo la obra de M. Yourcenar *¿Qué? la Eternidad* en el que renuncia, quizá algo apresuradamente, a traducir la expresión «Café du Commerce»:

(1) Quand Michel fait examiner sa Daimler qui fonctionne mal par un garagiste de Bailleul, deux vieux messieurs, du type piliers du Café du Commerce, *s'arrêtent et contemplent en ricanant la mécanique insolite qui se refuse à bouger d'un tour de roue.*[103]

Cuando Michel le pide a un garajista de Bailleul que examine su Daimler

que no funciona bien, ve a dos señores ya viejos, del tipo «asiduos del **Café du Commerce»,** *que se detienen a contemplar con risa guasona aquella máquina insólita que se niega a mover las ruedas.*[104]

Asimismo referencias espaciales pueden permanecer intactas. El traductor de Maigret ha popularizado la dirección de la Jefatura Superior de Policía parisina mediante este procedimiento:

París es tórrido. Va usted a irse tranquilamente de vacaciones, a ser posible sin dejar su dirección y, en todo caso, evitando llamar telefónicamente cada día al **quai des Orfèvres.**[105]

Segunda modalidad:

Las condiciones enunciativas de L y L' son distintas. L' no pretende trasplantar su discurso al universo referencial de L sino establecer sus distancias respecto de P y someterlo a un proceso de adaptación.

En este proceso, el tratamiento de los diversos enunciadores no es uniforme. Algunas voces permanecerán intactas, mientras otras se transforman. El traductor/narrador contempla el discurso a una cierta distancia y adapta ciertas referencias al nuevo lector y a la nueva situación. Entre ellas se cuentan fundamentalmente:

1. Las marcas de subjetividad. En particular las deixis de persona, de lugar y, en algunos casos, de tiempo.
2. Las marcas del código de referencia. Sobre todo las de afectividad y las que transmiten connotaciones del universo cultural.

He aquí algunos ejemplos referidos a la deixis de persona. Si pretendemos traducir al castellano la frase:

Ce n'est pas pour la première fois que l'on reproche à notre *vieille «Marseillaise»,* notre «chant national» *le style ampoulé et les références martiales.*[106]

es evidente que las «condiciones de enunciación» del texto traducido son claves para decidir el tipo de transposición. Si el traductor no asume la identidad de L y pretende hablar desde la voz de un enunciador que recoge el texto sin aceptar estrictamente las condiciones de producción del texto original, deberá modificar las marcas de subjetividad —fundamentalmente el posesivo *notre* y la referencia *nacional*— de acuerdo con sus propias referencias, traduciendo:

No es la primera vez que se reprocha a **la vieja «Marsellesa»,** el himno nacional francés, *su estilo ampuloso y sus referencias marciales.*

El traductor, que está legitimado para realizar este tipo de adaptaciones y modificar aquellos elementos del texto correspondientes al enunciador L del que él es portavoz, sigue obligado en cambio a respetar las voces de otros enunciadores con los que no puede identificarse y sobre los que no posee ninguna influencia. Así, si la frase anterior correspondiera a una cita directa que el locutor hubiera introducido en su texto, esto es, «Monsieur un tel dit que...» o «M. Mitterrand dit que....», debería reproducir con fidelidad la cita. La traducción sería pues:

El presidente Mitterrand manifestó: «No es la primera vez que se reprocha a nuestra vieja Marsellesa, nuestro «himno nacional» su estilo ampuloso y sus referencias marciales».

Cuando el nuevo locutor no se encuentra implicado en la acción todo el sistema de deixis personal, de primera y segunda persona, debe estructurarse de otro modo. Así, en la frase que sigue, referida a la elección del presidente Mitterrand, «votre» se refiere forzosamente a los franceses destinatarios del texto original:

C'est comme si un membre de votre famille avait été élu.[107]

La traducción no puede llegar muy lejos en la implicación de los lectores españoles y dará algo así:

Es como si hubiera sido elegido un miembro de la propia familia.

Del mismo modo, las condiciones de enunciación determinan la traducción de la marca del sujeto impersonal *on*, que es una deixis de persona fluctuante y que, según los casos, puede transferirse en castellano por la primera o tercera persona, o por referencias más generales como *todos*, *se*, etc... Así un texto como éste, que tiene por sujeto al pueblo francés:

Comment peut-on soutenir Rushdie et accepter le voile islamique?

Dará en la versión española:

¿Cómo se puede apoyar a Rushdie y aceptar el velo islámico?

Entre las marcas que, en esta segunda modalidad, sufren transformaciones se cuentan también las marcas de deixis espacial. Como *ici* en esta frase:

Les Britanniques, les Espagnols, les Scandinaves croient vivre en monarchie, les Français se figurent d' être en république. En réalité, c'est l'inverse qui est vrai.

Leurs pays sont, en fait, gouvernés comme des républiques parlementaires. Ici, en
revanche, règne un souverain élu qui concentre plus de pouvoir que tout autre chef
de l'exécutif dans un Etat démocratique.[108]

Que requiere un cambio de perspectiva en la traducción:

**Los británicos, españoles y escandinavos creen vivir en una monarquía,
los franceses se imaginan que viven en una república. En realidad, lo cierto es todo lo contrario. De hecho, los países de los primeros están goberna-
dos por repúblicas parlamentarias. Por el contrario, en Francia, reina un
soberano elegido que concentra más poder que ningún jefe del ejecutivo de
un Estado democrático.**

La frecuente denominación francesa de Alemania como *outre-Rhin*
es un caso de características similares. La traducción española no puede utilizar el término porque la referencia a la orilla oriental del río solamente es válida desde el país que ocupa dicha posición:

Certains conservateurs, outre-Rhin, *proposent que l'objectif de la réunification de
l'Allemagne soit préalable à l'unité communautaire.*

Traducción:

**En Alemania, *algunos conservadores proponen que el objetivo de la reuni-
ficación sea previo a la unidad comunitaria.***

Ciertas referencias temporales no pueden tampoco conservarse intactas en esta modalidad de traducción. L' debe reproducir el texto desde sus propias circunstancias temporales por lo que hay que efectuar
los cambios pertinentes. Por ejemplo, un segmento escrito el 31 de
Agosto de 1990, referido al acontecimiento de la Guerra del Golfo, deja
sin mencionar el mes que, en las condiciones enunciativas del original,
es evidente para el lector:

*Les «milieux informés» faisaient observer que les nuits du lundi 20 et du mardi 21
seraient sans lune et propices à une «opération chirurgicale» de l'aviation américaine contre un pays moins bien préparé à se battre dans de telles conditions.*[109]

La traducción, escrita unos meses después, debe obviamente completar la referencia explicitando el mes señalado en el enunciado:

**Los «círculos informados» pusieron de manifiesto que las noches del lunes
20 y martes 21 de septiembre *serían noches sin luna...***

Otras marcas referenciales indican una toma de posición por parte del autor original y tal vez no tengan la misma fuerza en el texto traducido. Así presumiblemente el énfasis en el número de periodistas franceses del siguiente ejemplo no sería relevante para un enunciador español que traduce desde la distancia:

> *A Bonn la presse est omniprésente. Un millier de journalistes (dont 375 étrangers, mais hélas! une poignée de Français) se croisent à la longueur de la journée).*[110]

Tal vez dicho enunciador/traductor anularía la valoración que vehicula la interjección *hélas!*, o incluso podría llegar a suprimir la alusión a la presencia francesa —o sustituirla por la presencia española—:

> **En Bonn la prensa es omnipresente. Unos mil periodistas (375 de ellos extranjeros) se cruzan a lo largo del día.**

En esta línea, elementos referenciales como medidas, pesas, equivalencias monetarias etc., serán o no adaptados en función de las características del nuevo enunciador y de la identificación o no del traductor con aquél.

La intervención de un enunciador ajeno al locutor plantea otro tipo de problemas. Por ejemplo, en la frase siguiente, el traductor tiene ante sí la disyuntiva de hacer hablar a De Gaulle en una lengua que no es la suya, o mantener su voz propia respetando su intervención y siguiendo entonces el esquema de la primera modalidad enunciativa:

> *Dans notre démocratie on a un faible pour les malins, pour ceux qui franchissent, sans tomber, les embûches et les «vachardises», comme disait de Gaulle, que nos concitoyens prodiguent sous leur pas.*[111]

La traducción debe escoger entre las siguientes alternativas:

> **En la democracia francesa se tiene una debilidad especial por los astutos, por quienes sortean, sin caer, las emboscadas y las**
> > **perrerías**
> > **malas jugadas**
> > **vachardises**
>
> **como decía De Gaulle, que los conciudadanos prodigan a su paso.**

Tercera modalidad:

Las condiciones enunciativas de L y L' respecto a P son muy similares o idénticas. No existen pues distorsiones ni es necesario un proceso de adaptación. Esta última modalidad de tratamiento de un texto corresponde a aquellos enunciados en los que la distancia entre el universo referencial y el locutor es la misma en el texto original y en el traducido. Las marcas de deixis personales y espaciales no sufren generalmente transformación en este caso. Ejemplo:

> *Notre planète est une planète vivante et il s'y developpe une activité organisée. Les signaux émis vers l'espace, nos explosions, nos fusées, tout cela ne l'atteint pas.* [112]

> **Nuestro *planeta es un planeta vivo* y en él se desarrolla una *actividad organizada*. Los *signos emitidos hacia el espacio*, nuestras *explosiones*, nuestros *misiles*, no le afectan.**

En esta modalidad, a diferencia de las anteriores, el locutor puede envolverse en la acción y recuperar el sujeto *on* integrándose en el mismo, es decir mediante una primera persona del plural:

> *L'ultime moyen de prévenir une guerre est sans nul doute de la présenter comme «inévitable». Ainsi peut-on espérer que les belligérants, confrontés par avance à ses conséquences, renonceront au geste fatal.* [113]

Traducción:

> **El último medio de prevenir una guerra es sin lugar a dudas presentarla como «inevitable». De este modo podemos esperar que las potencias beligerantes, confrontadas de antemano a sus consecuencias, renuncien al gesto fatal.**

A veces las propias características discursivas obligan a mantener el juego polifónico. En realidad los préstamos y calcos son siempre incursiones de voces procedentes de otro sistema lingüístico que, gracias a la polifonía, permanecen en el nuevo discurso. Así, la traductora del párrafo siguiente, de haber traducido «amateur» por el equivalente español «aficionado» no hubiera podido conservar el juego de palabras:

> *Vers d'amateur, les deux premières stances surtout. D'amateur au sens courant du mot (...). Mais amateur aussi au sens antique, c'est-à-dire amant.* [114]

Pero la voz francesa, se introduce en el discurso para devolverle a éste todas sus características:

> **Son versos de «amateur», las dos primeras estrofas sobre todo. De «amateur» en el sentido corriente de la palabra(...). Pero «amateur» también en su antiguo significado, es decir, amante.** [115]

En muchas ocasiones esa combinación de voces procedentes de dos lenguas da lugar a curiosos efectos que, generalmente, el lector, consciente de que la lectura de una traducción implica ciertas reglas peculiares, precisamente debidas a su polifonía, acepta como naturales, entrando en el juego sin apenas percibir las distorsiones. La traducción que sigue es un claro ejemplo:

> *Pour le reste, c'est à dire ceux qu'on appelle les fainéants et les faibles d'esprit, «Aide-toi, le ciel t'aidera» a toujours été un proverbe français.*[116]

El traductor —siguiendo un ejemplo inverso al de los doblajes de películas que, para evitar la referencia al idioma del marco enunciativo de partida que distorsiona la traducción, utilizan la expresión «*Habla Vd. mi idioma*»— traduce al castellano el refrán e insiste en su procedencia:

> **Y para los otros, es decir, para aquellos a quienes llaman holgazanes y débiles mentales, «Ayúdate y Dios te ayudará» sigue siendo un refrán muy francés .**[117]

El proceso traductor fuerza siempre a un desdoblamiento de sujetos que, en algunos casos, en función de la identidad de los enunciadores y de la fuerza evocadora de estas voces, puede llevar a la constitución de un discurso plural e incluso plurilingüe. En el momento de traducir, algunas de estas voces pueden ser recuperadas pero el traductor se siente incapacitado para tomar bajo su responsabilidad otras que poseen una autonomía notable y que exigen adaptaciones en distinto grado y un tratamiento en función de sus características.

J.P. Vinay y J. Darbelnet consideran el *préstamo* como un procedimiento de traducción según el cual, el texto de llegada, al no poseer el término equivalente, o también por un deseo de conservar el *color local*, mantiene en su traducción el término extranjero sin traducir.

Algunas traducciones utilizan el procedimiento con profusión:

> *Mais les femmes ont toujours participé aux destinées du pays! gronde* Hatidjé sultane *que le côté pédant de l'épouse du* Ghazi *agace. Simplement, elles n'éprouvaient pas le besoin de le crier du haut des minarets!. Pendant des siècles nos grandes ca-dines, dissimulées derrière les* moucharabieh, *ont suivi les délibérations du* diwan, *et par leurs conseils au souverain ont souvent infléchi la politique de l'empire...*[118]

> **¡Pero si las mujeres han participado siempre en los destinos del país!— gruñe Hatidjé sultana que se siente irritada por el tono pedante de la esposa del Ghazi. Simplemente no sentían necesidad de gritarlo desde lo**

alto de los alminares. Durante siglos nuestras cadinas, disimuladas detras de sus mucharabieh, siguieron las deliberaciones del diwan y, mediante sus consejos al soberano, a menudo desviaron la política del Imperio.[119]

En conclusión, las condiciones de enunciación y, sobre todo, la identidad de los enunciadores ejerce en el proceso traductivo un peso importante, igual o mayor que el propio contenido discursivo.

3.1.4. *La dimensión implícita*[120]

> *Rechercher l'implicite c'est tenter de découvrir, derrière la prétention de l'auteur à apporter un message nouveau, la répétition, le rabâchage, des «évidences» d'une collectivité».*[121]

Los niveles de contenido —informativos y argumentativos— difieren del nivel literal delimitado por palabras y frases. Para acceder al sentido, un traductor debe realizar continuas operaciones de recuperación de elementos que permanecen a un nivel subyacente. Dicho de otro modo, descodificar un texto equivale a penetrar en los razonamientos ocultos y, en muchas ocasiones, sacar a la luz enunciados no verbalizados.

Si comparamos las dos frases que siguen:

1. *Prends le parapluie parce qu'il pleut.*

2. *Prends le parapluie parce que Monsieur Météo a dit qu'il allait faire beau.*

es fácil observar que mientras en 1 la coherencia se halla a nivel de los elementos expuestos, en 2 es necesario recurrir a una secuencia implícita del tipo «el hombre del tiempo siempre se equivoca» para conseguir que el mensaje posea un sentido lógico.

Los implícitos discursivos abarcan un amplio abanico de fenómenos, desde aquellos más claramente lingüísticos, denominados por Catherine Kerbrat-Orecchioni,[122] *presuposiciones*, hasta los que requieren de un saber extra-textual o enciclopédico para ser descodificados, y que la misma autora denomina *sobre-entendidos*.

Siguiendo a Ducrot, podemos definir estos términos del modo siguiente:

> *le présupposé est défini comme un constituant sémantique de l'énoncé. (...)*
> *Je l'oppose par là à ce que j'appelle «sous-entendu»: le «sous-entendu», lui,*
> *n'est pas inclus dans l'énoncé, mais apparaît seulement lorsque le desti-*
> *nataire cherche pourquoi le locuteur a cru bon, à tel endroit et à tel mo-*
> *ment, d'utiliser l'énoncé.*[123]

Mientras *las presuposiciones* manifiestan un deseo deliberado de transmitir información, *los sobre-entendidos*, por el contrario, muestran una voluntad opuesta de ocultar. Por otra parte, los primeros son implícitos de carácter estable, es decir, vehiculan siempre el mismo contenido, mientras que los sobre-entendidos son, por el contrario, inestables y se cargan de semanticidad en función del contexto. Entre los elementos implícitos hay algunos que son anodinos informativamente hablando, mientras que otros recogen un peso importante del discurso y no puede procederse a la descodificación de aquél sin haberlos desvelado antes. El valor pues de un implícito está en función de su grado de informatividad.

¿Cómo repercute todo esto en la operación traductora?

Los implícitos que, aparentemente, presentan menor dificultad transpositiva son las presuposiciones pues se incluyen siempre en la significación de la frase. Los sobre-entendidos, en cambio, obligan siempre a un proceso interpretativo por parte del receptor, generalmente respondiendo a la pregunta: ¿por qué L me dice esto?.

En la traducción, las presuposiciones permanecen como tales con más frecuencia que los sobre-entendidos, aunque, tal como G. Thomson subraya, existen excepciones:

> *La cuestión obvia para los traductores es si las presuposiciones del texto*
> *de partida deben permanecer como tales en la traducción. A nuestro en-*
> *tender no siempre debe ser así.*[124]

Los enunciados que incluyen una presuposición muestran dos elementos semánticos distintos: uno expuesto y otro presupuesto.

Por ejemplo, una frase como:

> *Le tabac ne fait que du mal*

vehicula una presuposición del tipo:

> **El tabaco es dañino pero puede tener también algún efecto positivo.**

Pero la traducción habitual recuperará únicamente el nivel de lo expuesto y la presuposición permanecerá como tal:

El tabaco no es únicamente perjudicial

Lo mismo ocurre en este otro ejemplo:

Logement: Faut-il encore acheter?

que daría en la traducción:

Vivienda: ¿sigue siendo interesante comprar?

mientras la presuposición latente:

antes era rentable invertir en la vivienda

se mantiene en la traducción sin que la nueva codificación exija su explicitación.

G. Thomson establece un inventario de los elementos lingüísticos que conllevan una presuposición. Cita los siguientes:

• Los cuantificadores (por lo menos, algunos, todos...)

• Verbos aspectuales (empezar, parar, continuar...)

• Adverbios «presuposicionales» (sólo, incluso, todavía...)

• Construcciones enfáticas *(C'est Pierre qui est rentrée* — Presupone *quelqu'un est rentré)*

• Verbos «factuales» (darse cuenta, descubrir, lamentar...)

• Presuposiciones léxicas (Pierre est à l'Université — Presupone: Pierre es un varón adulto, de edad probablemente comprendida entre 18 y 25 años).

En la comunicación habitual, las presuposiciones expresan una información que el receptor conoce y que el locutor sabe que el locutor conoce. En principio por lo tanto no son pertinentes informativamente hablando. Pero los cambios enunciativos entre el primitivo acto de comunicación y el realizado por el traductor modifican esta perspectiva.

En la fase de desverbalización, el traductor debe desentrañar todo aquello que el texto no dice pero deja entender. Una vez realizada esta operación de reconstrucción de las virtualidades discursivas latentes, deberá decidir si el texto de llegada mantiene el mismo grado de implicitación o no.

La frecuente presencia de elementos presupuestos da como resultado un descenso en el nivel informativo y un texto traducido extraño al nuevo lector. Cuando la información presupuesta es nueva para el lector de la traducción, la tendencia habitual es convertirla en aserción deshaciendo la presuposición. Sin embargo, si la aparición del término que vehicula la presuposición se repite, basta con que la recuperación del elemento vehiculado por aquél se lleve a cabo una sola vez. Tal como afirma G. Thomson:

> *las presuposiciones del texto de partida con cierta frecuencia se convierten en aserciones en la traducción, especialmente cuando se refieren a una información que incluso era nueva para el lector original. Cuando se refieren a informaciones ya conocidas incluso para los lectores de la traducción, tienden a permanecer como presuposiciones.*[125]

Los sobre-entendidos, por su parte, vehiculan una información aún más compleja porque la posibilidad de introducir elementos culturales y situacionales en función no ya de las potencialidades lingüísticas de las palabras sino de la carga comunicativa del contexto, son evidentemente más altas.

Así, sin recuperar el marco situacional de un enunciado como el siguiente, será difícil proceder a una descodificación correcta del mismo:

Pourquoi les Français l'appellent Tonton? [126]

Para transferirla, el traductor ha de preguntarse si el nuevo destinatario —el lector español— posee las mismas claves del código que, en la primitiva situación de comunicación, poseía el receptor a quien el mensaje iba destinado. Entre dichas claves se cuentan:

1.   Saber que el pronombre *(le)* está sustituyendo el nombre de Mitterrand.

2.   Saber la especial connotación que el cariñoso apelativo de «tonton» posee entre los franceses.

3.   Situar la frase en el momento cronológico anterior a las últimas elecciones presidenciales, cuando dicho calificativo fue utilizado con gran profusión.

Una traducción como:

¿Por qué los franceses llaman a Mitterrand «Tonton»?

es el producto de las siguientes opciones:

1.   Sustituir el pronombre por su referente para facilitar la lectura al receptor español.

2.   Mantener el apelativo en francés porque reproduce más fielmente la situación real y transporta al lector a la situación francesa, aunque ello implique una pérdida connotativa importante para el lector que desconoce el término.

Pero en muchos casos el referente es de tipo relacional y está constituido por una secuencia de elementos unidos a situaciones particulares muy concretas lo que hace aún más complicada la descodificación. De ahí la importancia del análisis del aparato implícito en el proceso traductor.

3.2.   El macrotexto

Un texto se descompone en tres grandes segmentos, el nivel *externo* o peritextual que acabamos de presentar y una serie de factores *internos* subdivididos a su vez en dos grandes grupos:

• los fenómenos globales que recorren todo el texto y que constituyen el nivel *macrotextual*.

• las unidades *microtextuales* léxicas y gramaticales.

3.2.1.   Los mecanismos argumentativos

> *En théorie de l'argumentation, la langue est fondamentalement argumentative, et les valeurs informatives qui peuvent apparaître au niveau discursif sont dérivées de ces indications argumentatives fondamentales.*[127]

La lengua no es tan sólo un código, como afirmaba Saussure, con el que envolvemos nuestras ideas. Es un instrumento de acción y comunicación y, además, una especie de juego que supone ciertas reglas, algunas de naturaleza puramente lingüística y otras de índole retórico-argumentativo.

La Pragmática Integrada ha puesto de relieve un hecho fundamental para la traducción: cualquier enunciado, además de un valor informativo, posee ciertas marcas que le otorgan una orientación argumentativa y encaminan al interlocutor hacia unas conclusiones concretas:

> *il est indéniable qu'un grand nombre d'actes d'énonciation possèdent une fonction argumentative, qu'en les accomplissant le locuteur a pour unique objet de peser sur, voire de transformer les opinions de l'allocutaire.*[128]

Esta orientación argumentativa influye en la determinación del sentido. Un enunciado como éste:

> *Il est arrivé presque à huit heures*

en función del acto argumentativo en el que se integra, puede tener estos dos significados:
(A) llegó tarde
(B) llegó a tiempo

Para que la argumentación concluya A, basta con relacionar el enunciado mencionado con otro que vehicule una idea de impedimento respecto a *llegar a tiempo*. Por ejemplo, uno de este tipo:

> *Malgré l'accident, il est arrivé presque à huit heures.*

del cual puede deducirse que *llegó unos minutos tarde, aunque menos de los que podría uno imaginarse en principio*.

Para concluir B, es necesario iniciar la frase con un enunciado encaminado a favorecer la idea de *llegar a tiempo*, es decir, que sitúe la argumentación en la trayectoria contraria. Por ejemplo:

> *Il habite à côté, mais il est arrivé presque à huit heures.*

esto es,

> **llegó a tiempo aunque poco faltó para que llegara tarde.**

Todo texto comporta una orientación argumentativa global, un acto de discurso, explícito o no, que resume la orientación del mismo. Esta orientación es fundamental cuando debe procederse a la reconstrucción del sentido textual.

Las teorías argumentativas desarrolladas en los últimos años, sobre todo gracias a los trabajos de Oswald Ducrot, nos dan cuenta de ciertos fenómenos de naturaleza pragmático-intencional que habían quedado al margen de los estudios semánticos. Este lingüista francés llega a afirmar sin paliativos que el sentido de un enunciado depende directamente de su función argumentativa:

> *Je n'arrive pas à concevoir un sens qui ne soit pas la mise en oeuvre d'une intention argumentative.*[129]

Según esto, la interpretación de un enunciado está en función de las relaciones argumentativas que establece con el resto de enunciado, tal como afirma J.M. Adam:

> *Una serie de enunciados, para ser interpretados como un texto, deben presentarse como una serie de secuencias enlazadas entre sí y avanzando hacia una conclusión.*[130]

Esta concepción de la argumentación desarrolla una serie de potencialidades interpretativas muy alejadas del proceso meramente comprensivo y revelan facetas textuales que, de no proceder a este tipo de análisis, permanecerían ocultas.

Resumidas muy brevemente, las teorías argumentativas podrían enunciarse, tal como lo hace J.C. Anscombre,[131] bajo los dos postulados siguientes:

1.   La argumentación está enraizada en lo más profundo de las descripciones semánticas de los enunciados y para llevar a cabo los cálculos interpretativos en vistas a extraer el sentido de dichos enunciados es imprescindible tener en cuenta esta dimensión.

2.   Los factores informativos del enunciado dependen directamente de los factores argumentativos.

La *argumentación* podría definirse como un tipo particular de relación discursiva que consiste en presentar un enunciado como punto de partida de una serie de relaciones inferenciales que llevan el discurso hacia una conclusión. De este modo se introduce en el texto una progresión temática con diversas posibilidades:

• o bien los argumentos continúan la misma trayectoria argumentativa y precisan la orientación del argumento precedente, siguiendo el esquema A>B. Se trata de la trayectoria *co-orientada* que corresponde al esquema: «Es rico y por lo tanto es feliz».

• o bien los argumentos se presentan inversamente orientados siguiendo la trayectoria representada así: A><B, esto es, «Es rico pero no es feliz».

• o bien, redefinen el movimiento argumentativo, pero sin modificar básicamente la trayectoria de A, constituyendo una trayectoria *equivalente* del tipo A=B: «Es rico, es decir, no le falta nada necesario».

Esta distintas trayectorias definen diversas interpretaciones del enunciado «es rico». Y, como todos los enunciados se relacionan mediante movimientos de este tipo, la interpretación de una unidad textual no puede realizarse sin antes proceder a un análisis de su maquinaria argumentativa en vistas a dilucidar:

• cuáles son los argumentos utilizados.

• de qué forma se utilizan.

• cómo se construyen.

• cuál es el papel de los conectores que los enlazan.

En palabras de J. Delisle:

> *Traduire est une opération intellectuelle qui consiste à reproduire l'articulation d'une pensée dans un discours.*[132]

e, insistiendo en la importancia de los mecanismos que enlazan las ideas en la operación de transferencia, prosigue:

> *L'habileté à déceler, parmi les idées d'un texte, celles qui sont les points d'appui du développement et une grande dextérité à manipuler les concepts en les unissant par des liens logiques sont les qualités maîtresses des bons traducteurs.*[133]

Esta interconexión de todos los enunciados que componen la unidad textual gracias al armazón argumentativo es precisamente la característica esencial de un texto y gracias a ella es posible su interpretación. Ducrot llega a afirmar que precisamente en esta relación de interconexión se asienta el sentido:

Un énoncé, pour moi, est composé de mots auxquels on ne peut assigner aucune valeur intrinsèque stable, c'est-à-dire aucune correspondance avec un quelconque ensemble d'objets de la réalité; sa valeur sémantique ne saurait donc résider en lui-même, mais seulement dans les rapports qu'il a avec d'autres énoncés, les énoncés qu'il est destiné à faire admettre, ou ceux qui sont censés capables de le faire admettre.[134]

Un operación traductora que no tuviera en cuenta esta estructura argumentativa caería constantemente en contra-sentidos y no sería capaz de resolver las frecuentes ambigüedades que el enlace de enunciados presenta cuando no se sitúan en un trayectoria concreta.

Por ejemplo, un segmento como el siguiente, que constituye el título de un texto:

Plus de certitudes à l'Ouest

en función del contenido del mismo, puede traducirse por una argumentación afirmativa:

En Occidente hay más certezas

o una argumentación negativa:

En Occidente ya no hay certezas

Del mismo modo que este enunciado interrogativo:

Alors, chèrement payés, quelques gages de stabilité?

alejado de las conclusiones a las que el locutor pretende llegar, admite esta interpretación:

¿Existen pues ciertas posibilidades de estabilidad aunque pagadas a un alto precio?

y también ésta:

¿Deberán ser pagadas a un alto precio las posibilidades de estabilidad?

En la primera frase se está interrogando acerca de la existencia de una cierta estabilidad, mientras que en la segunda se hace hincapié en el precio de ésta.

Todos estos problemas son de orden interfrástico y de naturaleza argumentativa, entendida como lo hacen O. Ducrot y sus seguidores, es decir, ampliando el término *argumentación* para incluir todos los fenómenos de naturaleza pragmático-intencional del lenguaje:

> *Le terme d'*argumentation *que nous avons adopté n'est sans doute ni très heureux, ni très adéquat. Ce choix provient de ce que les premiers phénomènes qui nous sont apparus étaient explicitement de nature rhétorique. La dynamique dont nous parlons ici, se trouve certes réalisée dans les relations argumentatives (au sens banal du terme), mais elle déborde largement ces phénomènes. Il y a, dans notre théorie de l'argumentation, bien autre chose que la rhétorique habituelle.*[135]

La traducción de un texto está intrínsecamente condicionado por esta relación que se establece entre los elementos participantes en la unidad textual y las intenciones de sus enunciadores.

Para conectar los diversos enunciados en el interior de una estructura argumentativa las lenguas poseen ciertas marcas, que O. Ducrot denomina *mots du discours*. Se trata de morfemas gramaticales (conjunciones, adverbios y locuciones adverbiales) que aseguran los encadenamientos interfrásticos al tiempo que recogen elementos pragmáticos tales como presuposiciones, sobre-entendidos, creencias del auditorio, heterogeneidad de enunciadores y, fundamentalmente, valores argumentativos que delimitan el valor discursivo.

Los *mots du discours* son elementos responsables de la orientación argumentativa.

No es necesario efectuar un recorrido muy extenso por las páginas de la Teoría de la Traducción para constatar hasta qué punto se ha pasado por alto el valor de estos morfemas. Esta cita de Donald Frame, referida al lenguaje poético, es quizá un caso extremo, pero demuestra una actitud bastante generalizada. Donald Frame se muestra partidario de la supresión de algunos conectores por ser éstos, dice, partes «poco necesarias» en el discurso:

> *La traducción da lugar con frecuencia a un texto más largo, pero el inglés es normalmente más conciso que el francés. Algo debe pues sufrir suprimirse: o una palabra clave o uno de los muchos (por lo general en posición inicial)* et, mais *o* donc *que abundan en Molière y parecen menos indispensables. Si se suprime una palabra clave el sentido de toda la línea se resiente pero si se suprime una conjunción o un adverbio, generalmente, el sentido queda menos afectado.*[136]

Y sin embargo, es fácil demostrar que las propiedades argumentativas de los conectores inciden sustancialmente en el sentido de una frase y, por lo tanto, en la operación traductora.

Tomaremos como ejemplo estos versos del poema de Verlaine «Green»:

Sur votre jeune sein laissez rouler ma tête
Toute sonore encor de vos derniers baisers;
Laissez-la s'apaiser de la bonne tempête
Et que je dorme un peu puisque vous reposez.[137]

Y estas traducciones españolas[138]:

1)

Cuando en mis sienes calme la divina tormenta
reclinaré, jugando con tus bucles espesos,
sobre tu núbil seno mi frente soñolienta,
sonora con el ritmo de tus últimos besos.[139]

2)

Permite que en tu seno recline mi cabeza,
De tus últimos besos de amor sonora aún;
Deja que ella descanse de la feliz tormenta,
Y que duerma yo un poco mientras reposas tú.[140]

3)

Dejad que mi cabeza en vuestro joven seno
disfrute la delicia que en vuestros besos dais,
dejadla apaciguar la divina tormenta
y que descanse un poco, mientras vos descansáis.[141]

4)

Deja que mi cabeza se recline en tu seno;
aún siente aquellos ósculos de aquel último día
que gozó del amor más dulce y más sereno
Déjala mientras dura esta fatiga mía.[142]

5)

Deja sobre tu seno rodar esta cabeza
que tus últimos besos resonando han dejado;
que olvide así las furias de la naturaleza
y, ya que tú reposas, que yo duerma a tu lado.[143]

6)

Que en vuestro seno arrulle mi cabeza
toda sonora aún de los postreros besos;
permitid que descanse de la feliz tormenta,
que me duerma un poco siguiendo vuestro ejemplo.[144]

7)

Dejad que mi cabeza en vuestro seno — repose conservando el sonido de
vuestros besos, — dejadla apaciguar allí sus tempestades — y que yo duer-
ma un poco ya que vos descansáis.[145]

Como podrá observarse, de estas siete traducciones, únicamente en 5 y 7 —el autor de esta última es Manuel Machado—, se ha respetado la intención pragmática vehiculada por el conector *puisque* recuperándola en el texto.

Dicho elemento da cuenta de una operación argumentativa de tipo justificativo expresada manifiestamente por el autor y que corresponde al esquema: «*A puisque B*», en donde A expresa el deseo, por parte del enunciador de *reposar en el seno de la amada*, y B manifiesta la intención de *compartir la propia actitud de reposo de ésta*, presentándola como una justificación: puesto que *la amada no va a requerir su solicitud porque también ella está descansando, puede permitirse el reposo.*

Pero solamente los fragmentos de las referidas traducciones recogen la misma intención del original, mientras el resto traiciona la relación argumentativa. Ni siquiera puede considerarse afortunada la solución de recuperarla mediante el conector *mientras que* (tal como pretenden las traducciones 2, 3 y 4) puesto que el valor de simultaneidad recogido por éste difiere del valor justificativo del morfema *puisque* presente en el original.

El ejemplo demuestra la poca importancia que los traductores conceden a este tipo de morfemas —y ello es válido no únicamente para traducciones poéticas sino para cualquier tipo de texto— y sirve para subrayar de qué modo los conectores vehiculan intenciones de los enunciadores, implicándolos en los hechos. Por ello, estos elementos permiten analizar un aspecto hasta ahora inabordable por la lingüística: las sutiles relaciones entre lo explícito y lo implícito en las que radica una gran parte de la dificultad de desentrañar el sentido.

3.2.2. El marco argumentativo: el concepto de «topoi»

Para analizar la orientación argumentativa de los enunciados, O. Ducrot, utilizando un término acuñado por Aristóteles pero otorgándole un sentido algo distinto, establece el concepto de *topoi*. Los *topoi* equivalen a una especie de axiomas, unos principios generales, exteriores al que los utiliza, sobre los que se apoyan los razonamientos de la lengua y que no pueden discernirse mediante un análisis puramente informativo.

Para interpretar un *topos* es necesario combinar los conocimientos lingüísticos y los conocimientos enciclopédicos, es decir, analizar las relaciones entre los elementos significativos, los informativos y los argumentativos.

La orientación argumentativa de un enunciado se obtiene por la aplicación, a ciertos elementos de significación de la frase, de una regla de inferencia gradual que el locutor presenta como general, en cuanto que debe poder aplicarse a otras situaciones distintas de la del enunciado, y compartida, en cuanto se supone conocida y admitida por el conjunto de interlocutores.

El *campo tópico* permite establecer una escala de propiedades siguiendo estas combinaciones:

a más X, más Q
a más X, menos Q
a menos X , más Q
a menos P, menos Q

Estos campo tópicos sirven para explicar la diferencia entre estos dos enunciados:

> *Il fait beau mais j'ai du travail.*
> *J'ai du travail mais il fait beau.*[146]

Mientras al primero de ellos corresponde una relación: *Cuanto más trabajo se tiene, menos se sale a pasear*, el segundo se ha construido en función de la relación tópica opuesta: *Cuanto mejor es el tiempo, menos se queda uno en casa a trabajar.*

La significación de una frase equivaldría al conjunto de *topoi* aplicables a la misma. Desde este punto de vista, tal como afirma J.C. Anscombre:

> *signifier c'est imposer vis-à-vis des faits l'adoption de points de vue argumentatifs.*[147]

En función de estas líneas tópicas pueden establecerse mundos referenciales distintos. Es evidente que enunciados como los siguientes:

> a) *J'ai du travail, je suis donc heureux*
> b) *J'ai du travail, mais je suis heureux*
> c) *J'ai du travail, pauvre Marie!*

poseen relaciones tópicas diferentes:

a) a más trabajo — más realización personal, mejor situación, más felicidad...
y también: a menos trabajo — menos realización personal, más aburrimiento, más problemas económicos....

b) a más trabajo — más cansancio, peor humor, más stress, más trabajo para los psiquiatras...
y también: a menos trabajo, más felicidad, más vida relajada, más tiempo para pasarlo bien...

c) a más trabajo — más insoportable se hace la convivencia con dicho sujeto
y también: a menos trabajo — más fácil es la convivencia.

Escoger, en una situación dada, enunciar una frase antes que otra equivale a explotar algunos *topoi* en detrimento de otros. Por lo que, para proceder a la interpretación de un enunciado, las relaciones tópicas son fundamentales.

Por ejemplo en este segmento de texto:

> *Physicienne de formation, travaillant au service des radio-isotopes du Veterans Administration Hospital de New York, Rosalyne Yalow a inventé, dans les années cinquante, la radio-immunologie, qui lui a valu en 1977, le prix Nobel de médecine,* bien qu'elle soit une femme, bonne mère de famille, et que, par-dessus le marché elle n'ait jamais fait d'études de médecine.[148]

La traducción daría:

> **En los años cincuenta, Rosalyne Yalow inventó la radioinmunología, lo que le hizo merecedora del Premio Nobel en 1977,**

y las posibilidades de enlace argumentativo serían:

> *aunque es una mujer, una buena madre y que*
> *aunque sea una mujer, una buena madre y que*
> *y sin embargo es una mujer, una buena madre y que*
> *aún siendo una mujer, una buena madre y*
> *pese a ser una mujer, una buena madre y que*
> *y eso que es una mujer, una buena madre y que*

y con el enunciado posterior:

además		
encima		
por otra parte		
por añadidura	*no haber estudiado*	*Medicina*
lo que es peor	*nunca estudió*	
para colmo		

Respecto al primer enlace, existen dos imágenes referenciales distintas:

A) Ser mujer y madre de familia y ser merecedora del Premio Nobel son dos elementos que se oponen totalmente entre sí, en una relación del tipo:

> *si se es mujer, no se puede ser merecedor del Premio Nobel*

Esta oposición la recogerían conectores como *aunque* y *sin embargo*.

B) Los dos elementos no se oponen en todos los mundos posibles. Pese a que la oposición es la regla general, existe no obstante una imagen de universo en la cual el hecho de ser mujer es un obstáculo pero no una imposibilidad para ser mercedor del premio. Con lo que la relación sería:

> *en principio, si se es mujer y madre de familia, es muy infrecuente ser merecedor del premio Nobel.*

Lo cual parece corresponder más claramente al texto y se expresaría por conectores del tipo *pese a, aún cuando, y eso que....*

En cuanto a las relaciones tópicas correspondientes, las enunciaríamos así:

> *cuanto más mujer y madre de familia se es / menos premios Nobel se reciben.*
> *cuanto menos mujer y menos madre de familia/ más premios Nobel se pueden recibir.*

La inferencia que de ello se deduce es que, en este texto, mujer y madre son valores argumentativamente tendientes a la negatividad lo que puede llevarnos a escoger un nexo reforzativo para enlazar el tercer elemento, claramente negativo: *no haber realizado estudios de medicina.*

La traducción pues, una vez aplicados estos instrumentos de análisis, puede dar como resultado algo del tipo:

> *En los años cincuenta, Rosalyne Yalow inventó la radioinmunología, lo que le hizo merecedora del Premio Nobel en 1977, pese a ser mujer, buena madre de familia y por añadidura no haber estudiado Medicina.*

3.2.3.　Conectores y operadores argumentativos

> *La prise en compte de l'argumentation revient à considérer les microactes de langage et prioritairement le rôle des connecteurs.*[149]

La concepción del texto como «*un système de rapports* »[150] contribuye a ensalzar la importancia que para la interpretación del sentido presentan ciertas marcas relacionantes que aseguran la continuación de la argumentación textual. Este conjunto de marcas argumentativas — *mots du discours*— lo forman una serie de morfemas de tipo gramatical cuya misión consiste en articular relaciones pragmáticas y argumentativas estableciendo así una serie de redes entre los enunciados y el campo discursivo creado por éstos. Su papel es el de confirmar las expectativas que un enunciado genera en una dirección determinada o, por el contrario, anular dichas expectativas. En ellos se une el aspecto semántico y el gramatical, así como el lingüístico y el extra-lingüístico.

La categoría de *mots du discours* agrupa un conjunto de elementos de características diversas, pues mientras algunos de ellos actúan como simples refuerzos de la argumentación, otros tienen un papel fundamental en la determinación del tipo de operación que enlaza dos acontecimientos lingüísticos.

Rubattel define estos morfemas como:

> *des éléments qui articulent des unités conversationnelles ou textuelles en posant entre elles une relation de subordination ou de coordination (..), Ils posent des instructions argumentatives et ils sont intégrés dans le bâtiment de l'argumentation.*

A lo cual añade:

> *ils sont des éléments clés pour la compréhension du texte car ils sont présents dans tous les types de discours.*[151]

Estos elementos reciben el nombre de:

* conectores argumentativos
* operadores argumentativos

Los *conectores* sirven para unir dos o más enunciados (*mais, puisque, cependant, donc...*) ; los *operadores argumentativos*, en cambio, actúan en el interior de un único enunciado esbozando cuál tiene que ser la trayectoria argumentativa de los enunciados posteriores (*certes, il est vrai que, peu, un peu...*).

Tanto unos como otros marcan al discurso de un modo igual o mayor que los elementos léxicos. Su función no es sólo establecer unas relaciones lógicas entre enunciados sino efectuar transformaciones entre el enunciado y el campo discursivo y entre éste y los interlocutores.

Los conectores constituyen el armazón que sustenta la unidad textual. Pero su interpretación no es fácil. La polisemia de estos elementos es alta y da pie a multitud de ambigüedades.

La principal de estas ambigüedades consiste en la capacidad para enlazar dos enunciados co-orientados pero también dos enunciados opuestos, es decir, anti-orientados. Muchos conectores de tipo temporal, que han adquirido un débil e indefinido valor argumentativo, presentan esta característica. Pero no son los únicos. Conectores como *pour, d'ailleurs, or, justement* pueden también funcionar de este modo planteando problemas cuando se trata de descodificarlos.

Expondremos algunos ejemplos sin pretender trazar una lista exhaustiva de todos ellos.

• El conector *or*.-

Se trata de uno de los morfemas más interesantes y de mayor riqueza pragmática. Los diccionarios bilingües le otorgan como equivalente fundamental en castellano el conector *ahora bien*, lo que sin duda es cierto desde un punto de vista etimológico, pero desde la perspectiva funcional no sólo su correspondencia con el *ahora bien* español debe ser puesto en tela de juicio sino que debe cuestionarse el propio valor de oposición como única posibilidad. Su esquema argumentativo es como sigue:

> *Tras enunciar A, hago una pausa para añadir «or B», esto es, como continuación de A, añado un nuevo argumento inesperado (B).*

Su valor pragmático fundamental consiste pues en marcar un momento particular del discurso en el que, de forma inesperada, se añade un nuevo elemento de reflexión, un nuevo razonamiento de índole distinta a los presentados anteriormente. Mediante este enlace se introduce una orientación distinta de la que el primer elemento de la argumentación hacía suponer. Pero ello no quiere forzosamente decir que B se oponga a A en todos los casos.

Prueba de lo cual es el resultado de un recuento de la presencia de este conector realizado en la obra de G. Simenon *Maigret à Vichy*, y sus distintas equivalencias en la traducción castellana: de las doce apariciones de dicho conector, ninguna ha sido traducida, con toda razón, por *ahora bien*. Exactamente seis unen enunciados anti-orientados (*pero, sin embargo...*), en los seis restantes, la unión establecida por *or* es puramente intensiva, añadiendo un nuevo elemento distinto pero no opuesto con lo que permanece el sentido de la orientación anterior (*pues, así pues...*).

He aquí un ejemplo del primer grupo:

> *Il s'attendait à une protestation véhémente, voire à une scène violente.* Or, *il se trouva devant un être abattu, sans réaction, qui ne prononça pas un mot.*[152]

Traducción:

> **Esperaba encontrarse con una vehemente protesta, incluso una violenta escena. Pero se halló ante un ser abatido, sin reacción, que no pronunciaba una palabra.**[153]

La oposición es evidente.

Veamos ahora un ejemplo de enlace de dos enunciados no contradictorios:

> — *Vous saviez, hier, que la police était à la recherche du meurtrier de votre sœur...Vous n'ignoriez pas que le moindre indice pouvait être précieux...*
> — *Je suppose, oui...*
> — Or, *il y a toutes les chances pour que votre interlocuteur invisible soit justement le meurtrier...*[154]

El traductor, sensible al valor intensivo del conector, lo recupera con un *pues* de consecuencia:

> — **Usted sabía, ayer, que la Policía estaba en busca del asesino de su hermana...Y no ignoraba que el menor indicio puede ser precioso...**
> — **Sí; lo supongo...**
> — **Pues, *según todas las probabilidades, su interlocutor invisible será precisamente el asesino...***[155]

• La anti-orientación y co-orientación de *justement*.

Se trata también de un elemento de funcionalidad múltiple y de interpretación compleja. Según indica S. Bruxelles [156] puede tener un valor puramente semántico, no conectivo, equivalente a *avec justice, avec raison*:

Ses efforts ont été justement récompensés.[157]

O puede servir también para marcar la coincidencia entre dos hechos:

C'est justement ce qu'il ne fallait pas faire.

Pero además posee una doble posibilidad pragmática según la cual puede indicar una inversión o una coincidencia argumentativa.

En el primer caso, el locutor utiliza el argumento de un interlocutor para un fin opuesto. En realidad equivaldría a una conexión del tipo *«mais, justement»*, que, para simplificar y con fines únicamente operativos, podríamos traducir por: *pues, precisamente*.

En el segundo caso, el locutor ratifica el argumento dado por otro interlocutor. La equivalencia exacta correspondería a: *oui, justement* y podemos equipararla al valor de *exactamente* en castellano.

He aquí un ejemplo del primer caso:

Caesonia: Caligula est mort.
Premier Patricien: Tu... tu es sûre de ce malheur?. Ce n'est pas possible, il a dansé tout à l'heure.
Caesonia: Justement. Cet effort l'a achevé.[158]

La función argumentativa del conector es la siguiente:

Ante una afirmación de Cesonia, «la muerte de Calígula», el primer Patricio pretende negarla y recuperar la trayectoria anterior, «Calígula está vivo», según una relación del tipo: «si ha danzado hace poco su salud es buena». Pero Cesonia utiliza el mismo argumento del Primer Patricio —«ha danzado ahora mismo»— invirtiendo su conclusión «debe estar vivo» y reafirmando la conclusión contraria, «está muerto», como consecuencia de una relación distinta: «Como su salud era muy frágil no ha podido superar el esfuerzo de la danza», esto es, «precisamente porque ha danzado está muerto».

La traducción castellana de F. Saiz de Robles lo recoge mediante la equivalencia literal *justamente*:

Cesonia: Calígula ha muerto.
Primer Patricio: ¿Estás...estás segura de tal desdicha? No es posible. Hace poco ha danzado.
Cesonia: Justamente. El esfuerzo le ha agotado.[159]

aunque también podría explicitarse algo más mediante una formulación del tipo:

Cesonia: Precisamente por eso. *El esfuerzo ha acabado con él.*

Lo que se opone totalmente al valor de reafirmación de este otro ejemplo en el que la trayectoria de los dos segmentos enlazados es coincidente:

> — *Elle a vécu cinq ans à Nice.*
> — *Beaucoup de petits rentiers....*
> — *Justement... Des petits rentiers, mais aussi des gens de toutes les couches sociales.*[160]

que el traductor recoge así:

> — *Vivió cinco años en Niza.*
> — *Muchos pequeños rentistas....*
> — *Exactamente... Pequeños rentistas, pero también gente de todas las clases sociales.*[160]

La dificultad de precisar los valores de este conector da lugar a traducciones confusas e incorrectas que muestran que todo análisis de una orientación de la argumentación ha sido ignorado y que ambos valores se confunden. Así, al proceder a la traducción de este párrafo:

> ....*En sortant, Rambert demanda de quelles affaires il s'agissait.*
> — *De contrebande, naturellement (...).*
> — *Bon, dit Rambert. Ils ont des complicités?*
> — *Justement.* [162]

Su autor pretende utilizar el conector *justement* para reafirmar lo dicho anteriormente, traduciéndolo por *claro:*

> ....*Al salir, Rambert preguntó de qué negocios se trataba.*
> — *De contrabando, naturalmente (...)*
> — *Bueno —dijo Rambert—. ¿Tienen cómplices?*
> — *Claro.*[163]

Pero en realidad, lo que la pregunta pretende averiguar es si quienes se dedican al contrabando constituyen un grupo lo bastante numeroso para servirles de ayuda. Por consiguiente, la interpretación de *justement* debe ser:

> *Precisamente por eso te lo digo, porque tienen cómplices que pueden ayudarnos.*

que, sintetizando, puede formularse también así:

> **Esto es precisamente lo interesante.**

o así:

> **Precisamente por eso pueden sernos útiles.**

No se trata pues de establecer una total inversión argumentativa, pero sí de situar la trayectoria en una nueva orientación, lo que evidentemente no recoge la traducción antes expuesta.

• Otros conectores que pueden expresar co-orientación y anti-orientación.

También el conector *pour* francés puede establecer una relación concesiva, causal o final entre los elementos que enlaza, relación que sólo puede deducirse de la orientación de estos enunciados en un contexto interpretativo determinado:
Por ejemplo, en la enunciación:

> *Pour s'être rencontrés dans un cours de danse espagnole, Matthias et Agnès n'ont pas adopté une langue neutre....*

Para deshacer la ambigüedad que daría dos posibilidades de traducción:

> **Por haberse encontrado *en un curso de danza española*...**

> **Pese a haberse encontrado *en un curso de danza española*...**

es necesario proceder al análisis de la posterior trayectoria argumentativa que contiene la clave de la relación vehiculada por *pour*:

> *«Je reste allemand, elle demeure française», insiste Matthias. Chacun parle dans sa langue à Laura, leur petite fille de 14 mois.*[164]

el valor concesivo prevalece:

> **Pese a haberse encontrado *en un curso de danza española*....**

• Otros conectores que vehiculan diversos matices argumentativos.-

Un caso interesante es el conector *d'autant que* que participa del valor comparativo y causal al mismo tiempo.

En la formulación *A d'autant que B*, la veracidad de A está en una relación de progresión respecto a la veracidad de B de modo que:

tanto más A es cierto
cuanto B es también cierto

pero, al mismo tiempo, B sirve para indicar la causa de la realización de A.

La traducción de este elemento es precisamente un ejemplo claro de divergencia en el uso de conectores entre el francés y el castellano. La expresión castellana *tanto más cuanto que*, perfectamente correcta, es mucho menos utilizada que su correspondiente francesa. Con lo cual, introducirla en una traducción como única forma equivalente de *d'autant que* puede dar lugar a una traducción excesivamente recargada de una expresión no demasiado habitual. Es lo que ocurre en la versión española del libro *De la part de la princesse morte* de Kenizé Mourad, que presenta 28 recurrencias [165] de dicha expresión lo cual da lugar a otros tantos párrafos «extraños», en la medida en que el conector compromete —y en ello se diferencia de los errores de traducción de unidades léxicas— no sólo un momento preciso del enunciado sino, como mínimo, los dos segmentos enunciativos que enlaza y, a veces, movimientos discursivos más largos.

El análisis pragmático muestra diversas posibilidades de paráfrasis sinonímicas que permiten evitar esta repetición. Por ejemplo, el párrafo siguiente:

> *Leurs maris mènent une vie publique active, (...) mais en réalité ce sont elles qui manoeuvrent. Adversaires ignorées, cachées derrière le voile, elles sont* d'autant plus *efficaces.* [166]

Aparace en la versión castellana traducido así:

> **Sus maridos llevan una vida pública, pero en realidad son ellas las que manipulan.** Y tanto más eficazmente cuanto que *son unos adversarios ignorados, ocultos detrás de sus velos.* [167]

Pero podría haberse formulado de este modo:

> *....son unos adversarios ignorados, ocultos detrás de sus velos* por lo que *su eficacia es* mayor.

Lo mismo ocurre en este otro párrafo:

Esprit ouvert, il s'indigne de ce racisme, d'autant qu'avec certains, n'etait-ce la couleur de leur peau, on pourrait oublier qu'ils sont indiens.[168]

Traducido así:

Espíritu abierto, le indigna aquel racismo, «tanto más cuanto que con algunos, si no fuera por el color de la piel, se podría olvidar que son indios».[169]

Y que podría también haberse expresado como sigue:

...«sobre todo porque, si no fuera por el color de la piel, en algunos casos, se podría olvidar que son indios».

Y un último ejemplo:

Il arrivera bientôt, elle en est sûre, d'autant que l'Amérique vient de déclarer sa neutralité.[170]

Traducción propuesta en la versión castellana:

Llegará pronto, está segura, tanto más cuanto que ahora los Estados Unidos se han declarado neutrales.[171]

Pero también sería posible esta formulación:

....y más aún ahora que los Estados Unidos se han declarado neutrales.

• El conector *enfin.*

Se trata de un conector cuya significación parece escurridiza y difícil de delimitar. La recopilación de enunciados en los que aparece da como resultado un «corpus» heterogéneo de valores. Si nos situamos en una perspectiva contrastiva observaremos cómo los distintos enunciados exigen ser traducidos por distintos conectores. Es decir, el castellano no posee un conector equivalente que pueda ser utilizado para recubrir la totalidad de usos de *enfin.*

Desde un punto de vista estrictamente semántico, este morfema posee un componente estable mínimo que le otorga el sufijo *fin.* Según éste, todo valor vehiculado por *enfin* establece «el final», «el último término», «la última manifestación» de una serie de enunciados. Dicho con otras palabras, *enfin* ha de vehicular una instrucción interpretativa que indique que está introduciendo la resolución final de una serie de actos verbales o no verbales estabilizando los enunciados precedentes.

Este valor mínimo, que sirve para orientar al interlocutor acerca de sus instrucciones argumentativas, equivale a la *significación*. Sus valores dentro de los enunciados nos permitirán obtener sus distintos *sentidos*.

Veamos los siguientes ejemplos:

> *(1)* Enfin *la liberté!*
> *(2)* *On était sept,* enfin, *six.*
> *(3)* Enfin, *taisez-vous!*
> *(4)* Enfin, *en dernier recours, il vous reste la résignation.*
> *(5)* Enfin, *on verra bien*

Si procedemos a traducirlos al castellano, darán traducciones distintas en cada una de las frases:

> *(1)* **¡Por fin, *la libertad!***
> *(2)* **Eramos siete, bueno, seis.**
> *(3)* **¡Venga, *silencio!***
> *(4)* **Por último, *como recurso final, os queda la resignación.***
> *(5)* **En fin, *ya veremos.***

De modo muy esquemático, podríamos agrupar estos valores en cinco grandes grupos correspondientes a los ejemplos anteriores:

1. La satisfacción de la espera: *por fin, al fin.*
2. La reformulación aclaratoria o correctiva: *es decir, o mejor dicho, bueno, esto es.*
3. La expresión de la indignación: *vamos, venga, ya está bien.*
4. La presentación del final de un conjunto estructurado: *por último, en último lugar, para acabar.*
5. La reformulación conclusiva: *para concluir, en fin, en resumen, por último...*

Además, las contextualizaciones acaban de precisar estas funciones. Así, el ejemplo siguiente participa del valor de «expresión de la indignación», algo contenida, y en cierto modo, de una especie de pausa con valor recapitulativo:

> *Hélicon: Vous finirez par le faire sortir de son caractère, cet homme!*
> *Le Vieux Patricien:* Mais enfin, *que lui avons-nous fait?*
> *Hélicon: Rien, justement. C'est inouï d'être insignifiant à ce point.*[172]

que el traductor recoge así:

> *Helicón: ¡Terminaréis por sacar de sus casillas a ese hombre!*
> *El Patricio Anciano: Pero, vamos a ver: ¿Qué le hemos hecho?*
> *Helicón: Nada, justamente. Es inaudito ser insignificante hasta tal punto.*[173]

• El conector *alors*.

Alors es otro de los conectores polifuncionales. El equivalente español consignado con más frecuencia en los diccionarios es el adverbio *entonces*. Pero dicho morfema no responde a la misma frecuencia de utilización ni recubre las mismas funciones. Así lo muestra un despojo de un corpus procedente de unos treinta artículos editoriales de diversos periódicos españoles. Entre un total de alrededor de 250 conectores, no aparece ningún *entonces* con valor argumentativo, función que es sustituida por locuciones diversas (*de ahí que, por eso, por ello, por todo ello, por esta razón, por tanto, de modo que, de manera que, pues, así que, la consecuencia es que, en estas circunstancias, por esta razón, o sea que...*).

Un análisis más detallado de *entonces* demuestra que posee, como *alors*, la propiedad de retomar relaciones de tipo temporal o consecutivo pero con una capacidad anafórica menor por lo que ciertos matices justificativos o hipotéticos quedan desdibujados. Dicho de otro modo, la relación entre antecedente y consecuente parece ser más accidental y más lejana en el caso de *entonces* que en el de *alors*.

Teniendo en cuenta que todo conector pragmático impone, por un lado, ciertas condiciones de empleo a los enunciados que articula y, por otro, ciertas instrucciones interpretativas a las conclusiones que de ellos se infieren y a la continuación del texto, tras haber analizado un corpus de una cierta extensión —en el que se han dejado de lado, por razones de espacio y porque son menos ricos en posibilidades de traducción, los valores temporales—, aparecen, como más significativas, las siguientes funciones:

Entre las ilocutorias:

1.   Toma de palabra. (Sus equivalencias en castellano estarían en esta línea: *Bueno pues, pues bien, vamos a ver...*)
2.   Demanda de información.(Equivalencias: *¿Y bien?, ¿qué hay?, ¿qué pasó...*)
3.   Relanzamiento del desarrollo argumentativo.(Equivalencias: *¿Cómo sigue la historia?, ¿Cuál es la conclusión?....*)
4.   Expresión de rechazo, réplica, oposición.(Equivalencias: *¡Venga ya!...*)

5. Invitación a la acción. (Equivalencias: *¡Venga!*, *¡Vamos!*, *¡Pues + acción verbal...*)
6. Expresión de extrañeza, sorpresa, indignación.(Equivalencias: *¡Hay que ver!*, *¡Caramba!...*)
7. Marca de reafirmación.(Equivalencias: *Muy bien....*)

En cuanto a las funciones argumentativas de dicho conector hay que destacar:

1. Disyunción/oposición (*o de lo contrario*)
2. Deducción/consecución (*de modo que, así que....*)
3. Justificación (*por eso, de ahí que...*)
4. Hipótesis (*en tal caso, en esas circunstancias....*)
5. Reformulación (*o sea que, dicho de otro modo...*)
6. Recapitulación, conclusión (*en resumen, en conclusión....*)

Sin embargo, la mayoría de las veces los traductores recurren a un *entonces* comodín que no siempre recoge del mejor modo la función pragmática.

Veamos a continuación algunas de estas apariciones:

Alors sirve para solicitar información en este pasaje:

> **Skouratov:** *(...) Ne vous fâchez pas encore. Réfléchissez. Du point de vue de l'idée, vous ne pouvez pas les livrer. Du point de vue de l'évidence, au contraire, c'est un service à leur rendre. Vous leur éviterez de nouveaux ennuis et, du même coup, vous les arracherez à la potence. Par dessus tout, vous obtenez la paix du coeur. A bien des point de vue, c'est une affaire en or.*
> *(Kaliayev se tait)*
> **Skouratov:** *Alors?*
> **Kaliayev:** *Mes frères vous répondront, avant peu.*[174]

que Sáiz de Robles traduce por el consabido *entonces*:

> **Skuratov:** **...Desde muchos puntos de vista es un gran negocio.**
> **(Kaliayev calla)**
> **Skuratov:** **¿Entonces?**
> **Kaliayev:** **Dentro de poco mis hermanos le contestarán.**[175]

Pero una mayor atención a la función pragmática podría reproducirse en una traducción del tipo:

> **Skuratov:** **¿Qué opina pues?**

La demanda de conclusión, es la función de la locución *et alors?* en el segmento siguiente:

> *Kaliayev: (...) Connais-tu la légende de saint Dmitri?*
> *Foka: Non.*
> *Kaliayev: Il avait rendez-vous dans la steppe avec Dieu (...) La boue était épaisse, la fondrière profonde. Il fallut batailler pendant une heure. Et quand ce fut fini, saint Dmitri courut au rendez-vous. Mais Dieu n'était plus là.*
> *Foka: Et alors?*
> *Kaliayev: Et alors il y a ceux qui arriveront toujours en retard au rendez-vous parce qu'il ya trop de charrettes embourbées et trop de frères à secourir.*[176]

Varias traducciones coinciden en la misma versión:

> *Foka: ¿Y entonces?*

Pero una mayor fidelidad a la función pragmática se conseguiría mediante una reconstrucción del tipo:

> *Foka:* **Y ¿cuál es la conclusión?**
> *Kaliayev:* **Pues que siempre habrá los que llegan tarde a la cita porque hay demasiadas carretas atascadas y demasiados hermanos que socorrer.**

También *alors* se utiliza para expresar una oposición ideológica, una réplica, en cierto modo indignada, a una actitud no compartida. Es el caso de esta intervención de Stepan en la que distingue entre un revolucionario y alguien que sólo pretende hacer obras de caridad:

> *Stepan: .....N'êtes-vous donc pas des hommes? Vivez-vous dans le seul instant? Alors choisissez la charité et guérissez seulement le mal de chaque jour, non la révolution qui veut guérir tous les maux, présents et à venir.*[177]

Varias versiones traducen nuevamente el conector por entonces:

> *Stepan.....¿Acaso no sois hombres? ¿Vivís sólo en el presente? Escoged entonces la caridad y curad el mal cotidiano, no la revolución que quiere remediar todos los males, presentes y futuros.*

Pero la indignación contenida tiene en español otros medios de formularse. Por ejemplo:

> *Stepan:.....Pero ¿es que no sois hombres? ¿Sólo vivís el momento presente? Pues dedicáos a la caridad y curad tan sólo el mal de cada día, en vez*

de dedicaros a la revolución que quiere curar todos los males, presentes y futuros.

La rotundidad de la aseveración exigiría una formulación más imperativa en este fragmento:

Chéréa: *Je suis prêt à parler, Caïus. Dès que tu le permettras.*
Caligula: *Parfait.* Alors, tais-toi. *J'aimerais bien entendre notre ami Mucius.*[178]

Por lo que, en vez de recuperarlo así:

Calígula: Perfecto. Calla, entonces.[179]

podríamos recurrir a una expresión como:

Calígula: Perfecto. *Pues*, **cállate.**

Entre los valores argumentativos, merece destacarse el de tipo disyuntivo mediante el cual *alors* sirve de enlace entre dos enunciados opuestos por cuanto la conexión no se establece con el enunciado precedente sino con la negación del mismo. Por esta razón el fragmento:

Kaliayev: *Tais-toi, tu sais bien que c'est impossible. Stepan aurait raison* alors. *Et il faudrait cracher à la figure de la beauté.*[180]

en vez de traducirse así:

Kaliayev: Cállate; sabes que es imposible. *En ese caso Stepan tendría razón. Y habría que escupir a la cara de la belleza.*[181]

o así:

Kaliayev: Calla, bien sabes que es imposible. *Entonces Stepan tendría razón. Y habría que escupirle a la belleza a la cara.*[182]

preferiría una conexión opositiva:

Kaliayev: Cállate; sabes que es imposible. *De lo contrario Stepan tendría razón.*

También la posibilidad de construir, mediante el conector *alors* un enunciado situado en un mundo no real sino hipotético, como en este caso:

> **Skouratov...**Supposez, pourtant, que nous en revenions à l'évidence, supposez que ce soit vous qui ayez fait sauter la tête du grand-duc, tout change, n'est-ce pas ? Vous aurez besoin d'être gracié alors.[183]

permite otras reformulaciones distintas de *entonces*, como ésta:

> **Skuratov: ...Suponga, sin embargo, que volvamos a la evidencia, suponga que fue usted el que hizo saltar la cabeza del gran duque; todo cambia, ¿verdad? En ese caso usted necesitará la gracia.**[184]

Del mismo modo, en este caso:

> **Calígula:** *Ecoute-moi, imbécile. Si le trésor a de l'importance,* alors *la vie humaine n'en a pas.*[185]

el texto posee un mero valor hipotético y en ningún caso un valor causal como el planteado por esta versión:

> **Calígula: ¡Óyeme bien, imbécil! Si el erario tiene importancia, es porque la vida humana carece de ella.**[186]

por lo que debería recogerse mediante una formulación de este tipo:

> **Calígula: ¡Óyeme bien, imbécil! Si el erario tiene importancia, en tal caso la vida humana carece de ella.**

3.2.4.   *Otras relaciones interfrásticas*

3.2.4.1.   *Los elementos anafóricos*

El procedimiento anafórico sirve para recuperar, de un modo condensado, ya sea:

- un segmento de discurso anterior,
- un estado de cosas constitutivo de la situación de comunicación,
- un acontecimiento extra-lingüístico,
- una información implícita.

Las anáforas pueden dividirse en dos grandes grupos:

1.   Las que recuperan información ya verbalizada de modo estricto y fiel mediante la utilización de una expresión genérica o de elementos anafóricos pronominales. Así:

une vache....Cette / la vache....Elle...Ce / l'animal...Ce / le bovidé

Es la anáfora que M. Wilmet denomina duplicativa.[187]

2.   Las que recuperan, mediante procedimientos asociativos, información no verbalizada anteriormente, pero sugerida en virtud de ciertos estereotipos culturales de una comunidad determinada. Este tipo de elementos requiere, para su interpretación, un conocimiento enciclopédico de carácter general que recupera las asociaciones implícitas.

Por ejemplo, sin relacionar los *partidarios de Pompidou* con los *dirigentes de la antigua oposición* no se puede reconocer la siguiente relación anafórica:

Les dirigeants de l'ex-opposition ont effectué, avant le 16 mars, un touchant pèlerinage électoral en Israël. Geste louable. Mais les *pompidoliens revenus en force aux affaires auraient interêt à cesser de pratiquer la politique de l'autruche.*

Elementos de tipo léxico y morfemas gramaticales (pronombres, adverbios...) pueden ejercer una función anafórica.

Los procesos recursivos que establecen contribuyen a la coherencia textual mediante relaciones que no corresponden a un nivel sintáctico sino pragmático.

Los mecanismos anafóricos no funcionan igual en todas las lenguas. La interpretación de la relación anafórica requiere la activación de procesos inferenciales de orden textual que llevan a la recuperación del antecedente.

Así, en una relación de tipo duplicativo como la de la frase siguiente:

Hermès, la navette française, est beaucoup plus avancée: l'Aéropatiale et Dassault y travaillent depuis 1979.

el traductor español, ante la imposibilidad de recuperar la marca pronominal, puede recurrir a algún tipo de denominación genérica que reproduzca el proceso anafórico:

Hermes, la aeronave espacial francesa, está mucho más avanzada: Desde 1979, Aerospacial y Dassault están trabajando en el proyecto.

Muchas veces, la recuperación de los elementos anaforizantes es necesaria para la interpretación:

> *On ne sait plus que faire du traité de limitation des installations antimissiles. Pour le moment, le président dit vouloir le respecter. Mais il **n'en ira plus de même** au moment où il voudra déployer ses nouveaux armements.*

Traducción:

> **Ya no se sabe qué hacer con el tratado de limitación de las instalaciones antimisiles. De momento, el presidente afirma que quiere respetarlo. Pero su postura cambiará *cuando quiera* desplegar su nuevo armamento.**

O este otro caso:

> *La génétique a fait faire des bonds à la production chez d'anciens clients qui, du coup, achètent moins ou **plus du tout**.*

Traducción:

> **La genética ha hecho avanzar mucho la producción de antiguos clientes que, de repente, compran menos** o dejan de comprar.

En otros casos las recuperaciones de este tipo se reducen a meros elementos pronominales:

> *Est-ce qu'il réserve seulement à quelques rares familiers la révelation de sa personnalité véritable?*
> *Même pas.*

Traducción:

> **¿Quiere decir que reserva solamente a unos pocos familiares la revelación de su verdadera personalidad?**
> **Ni siquiera eso.**

Como en el caso de los conectores, sólo la perspectiva transfrástica, las relaciones lógico-argumentativas a las que deben incorporarse los elementos situacionales y la penetración en el nivel implícito permiten llevar a cabo el proceso interpretativo.

Muchas veces la anáfora esta disimulando una incorporación al discurso de nueva información que permite hacer avanzar al texto en una dirección distinta, con lo que la trayectoria argumentativa puede variar. En el ejemplo siguiente, la consideración de que las *operaciones secretas* son un asunto escandaloso no aparece hasta la inclusión de este elemento:

> *L'opération secrète de vente d'armes à l'Iran et de transfert aux «contras» nicaraguayens d'une partie des fonds obtenus (...). Toutes ces affaires scandaleuses...*[188]

Con lo cual, mediante este procedimiento se puede reflejar el universo de creencias de los locutores y sus sistemas de valores. He aquí otro ejemplo:

> *Face à un Mikaïl Gorbatchev qui jette avec un talent rare de la poudre aux yeux des Occidentaux, il n'est d'autre attitude possible que la fermeté tranquille. Si habile, en effet, que soit* le camelot, *on le verra tôt ou tard tomber dans le piège qu'il tend à l'Europe et aux Etats-Unis.*[189]

que lleva al traductor a extraer este tipo de relaciones:

1.   Que *camelot* sustituye mediante una relación anafórica a Gorbachev.

2.   Que el texto parte de una inferencia del tipo: Gorbachev está jugando a engañar a los Occidentales.

3.   Que, mediante una relación de tipo concesivo, se pretende indicar que la habilidad del político no llegará muy lejos.

4.   Que, evidentemente, el autor del texto se sitúa en una postura opuesta al dirigente soviético y que todo el mensaje tiene una clara intencionalidad crítica.

Entre el conjunto de acepciones españolas correspondientes a *camelot*: (*vendedor ambulante, vendedor de baratijas, charlatán...*) el traductor deberá escoger aquella que tenga una intencionalidad más crítica.
Lo que nos llevará a una traducción del tipo:

> **Frente a un Míjail Gorbachov que siembra con un talento poco común la confusión entre los occidentales, no hay otra actitud posible que la firmeza tranquila. En efecto, por muy hábil que sea ese charlatán, más pronto o más tarde lo veremos caer en la trampa que está tendiendo a Europa y a los Estados Unidos.**

Estos fenómenos de substitución léxica contribuyen a mantener una coherencia textual, pero, al mismo tiempo, aseguran la progresión de la orientación argumentativa hacia nuevas especificaciones y nuevas posiciones del locutor respecto al proceso discursivo por él establecido.

3.2.4.2.   Los elementos catafóricos: la cuestión de los títulos

A l'inverse de l'anaphore, mais traduisant comme elle la même relation d'identité partielle entre deux termes inscrits sur l'axe syntagmatique du discours, la cataphore se caractérise par le fait que le terme repris précède le terme en expansion.[190]

Se denomina *catáfora* al procedimiento de dependencia interpretativa inverso, es decir, aquel en el que el anaforizado se anticipa al anaforizante. En realidad, ambos fenómenos son consecuencia de una interdependencia imperiosa de todos los elementos de la unidad textual. Las estructuras catafóricas, más difíciles de detectar que las anafóricas, están compuestas por las mismas categorías que éstas. El locutor actúa remitiendo a un contenido que tiene en mente pero que aún no ha verbalizado, con lo que el proceso de descodificación del traductor debe ser forzosamente retroactivo.

Un buen ejemplo de este fenómeno lo constituye el título de los textos que, con frecuencia, recoge referencias culturales, alusiones al marco comunicativo, que no podrán descifrarse antes de haber procedido a su lectura.

Por ejemplo, la ambigüedad de este segmento:

Objectif: Une

solamente puede deshacerse al reintegrarlo a una unidad textual que explica que un empresario —F. Bouygues— desea hacerse con el control de la primera cadena de la televisión francesa. La traducción podría entonces empezar a precisarse:

Objetivo: La Primera

aunque sólo las condiciones textuales acabarían de fijarla.

También en los fenómenos catafóricos, la consideración de la orientación argumentativa puede ser determinante.

Por ejemplo, en un texto económico encontramos como título el término:

Embellie [191]

El diccionario da como equivalentes castellanos: *calma, tranquilidad que sigue a la finalización de la tormenta*. Pero estos términos, referidos a la situación económica, equivaldrían a *una indicación de poca actividad*, cuando lo que el texto pretende expresar es *una situación económica favorable*, que sigue a una *crisis anterior*. La traducción pues será:

- **Ligera mejoría**

- **Leve reactivación**

Y el factor fundamental para afirmarlo es la correspondencia de dicho término con la orientación argumentativa posterior.

3.2.4.3.   *La temporalidad*

La organización temporal, aspectual y durativa de la acción puede ser considerada desde un enfoque meramente gramatical pero también desde un enfoque macrotextual por cuanto los sintagmas verbales contribuyen a la coherencia de toda la unidad comunicativa relacionando las frases en las que se encuentran con el resto del mensaje. Los problemas de concordancia verbal, por ejemplo, solamente pueden ser abordados desde una perspectiva interenunciativa y comunicativa.

El análisis de las marcas de temporalidad por parte de un traductor apunta a unos fines muy distintos del que efectúa un comparatista. Las sintaxis comparadas pretenden establecer concomitancias y divergencias entre las lenguas. El traductor, por el contrario, realiza la operación de transferencia en el interior de una unidad textual y no son consideraciones gramaticales abstractas sino razones de tipo comunicativo las que decidirán el modo más conveniente de traducir la temporalidad.

Por esta razón A. Malblanc habla de elección «instintiva» de tiempos, en vez de aludir a rígidas normas gramaticales:

> *Si (el traductor) conoce bien la lengua adversa, se representa el acontecimiento en su realidad con el aspecto que se le da y, confiando en su sentimiento, en su* Sprächgefuhl, *elige en su lengua los tiempos apropiados y acude, si es preciso, a los recursos ajenos al verbo: la elección de los tiempos es en gran parte instintiva.*[192]

Esta posibilidad de recurrir al instinto viene justificada por el hecho de que los tiempos gramaticales no vehiculan una expresión precisa y exacta de la temporalidad. Son más bien «marcas» que definen una orientación temporal bastante amplia. Piénsese, por ejemplo, en una frase del tipo:

> *On frappe à la porte. Si c'était Marie!*

Es evidente que la acción de llamar y la presencia de Marie son simultáneas y deberían, por tanto, expresarse con el mismo tiempo, pero el matiz de duda y de deseo que el locutor introduce modifica el tiempo verbal convirtiéndolo en un imperfecto de indicativo con valor hipotético. La misma frase se expresaría en castellano mediante un imperfecto de subjuntivo:

> **Llaman a la puerta. ¡Si fuese María!**

H. Weinrich, en su obra *Estructura y función de los tiempos en el lenguaje*, utiliza el concepto de *sistema metafórico temporal* para designar las utilizaciones de tiempos verbales que no se corresponden con «los tiempos del mundo narrado», es decir, aquellos casos en los que se produce un desfase entre la utilización normativa de un tiempo y la que el texto presenta. La falta de concordancia temporal entre las distintas lenguas proviene de este uso *metafórico*:

> *La existencia de metáforas temporales explica que se desplacen los tiempos de las distintas lenguas, a pesar de la relativa constancia de las categorías fundamentales de las situaciones comunicativas, y así no podamos equiparar los tiempos de los idiomas particulares.*[193]

Las discrepancias más notables en la formulación de sintagmas verbales, entre el francés y el castellano, pueden agruparse del siguiente modo:

1. Ausencia de sintagma verbal en texto francés(TF) /introducción de sintagma verbal en texto español (TE).

2. Forma verbal secundaria en TF /forma verbal principal en TE.

3. Cambios de tiempo de TF a TE.

4. La determinación aspectual.

5. La transferencia de la voz pasiva.

Analicemos algunos casos:

3.2.4.3.1. Ausencia de sintagma verbal en TF / introducción en TE

El francés admite enunciados sin verbo con mayor facilidad que el español. La utilización de estas construcciones carentes de sintagma verbal, en un texto español, produce un efecto estilístico de mayor intensidad que la forma francesa paralela. El traductor que se enfrenta a este tipo de construcciones debe valorar la equivalencia funcional de la construcción castellana para decidir si conviene o no explicitar el verbo. En muchos casos, esta explicitación, será la posibilidad de re-formulación más adecuada.

Así, una frase como la siguiente, que inicia un nuevo párrafo y se encuentra separada del segmento siguiente por un punto y seguido:

Formidable renversement de situation.[194]

podrá estructurarse más sólidamente si se explicita el sintagma verbal en la transferencia:

La situación ha sufrido un vuelco notable

Lo mismo ocurre en muchos otros casos:

Un quart de siècle déjà. *Dans la nuit du dimanche 13 Août 1961, les milices est-allemandes commencent l'édification du Mur de la honte.*[195]

Ha transcurrido ya un cuarto de siglo. *En la noche del domingo 13 de Agosto de 1961, las milicias de Alemania Oriental empiezan la edificación del muro de la vergüenza.*

Autres temps, autres moeurs: *je ne songe pas à revenir à l'ancien état.*[196]

Los tiempos cambian, las costumbres también: *no sueño con volver al anterior estado.*

La recuperación del verbo implícito es frecuente en los segmentos interrogativos que el francés construye sin verbo con mucha más frecuencia que el castellano:

Paris? *C'est l'unique capitale pratiquement privée de spectacles en été.*

Traducción:

¿Qué ocurre en París? *Es la única capital privada prácticamente de espectáculos en verano.*

O también:

> L'ampleur de la reprise? *Elle sera modéré si l'on s'en tient aux pronostics établis.*

Traducción:

> **¿Cuál será el alcance de la reactivación?** *Si nos atenemos a los pronósticos establecidos, será moderada.*

Y también es frecuente esta explicitación en frases negativas:

> *Pas de revenu, pas de logement; pas de logement, pas de domicile; pas de domicile, pas de statut.*[197]

Traducción:

> **Sin ingresos no hay alojamiento; sin alojamiento, no hay domicilio; sin domicilio no hay estatus social.**

O en este otro caso:

> *Pas de Gramsci en France, ni rien de comparable à ce qu'ont pu être les débats idéologiques italiens, espagnols...*[198]

Traducción:

> **No hubo ningún Gramsci en Francia, ni tampoco nada comparable a lo que pudieron ser los debates ideológicos italianos, españoles...**

3.2.4.3.2. *Forma verbal secundaria en TF / Forma verbal principal en TE*

En la traducción del francés al castellano, el tipo más frecuente de transformación de una forma verbal secundaria en un forma verbal de tipo personal lo constituyen los sintagmas de participio que adquieren la forma de una oración subordinada temporal, causal, concesiva, etc., en el texto castellano. Los ejemplos son frecuentes. En el párrafo siguiente el traductor puede explicitar la relación temporal presente en la primera construcción de participio y la relación causal de la segunda:

> *...le travailleur ayant été privé de toute possibilité de chosir le but et la nature de son travail salarié, la sphère de la liberté devient celle du non-travail. Toute activité créatrice ou productive de quelque portée sociale lui*

étant *cependant* interdite *durant son temps libre, sa liberté est réduite aux choix entre des consommations et des divertissements passifs.*[199]

Traducción:

> ...cuando se ha privado *al trabajador de toda posibilidad de escoger la finalidad y naturaleza de su trabajo remunerado, la esfera de su libertad queda limitada a todo lo ajeno al trabajo. Como se le* prohibe *cualquier tipo de actividad creadora o productiva de cierto alcance social durante su tiempo libre, su libertad queda reducida a la opción entre consumiciones y diversiones pasivas.*

También ciertas construcciones infinitivas se traducen en castellano por una forma verbal personal. Se trata generalmente de construcciones hipotéticas:

> A s'imaginer *les universités d'aujourd'hui semblables aux facultés qu'ils ont connues naguère, les Français de plus de 40 ans se tromperaient lourdement.*[200]

Traducción:

> *Los franceses de más de 40 años cometerían una gran equivocación* si se imaginan *que las universidades actuales se parecen a las Facultades de su época.*

Aunque el castellano admite también una forma infinitiva para esta construcción:

> A oublier *ces lapalissades économiques on finira par dire des grosses bêtises.*

Traducción:

> De olvidar *estas perogrulladas económicas se acabará diciendo enormes tonterías.*

Otra construcción infinitiva que en castellano se recupera mediante la conversión a un tiempo en modo personal es la estructura: *de + infinitivo.* Por ejemplo, en un texto que argumenta que los japoneses han perdido la curiosidad por lo extranjero leemos:

> *Les ventes de traductions déclinent. «Maintenant, ajoute Kato, les gens considèrent l'étranger comme une extension du Japon. Pour sortir des grandes villes, ils se ren-*

*dent d'abord à Hokkaido, l'île aux grands espaces, et puis en Californie, qui est, à
leurs yeux, un second Hokkaido». Et de railler les conférences internationales qui se
multiplient: pendant les pauses-café, les participants japonais restent entre eux.*[201]

Traducción:

**Las ventas de traducciones descienden. «Ahora, añade Kato, la gente con-
sidera el extranjero como una prolongación del Japón. Para salir de las
grandes ciudades, la gente va, en primer lugar, a Hokkaido, la isla de los
espacios abiertos, y a continuación a California, que es, a su parecer, una
segunda Hokkaido». Y se ríe de las conferencias internacionales cada vez
más numerosas: durante los descansos, los participantes japoneses se reúnen entre ellos.**

3.2.4.3.3.   Cambios de tiempo de TF a TE

Algunas de las construcciones verbales divergentes entre el francés
y el castellano plantearán pocos problemas a un traductor. Por ejemplo, es difícil cometer errores en la transformación de la construcción
condicional francesa (*si + imperfecto de indicativo en la prótasis y condicional en la apódosis*) a la construcción castellana (*si + imperfecto de
subjuntivo en la prótasis y condicional en la apódosis*):

*Si le prince Charles commençait de préconiser une solution socialiste, le danger
pour la monarchie deviendrait crucial.*[202]

Traducción:

**Si el príncipe Carlos empezara a preconizar una solución socialista, la mo-
narquía correría un grave peligro.**

Existen, sin embargo, otras transformaciones que, por menos evidentes, requieren mayor atención. La frase francesa en la que aparece
un verbo en *passé composé* puede dar lugar, en español, al pretérito indefinido o al pretérito perfecto y, con frecuencia, no se establece claramente la diferencia entre ambos en la lengua castellana. R. Seco señala:

**El pretérito indefinido indica que lo que se enuncia es anterior al momen-
to de la palabra, sin que se sepa si el hecho quedó o no terminado. Expresa lo pasajero y su principio y fin no están determinados.
El pretérito perfecto indica un hecho que se acaba de verificar en el momento en que hablamos, o bien un hecho cuyas circunstancias tienen en
cierto modo relación con el presente.**[203]

En algunos textos dicha diferencia es evidente:

> *L'URSS* a procédé, *en Octobre de 1986, en grande fanfare, au repatriement d'une partie de son corps expéditionnaire en Afghanistan. Le retrait de six régiments* a affecté, *notamment, trois régiments de défense anti-aérienne, qui* n'ont sans doute jamais joué *un rôle important dans les combats.*[204]

La acción duradera de *a affecté* —los regimientos afectados dejan para siempre de estar destacados en el lugar— contrasta con la acción puntual de *a procédé* y la indefinida de *n'ont jamais joué* que son acciones ya finalizadas completamente. La traducción será:

> **En Octubre de 1986, la URSS procedió, a bombo y platillos, a la repatriación de una parte su cuerpo expedicionario destacado en Afganistán. La retirada de seis regimientos ha afectado, fundamentalmente, a tres regimientos de defensa antiaérea que, sin duda, jamás desempeñaron un papel importante en los combates.**

Otra divergencia temporal entre el francés y el español, consiste en la expresión de ciertas oraciones referidas al futuro que en castellano se construyen con presente de subjuntivo y en francés con futuro de indicativo:

> *Quand tout cela sera* fini

> **Cuando todo esto acabe.**

> *Lorsque les autorités* céderont, *ce sera le délire.*

> **Cuando las autoridades cedan, se producirá el delirio.**

Del mismo modo, algunas construcciones de presente de subjuntivo se formulan en castellano con imperfecto de subjuntivo:

> *Avant qu'on* cultive *le coton, avant que les barrages* suppriment *les crues, avant même qu'on* circule *à dos de chameau, l'Egypte existait déjà.*[205]

Traducción:

> **Antes de que se cultivara el algodón, antes de que las presas suprimieran las crecidas, antes incluso de que se circulara a lomos de camello, Egipto existía ya.**

Cualquier acción situada en un futuro hipotético se construye con un tiempo en modo condicional en francés y en modo subjuntivo en español:

> *L'archevêque de Paris propose que le prochain gagnant du rallye Paris-Dakar soit le camionneur qui* aurait distribué *le plus de choses, au plus de gens, dans les plus brefs délais.*

Traducción:

> *El arzobispo de París propone que el próximo ganador del rallye París-Dakar sea el camionero que haya distribuido la mayor cantidad de cosas, al mayor número de gente, en el menor tiempo posible.*

En ciertos casos el condicional francés indica una matiz de posibilidad basada en ciertos indicios, que un traductor puede reproducir mediante otros medios:

> *Nostradamus, si l'on croit le dernier en date de ses traducteurs, Constantin Amariu,* aurait prévu *la fin du monde pour 1999.*

Traducción:

> *Si damos crédito a Constantin Amariu, su traductor más reciente, parece que Nostradamus previó el fin del mundo para 1999.*

Por otra parte, la utilización de los tiempos pasados de subjuntivo y condicional son más frecuentes en francés que en castellano. Este último prefiere las formas simples:

> *et* je n'aurais pas voulu *qu'un scrupule m'enlevât le droit de me gaver de charcuterie.*[206]

Traducción:

> *no quería que un escrúpulo me privara del derecho de hartarme de embutidos.*[207]

3.2.4.3.4.   Divergencias aspectuales de TF a TE

Para modular la temporalidad de la acción, el traductor castellano de un texto francés recurre con cierta frecuencia a las múltiples posibilidades de formulación perifrástica con que cuenta la lengua castellana:

> *Le système verbal espagnol se caractérise par une grande variété de formes dites pé-*
> *riphrastiques. Celles-ci sont composées d'un auxiliaire» «haber» ou «estar» ou d'un*
> *semi-auxiliaire: «ir», «haber», «seguir».*[208]

En algunos casos la traducción puede hacer resurgir el aspecto terminativo que el texto original no explicitaba:

> *Mais j'ai mis de côté ce projet trop vaste.*[209]

Traducción:

> **Pero he acabado dejando de lado *un proyecto tan vasto.*[210]**

O también:

> *Je décachetai des lettres destinées à mes amis qui s'en* offensèrent.[211]

Traducción:

> **Abría las cartas destinadas a mis amigos que acababan por ofenderse.**[212]

O recupera el aspecto durativo de la acción:

> *M. Dupond déjeune sur la terrasse.*

> **El Sr. Dupond está comiendo *en la terraza.***

Y también:

> *...depuis des années, je* correspondais *avec Salvius Julianus au sujet de ces réfor-*
> *mes.*[213]

Traducción:

> **...llevaba años manteniendo correspondencia *con Salvio Juliano acerca***
> **de *estas reformas.***[214]

Pero las modulaciones perifrásticas castellanas son muchas y variadas. Por ejemplo esta construcción:

> *Une intimité s'ébauche.*[215]

que J. Cortázar traduce así:

Así habría de nacer *una intimidad*.[216]

3.2.4.3.5. Cambios de voz de TF a TE

El francés utiliza con mayor frecuencia que el castellano la voz pasiva. Este uso se extiende a todos los registros, aunque en algún tipo de textos la incidencia es mayor:

> ...*dans le français de la langue administrative et journalistique, le passif, effaçant responsabilités, est très employé, avec un succès d'ailleurs grandissant.*[217]

El castellano puede recurrir a la forma pasiva refleja en muchos de estos casos, o también, a transformaciones a la voz activa si la abundancia de verbos pasivos produce distorsiones en el texto castellano. Así:

> *La direction du régime a été confié à un homme de confiance, M. Najibullah, qui a remplacé M. Karmal, pourtant apparamment plus populaire. Des jirgas sont régulièrement tenues pour tenter d'allier au régime les chefs des tribus les moins impliquées dans la guerre. Le gouvernement a été élargi à des non communistes et des appels à la réconciliation ont été adressés aux différents mouvements de résistance.*[218]

La traducción castellana debe forzosamente aligerar el texto de algunas formas pasivas:

> **La dirección del régimen** se ha encomendado *a un hombre de confianza...* **Regularmente** tienen lugar *las jirgas* —*asambleas tradicionales*— *para intentar...*
> **El gobierno** se ha ampliado *a no comunistas* y se han lanzado *llamadas para la reconciliación a los diferentes movimientos de resistencia.*

3.2.5.   La interpretación de la carga estilística

3.2.5.1.   Connotación y denotación

G. Molinié define la connotación como:

> *l'ensemble des évocations accompagnatrices du noyau dénotatif, comme un mouvement d'associations qualitatives qui colorent l'émission de la lexie dans le domaine affectif et social.*[219]

El sistema connotativo es un sistema de significación que se superpone al valor semántico y que afecta a todos los niveles textuales (gramatical, léxico, sintáctico...). Un enunciado generalmente distribuye su información entre elementos denotativos y elementos connotativos y la conjunción de los mismos construye el sentido.

El problema de la transferencia de los matices connotativos puede abordarse desde dos perspectivas: la que considera el nivel connotativo como independiente y aquella que valora las connotaciones como elementos incluidos en la esfera semántica o pragmática. Podemos revisar rápidamente ambas posturas.

Para Taber y Nida las connotaciones son elementos suplementarios y abordables en una segunda fase del proceso traductor. Estos autores establecen una clara división entre una primera etapa de análisis, encaminada a determinar el sentido, y una etapa suplementaria que dilucida la influencia de los valores connotativos en el resultado final. Así lo ponen de manifiesto en su definición del concepto, ya referido anteriormente:

> *Traducir consiste en reproducir en el lenguaje receptor el equivalente más próximo de la lengua de partida, en primer lugar en términos de sentido y en segundo lugar en términos de estilo.*[220]

Por el contrario, la postura de Ladmiral es radicalmente distinta e insiste en la unidad indisociable que forman el fondo y la forma y que obligan a abordar su traducción conjuntamente:

> *le style —les connotations— est un élément suprasegmental qui fait partie du message communiqué.*[221]

a lo que añade:

> *La connotation ne peut pas être définie comme un pur «supplément d'âme» stylistique, venu auréoler ou couronner un corps dénotatif. Elle est un élément d'information comme un autre que la communication traduisante est amenée à placer sur le même plan que la dénotation.*[222]

La raíz del problema consiste en la dificultad de establecer los límites entre connotación y denotación. En teoría, parecen dos elementos diferenciables y diferenciados, tal como se muestra en esta definición del *Dictionnaire de Linguistique* de J. Dubois:

> *la dénotation est l'élément stable, non subjectif et analysable hors du discours, de la signification d'une unité lexicale, tandis que la connotation*

est constituée par ses éléments subjectifs ou variables selon les contextes. Par exemple, nuit, définissable de façon stable comme opposé de jour, comme intervalle entre coucher et lever du soleil etc., (dénotation), comporte aussi pour certains locuteurs ou dans certains contextes la connotation «tristesse», «deuil», etc.[223]

En realidad, todo discurso presenta, en mayor o menor grado, una fusión de ambos elementos, incluso los textos más aparentemente denotativos como son los científicos. Así lo corroboran estas palabras de Ladmiral:

il apparaît qu'il reste toujours un coefficient de connotation minimale, coextensive au discours scientifique comme à tout discours, qui est la fonction suiréférentielle de se connoter lui-même dans sa spécifité scientifique....A l'intérieur même du langage scientifique, le recours à tel ou tel terme connote en général l'appartenance à une école déterminée et un investissement de la personne du chercheur, sujet de l'énonciation, dans les polémiques que définissent les «fronts scientifiques» de sa discipline.[224]

Que acaban afirmando con mayor rotundidad:

ni le langage courant ni le langage scientifique, ni aucune zone de discours d'une langue naturelle, n'entraînent une neutralisation des connotations. On n'a pu neutraliser toutes les connotations que dans les langages artificiels, élaborés à des fins techniques ou scientifiques.[225]

Sin embargo, el hecho innegable de que connotación y denotación coexistan en cualquier texto y de que la neutralidad denotativa total sea inalcanzable, no implica que el aspecto connotativo de un texto, esto es, el nivel estilístico, el sociolingüístico, los distintos registros de lengua, las marcas que distinguen el lenguage afectivo, etc., no deba ser abordado, a efectos metodológicos, como una fase que, aunque imbricada en otros fenómenos de la lengua, posee una cierta entidad propia.

También J. Delisle insiste en llevar a cabo un análisis estilístico:

Le style d'un texte pragmatique se ramène plus ou moins à sa forme et le respect de celle-ci par un traducteur peut consister à se soumettre à l'ensemble des règles régissant les langages codifiés ou à rendre des éléments affectifs dans certains types de textes, ou l'un et l'autre.[226]

El autor de un mensaje, además de transmitir una información, incluye en su texto una serie de «marcas» que le sirven para vehicular un juicio afectivo, volitivo, estético, intelectual, tales como:

• el uso de signos argóticos, pedantes, vulgares, arcaicos, regionales, infantiles...

• la tendencia opuesta a la abstracción, a los tecnicismos, es decir, las visiones subjetivas y las descripciones pintorescas.

• la utilización del lenguaje figurado.

• la abundancia o pobreza de adjetivos, verbos, sustantivos.

• la sufijación (peyorativa, diminutiva...).

• la complejidad de oraciones, la longitud de secuencias.

• y también las repeticiones y oposiciones que pretenden mostrar la implicación de un autor en algunos segmentos o resaltar ciertos contrastes desde su visión personal.

No es muy difícil demostrar que algunos matices connotativos, como ciertas marcas peyorativas o mejorativas, contienen una prodigiosa información indirecta que un traductor no puede pasar por alto. Un mensaje como el siguiente está completamente mediatizado por estas marcas:

> *Je te dis pas la folie au Sénat, l'autre semaine. Ça craint leur histoire de référendum. Les mecs de l'opposition flippent comme des malades. Bonjour les discours! On éclate sur tous les bancs. Mais le Président reste cool. Il assure ce mec.*

Y tampoco puede traducirse el segmento siguiente obviando la connotación de un F4 como un apartamento de reducidas dimensiones situado en el marco social de Aubervilliers:

> *Ralite parle de son F4 à Aubervilliers.*

La densidad de connotaciones es también evidente en este párrafo que alude a la venida de Mitterrand y Chirac a Paris en 1987, durante la primera cohabitación:

> *Je suis embêtée, vous pouvez pas savoir! Ils sont intenables en ce moment, mon Mimi et mon Jacquot. J'en viens pas à bout. Là, je les ai envoyés pas-*

ser deux jours à Madrid, chez le petit Gonzalez, un garçon très calme, très raisonnable, très gentil...[227]

La traducción puede permitirse incluso modificar la alusión afectiva a Felipe González, al modificarse la distancia del lector respecto al texto y por lo tanto el sistema de connotaciones:

¡No puedes imaginar lo harta que estoy!. Mimí y Jacquot están estos días insoportables. No puedo con ellos. Resulta que los envié a pasar dos días a Madrid, a casa de Felipito, un niño muy quietecito, muy sensato, muy bueno...

3.2.5.2. *Las reorganizaciones estilísticas*

La materia lingüística puede distribuirse según un orden no «marcado» estilísticamente, es decir, siguiendo reglas puramente sintácticas, o puede obedecer a una distribución en función de imperativos estilísticos. En este último caso, el traductor debe respetar tales imperativos.

Por ejemplo, un frase como:

ils se promenaient tous les deux sur la plage, et vaste était la mer et tendres leurs regards.[228]

ha conseguido un especial efecto poético mediante la anteposición del adjetivo atributo.

Todos los textos, incluso los que presentan una baja carga connotativa, pueden presentar alteraciones de orden con una intencionalidad estilística que el traductor debe respetar. Así, este ejemplo:

Le président de la République vient de remercier son premier ministre. Sincèrement.

situado en el contexto político de la primera cohabitación, expresa, mediante el anacoluto, una especial intencionalidad que concede al último término una carga semántica especial. La traducción debe respetar este orden pues de lo contrario desaparecería dicha carga:

El presidente de la República acaba de dar las gracias a su primer ministro. Sinceramente.

Todas las lenguas tienen normas organizativas que les son propias y por lo tanto desprovistas de cualquier valor intencional. Sin embargo cuando un autor, pervirtiendo el orden habitual de las palabras, hace uso del *hipérbaton* está mostrando siempre una función de realce pragmáticamente pertinente. Hacer caso omiso de esta «marca» de sentido equivaldría a alterar el valor del texto original por lo que la traducción, aún cuando para ello deba proceder a ciertas adaptaciones, está obligada a respetarla.

La siguiente frase:

> A grands coups de canon: *c'est ainsi qu'auront été dessinés les cartes de la nouvelle géographie politique et humaine du Liban.*[229]

Fuerza a una traducción que respete un orden similar:

> **A cañonazos. *Así es como se habrán dibujado los mapas de la nueva geografía política y humana del Líbano.***

3.2.5.3. Repeticiones y oposiciones

E. Nida [230] insiste en la importancia de los efectos repetitivos como una característica interfrástica especial y en su valor pragmático y estilístico.

La repetición es un elemento importante no sólo para proporcionar cohesión semántica sino como un elemento pragmático que produce un especial efecto de énfasis.

Por ejemplo, ante un texto de *Le Monde*, que inicia cinco párrafos de este mismo modo:

> Il faut être débile *pour, à la longueur de journées et de discours, cacher au peuple les périls qui nous attendent.*
> Il faut être débile *pour prétendre, au nom du droit des nations, condamner la vassalisation sanglante d'Afghanistan....*
> Il faut être débile *pour se rendre en Pologne sans y rien apporter....*
> Il faut être débile *pour céder à Mme. Thatcher un droit d'aînesse qui ne lui revient pas...*
> Il faut être débile *pour s'efforcer d'oublier que l'identité française peut seule nous mettre à l'abri du pire...*[231]

el traductor deberá manifestar un escrupuloso respeto a este tipo de construcción ya que constituye un elemento importante de gramática textual con unos efectos claramente estilísticos. Al mismo tiempo la resolución de la polisemia del término *débile* debe ser contemplado desde esta perspectiva recurrente.

En cuanto a la oposición, se trata de una relación argumentativa que tiene repercusiones a otros niveles, como el estilístico y el léxico.

Newmark [232] subraya que las oposiciones sirven para contrastar, en el interior de un texto, lo positivo con lo negativo, lo estático con lo dinámico, lo general con lo específico...

Si, en el ejemplo siguiente, el traductor no se esfuerza por oponer lo negativo del primer predicado verbal y lo positivo del segundo predicado, el efecto de contraste que enfrenta a ambas oraciones desaparecerá. De ahí que la traducción de *choquer*, cuya finalidad pragmática es la de oponerse a *sentirse seducido, atraído*, tendrá que recoger las marcas peyorativas consignadas en el diccionario para este término —como *producir desazón, malestar* — en vez de su acepción más habitual de *producir sorpresa*:

> *Mais si nous sommes* choqués *par des plaisanteries trop lourdes ou par des allusions politiques qui nous échappent, nous restons* séduits *par une verve que les siècles n'ont nullement affadie.*

Traducción:

> **Pero si ciertas bromas groseras o alusiones políticas que no entendemos nos producen desazón, *no dejamos de* sentirnos atraídos *por una verborrea nada afectada por el paso del tiempo.***

o en este caso:

> *Les petits ruisseaux font les grandes rivières.*

la oposición *pequeños/grandes* debe resaltarse explícitamente, por lo que traducir *petits ruisseaux* por riachuelos no basta y la anteposición del adjetivo es imprescindible:

> **Pequeños riachuelos hacen grandes ríos.**

Las oposiciones pueden extenderse a todo el texto. O hallarse en segmentos del mismo. Por ejemplo, en la obra de J. Cortázar *Una familia lejana*, la oposición «proximidad/lejanía» recorre toda la creación literaria. Pero el traductor francés ha perdido este elemento clave ya desde el título al recogerlo como *Une certaine parenté.* [233]

3.3. El microtexto: la cohesión léxica

Las diversas fuerzas semánticas que el texto genera impregnan, en diversos grados, cada una de las unidades de significación del mismo. Se produce entonces una especie de fuerza centrífuga que hace que ciertas unidades pierdan sus significaciones más características para recubrirse de la semanticidad que rezuma la unidad textual en la que se encuentran. Esta fuerza centrífuga se conoce como «cohesión léxica»:

> *La cohesión léxica hace referencia al papel que desempeña la selección del vocabulario en la organización de las relaciones textuales. Un elemento léxico determinado no posee una función cohesiva per se, pero cualquiera de ellos, al relacionarse con el resto de elementos textuales, puede establecer dicha cohesión.*[234]

La operación de transferencia semántica lleva consigo una búsqueda de equivalencias —o de correspondencias— en conjunción con las fuerzas que el texto genera y las equivalencias palabra a palabra son, casi siempre, imposibles. Tal como indica Malinowski:

> *La traduction ne consiste jamais à substituer un mot à un autre, mais toujours à traduire globalement des situations.*[235]

Antes de abordar la traducción de las unidades léxicas, definamos qué entendemos por tales.

3.3.1. Las unidades léxicas: lexias simples y complejas

La noción de *palabra* ha planteado siempre problemas a los lingüistas. Para delimitarla, B. Pottier ha establecido la noción de *lexia*.

> *On considère d'ordinaire que le «mot-graphique» (suite de lettres non séparées par un blanc) est l'élément constituant de la construction syntaxique (...). Mais il est bien évident que certaines suites de «mots» sont senties comme formant une nouvelle unité (pomme de terre, moulin à café).*[236]

y prosigue:

Pour éviter les ambiguités qui résultent de l'emploi du terme «mot», nous proposons de traiter avec des lexies.
Les lexies *sont des éléments fondamentaux, en langue, de la construction syntaxique. Aucun Français n'a à prendre l'initiative de former une suite telle que* cheval de frise. *Elle lui est donnée, et il l'acquiert comme un élément simple(...).*[237]

B. Pottier distingue varios tipos de lexias:

1. *lexias simples*, que comportan un solo elemento autónomo: *cheval.*

2. *lexias compuestas* que incluyen uno o varios afijos: *cheval-vapeur.*

3. *lexias complejas*, que comportan por lo menos dos elementos autónomos que funcionan como una sola unidad léxica.

y subraya:

> *Ces lexies doivent être introduites dans les «vocabulaires fondamentaux» sur un même plan; elles sont indispensables dans les dictionnaires destinés à la traduction automatique.*[238]

Tanto las lexias simples como las compuestas funcionan como una sola unidad de significación y constituyen las *mínimas unidades de traducción.*

Todas las páginas [239] que se han dedicado a delimitar las *unidades de significación,* que el traductor debía considerar como base de su trabajo, podrían resumirse en este concepto y no parece operativo complicar mucho más las segmentaciones significativas. Cualquier intento de fragmentar excesivamente el mensaje puede hacer olvidar la perspectiva de la textualidad global que, al impregnar todo el proceso, constituye la verdadera unidad de traducción. Por eso es mucho más productivo convenir con R. Larose que:

> *On ne traduit pas des unités d'une langue par des unités d'une autre langue mais des messages d'une langue en des messages d'une autre langue.*[240]

Las palabras de un texto apuntan siempre a otras y la verdadera aprehensión de sentido sólo se produce cuando, tras un análisis del texto, el lector/traductor se ha familiarizado con el campo semántico en el que se desarrolla la comunicación.

Tomemos un enunciado como éste, que hace referencia al ex-presidente Reagan:

Le Grand Communicateur est en panne de communication.[241]

Al dividirlo en las tres *lexias* que lo componen:

(1)   Le Grand Communicateur
(2)   est en panne de
(3)   communication

es fácil deducir que:

• la primera, pese a su carácter metonímico, pues está sustituyendo al nombre del ex-presidente americano, es monosémica, es decir, todos los traductores coincidirán en el modo de transferirla.

• la segunda, en cambio, puede desarrollar múltiples posibilidades al ser vertida a una nueva lengua. En efecto, *être en panne de* está definida en el diccionario *Petit Robert* como *arrêt de fonctionnement d'un mécanisme*. Para hallar una equivalencia, el traductor debe analizar el valor de la metáfora (que indica la imposibilidad de continuar alguna cosa debido a un fallo) y buscar expresiones equivalentes. Por ejemplo:

• **Al Gran Comunicador** le falla *el poder de comunicación.*

que, sin recoger la metáfora, posee la misma función comunicativa que la frase original. Sin embargo, el presente español del verbo fallar indica una acción que puede ser habitual mientras la expresión francesa *est en panne de* hace referencia a una acción puntual que tiene lugar en el momento de la redacción del artículo, por lo que quizá resultara más aproximada la propuesta:

• **Al Gran Comunicador** le está fallando *el poder de comunicación*

• la tercera unidad está formada por un solo elemento pero de carácter polisémico. Entre las diversas acepciones que ofrece el diccionario de la palabra *communication* encontramos:

• *correspondance, liaison, rapport, échange, information, message, avis, renseignement, transmission, circulation, le fait de communiquer, le fait d'établir une relation...*

El conocimiento que el lector posee del ex-presidente Reagan ayuda a deducir que el espacio semántico que dicha unidad está recubriendo corresponde a uno de los dos últimos valores: *le fait de communiquer, le fait d'établir une relation*. A lo que hay que añadir que el no ir precedido de un artículo indica un grado especial de abstracción lo cual, unido al especial contexto en el que se sitúa vehiculando una habilidad del presidente americano, hace que las propuestas de *poder de comunicación* o *arte de comunicar* reproduzcan el sentido.

Por lo que, de estas correspondencias castellanas:

1. *El Gran Comunicador ya no comunica*
2. *El Gran Comunicador ha dejado de comunicar*
3. *El Gran Comunicador está falto de comunicación*
4. *El Gran Comunicador está averiado*
5. *El Gran Comunicador tiene averiadas las comunicaciones*
6. *El Gran Comunicador ha sufrido una avería en la comunicación*
7. *Al Gran Comunicador se le ha estropeado la comunicación*
8. *El Gran Comunicador se ha quedado sin argumentos*
9. *El arte de comunicar del Gran Comunicador ya no funciona*
10. *El Gran Comunicador ha perdido su poder de comunicación*
11. *Al Gran Comunicador le está fallando el poder de comunicación*
12. *El Gran Comunicador está perdiendo su poder de comunicación*

todas ellas posibles a nivel de significación, las dos últimas son las más propiamente equivalentes, en esta unidad textual.

El traductor se mueve en una tensión constante entre la restricción de posibilidades de expresión que le impone el texto de partida y el hallazgo, entre los virtuales paradigmas que la lengua de llegada le ofrece, de aquel que mejor encaje con la intención del original.

J. Delisle señala tres niveles de interpretación de las unidades de significación:

• *Le niveau zéro ou le «report» des vocables monosémiques*. En él se incluyen las unidades léxicas monosémicas que no plantean dificultades al traductor porque solamente poseen una acepción semántica. Son las unidades que transfiere sin problemas una máquina automática. En el ejemplo anterior, *Le Grand Communicateur* es una unidad de este tipo.

• *Le premier niveau, ou la réactivation des formes consignées dans les systèmes linguistiques*. Este nivel comprende aquellas formas ante las cuales el traductor debe escoger, de entre el conjunto de posibles acepciones ofrecidas por el diccionario, la más indicada al contexto en el que la unidad se halla integrada. Es, evidentemente, el caso más frecuente. A este nivel corresponde la lexia *est en panne de* restituida mediante la expresión *le está fallando*.

• *Le second niveau ou la «recréation contextuelle»*. En este nivel se contemplan aquellas unidades de significación a las que el texto confiere un especial matiz o una acepción insospechada, no consignada en el diccionario. En este nivel se incluye la traducción de *communication* como *poder o arte de comunicar*.

Toda buena traducción posee ejemplos de numerosas recreaciones en las que las unidades léxicas, fundidas con la semanticidad del contexto, han adquirido acepciones que el diccionario no contempla y que sólo la fuerza pragmático-semántica de la unidad textual es capaz de proporcionarle. He aquí algunos ejemplos de estas adecuaciones en función del contexto:

> *Le programme des cours qu'il lut sur l'affiche, lui fit* un effet d'étourdissement.[242]

> **El programa de las asignaturas que leyó en el tablero le produjo** el efecto **de un mazazo.**

> *Elle* traînait *toujours* après *sa mère.*

> **Su madre le tenía siempre pegada a sus faldas.**

> *Je songe, dit l'évêque, à* quelque chose *de singulier qui est, je crois, à Saint Augustin*

> **Pienso —contestó el obispo— en una máxima singular que es, creo, de San Agustín.**

Este planteamiento nos lleva a examinar un problema estrechamente relacionado: la polisemia.

3.3.2. Metasemia y polisemia léxica

El término de metasemia designa el fenómeno general de los cambios de sentido. S. Ullmann [243] distingue entre la polisemia propiamente dicha («several senses of one word») y la metasemia correspondiente a simples deslizamientos de empleo («several aspects of one sense») como los que acabamos de mostrar.

B. Pottier define la relación polisémica como aquella en la que un solo significante posee diversos sememas sin recubrimiento de semantemas o campos de experiencia. Por ejemplo: *canto* puede ser una forma del vebo *cantar* o el *borde* de un objeto. Y añade:

> *las relaciones de los sememas pueden situarse en un continuo que va de la intersección al simple contacto. Esto es, existen lexemas con acepciones semánticas diversas y alejadas entre sí y otros cuyos semantemas recubren campos semánticos más próximos.*[244]

La delimitación del campo semántico es esencial en este tipo de exégesis. La significación de cada lexema es tributaria del conjunto en el que se halla integrado: el discurso socio-político, un texto económico, un diálogo infantil o un artículo de divulgación científica impregnarán cada una de las unidades de significación de acepciones distintas.

Todas las lenguas poseen vocablos muy sobrecargados semánticamente. Algunos de ellos conservan la misma o parecida fuerza en otras lenguas y la traducción se beneficia de este paralelismo. Por ejemplo, el lexema *feu* puede indicar realidades tan dispares como:

- *le* feu *du foyer*
- *le* feu *de la bataille*

en ambos casos los problemas de traducción son mínimos. Pero cuando se trata de traducir:

1.   *les* feux *de la voiture*
2.   *le* feu *rouge / vert*
3.   *donner le* feu *vert*
4.   *parler avec* feu

la búsqueda de equivalencias es inevitable. Entonces el traductor debe apelar al contexto para precisar el valor concreto del término polisémico. La traducción daría términos como éstos:

1.   *faros*
2.   *semáforo*
3.   *vía libre*
4.   *ardor, entusiasmo*

No es difícil encontrar otros ejemplos de este fenómeno. El vocablo francés *enjeu* posee una amplitud semántica que no tiene equivalente en ningún término español. Cada contexto reactiva algunos de sus semas y deja ocultos otros, determinando su traducción:

Así, la frase:

> *La minuscule île de Grenade,* enjeu *de la grande confrontation Est-Ouest.*

podría traducirse como:

> **La minúscula isla de Granada, víctima de la gran confrontación entre Oriente y Occidente.**

Pero en este caso:

> *Le débat sur l'énergie est ouvert. Les* enjeux *sont de taille: les choix énergétiques conditionnent l'avenir de notre économie.*

el equivalente podría ser:

> **Se ha abierto el debate sobre la energía. El reto es de suma importancia pues las opciones energéticas condicionan nuestro futuro.**

Pero en este nuevo contexto:

> *Les* enjeux *d'un conflit en Europe seraient infiniment plus élevés pour la France que pour les Etats-Unis*

la transferencia podría dar:

> **En un conflicto europeo, Francia correría riesgos infinitamente superiores a los de Estados Unidos.**

3.3.3. Ambigüedad léxica

Por ambigüedad se entiende la propiedad que tienen ciertos enunciados de recibir más de una interpretación, en el interior del mismo acto comunicativo.

La traducción, tal como indica I. Spilka, es el mejor faro de observación de los fenómenos de ambigüedad que tal vez un lector ordinario pasaría por alto:

certaines ambigüités ne deviennent évidentes qu'au contact de deux langues.[245]

Ya nos hemos referido anteriormente a la ambigüedad de índole argumentativa. El fenómeno aparece también a nivel intrafrástico afectando unidades de comunicación más reducidas.

En la siguiente frase:

Il faut arrêter de s'envoyer à la figure les briques du mur de l'argent.

el doble sentido de la palabra francesa *brique* —que significa *ladrillo* y también *fajo de billetes*— produce una ambigüedad de difícil transposición.

Muchos casos de ambigüedad son realmente difíciles de resolver pues la ductilidad del lenguaje tiene sus limitaciones y las equivalencias absolutas no existen.

V. García Yebra comenta al respecto:

¿Qué hará el traductor cuando no puede conservar la ambigüedad expresamente buscada por el autor? Le quedan dos recursos: la adaptación, si su lengua le da pie para ella, o la nota explicativa.[246]

Así, el autor de un texto francés referido al problema de la escasez de cotos de pesca, dió con el certero título de:

La Guerre des Gaules.[247]

Intentar recuperar, al mismo tiempo, la referencia histórica y la alusión a la pesca es realmente difícil. Un intento de aproximación puede conseguirse mediante la técnica restitutiva de la expansión:

Guerra de Cañas en las Galias

pero es evidente que la pérdida de expresividad es importante.

3.3.4.   Los «falsos amigos» léxicos

J.P. Vinay y P. Darbelnet definen los «falsos amigos» como:

Mots qui, d'une langue à autre, semblent avoir le même sens parce qu'ils sont de même origine, mais qui ont en fait des sens différents par suite d'une évolution séparée.[248]

Si se comparan las taxonomías entre las lenguas se observa que «el corte de la realidad» que efectúan muchas de sus lexias varía de una a otra. Así, el término español *probar* posee en francés tres equivalentes, en función de su complemento directo:

essayer	-	**(traje)**
goûter	-	**(comida o bebida)**
prouver	-	**(argumentos)**

por el contrario, el término francés *trouver* puede transferirse de modo diverso al castellano: *hallar, acertar...*

Es frecuente que los vocablos de un mismo origen hayan sufrido transformaciones semánticas distintas en una lengua y otra, con lo que se ha perdido su identidad semántica hasta llegar incluso a la disparidad más absoluta.

Los falsos amigos pueden clasificarse en dos grupos: falsos amigos completos o parciales.

El primer grupo, menos abundante, corresponde a las lexias que sólo presentan una similaridad gráfica y no poseen ninguna relación semántica. Así:

fracas	-	**estruendo, estrépito**
déboire	-	**decepción, desilusión**

Cuando las divergencias entre las dos lenguas son poco apreciables, el peligro de cometer errores es mayor. Por ejemplo:

• *illusion* recoge en francés la idea de *erreur de perception causée par une fausse apparence* o bien *apparence dépourvue de réalité*, pero no incluye la connotación positiva de *alegría* o *felicidad* que se experimenta con la *posesión, contemplación o esperanza de algo*, acepción muy frecuente en español.

• *choquer* posee una connotación negativa —*qui étonne désagréablement*— que no posee su correspondiente castellano: *sorprenderse, extrañarse*.

En muchos casos, ciertas unidades poseen un sentido que es equivalente en varias lenguas, pero, al mismo tiempo, conservan acepciones sin este tipo de correspondencia. Solamente el contexto puede precisar entonces si se trata o no de un «falso amigo». Por ejemplo:

• el término *adopter*, ademas de *adoptar*, equivale a *aprobar*, en un contexto legislativo:

Le plan a été officiellement adopté *par le Conseil de Ministres.*

El plan ha sido aprobado *oficialmente por el Consejo de Ministros.*

El lenguaje de la Comunidad Europea utiliza el término en su acepción literal y en versión de «falso amigo». Si el complemento es *una conclusión, una ley* o *un programa,* las normas de traducción comunitarias dan como equivalente *aprobar:*

L'adoption par la Commission, en mars, du cinquième programme d'action pour l'environnement.[249]

Traducción:

La aprobación *por parte de la Comisión, en el mes de marzo, del quinto programa de acción para el medio ambiente.*[250]

Mientras *las resoluciones, las directivas,* tienen como verbo introductorio *adoptar:*

Le Parlement européen a adopté une résolution relative à l'incidence de la politique régionale communautaire sur l'environnement.[251]

Traducción:

El Parlamento Europeo adoptó *una resolución relativa a la incidencia de la política regional comunitaria en el medio ambiente.*[252]

En la misma línea se encuentran multitud de términos:

• *armée* es un término mucho más genérico —equivalente a *ejército* en español— que el correspondiente castellano *armada,* que recoge solamente «el conjunto de las fuerzas de mar» excluyendo los semas referentes a ejército de aire o tierra.

• *M. l'Abbé* corresponde a la denominación corriente de un simple sacerdote secular y su equivalencia es *El sr. Cura.* Muchas traducciones del francés cometen este error y vemos con frecuencia expresiones inadecuadas como *El abad Pierre.*

• Mediante el término *scrutin* se recoge el acto relativo a los comicios electorales mientras el término castellano *escrutinio* se refiere tan sólo al proceso de recuento de votos, etc.

El fenómeno, entre dos lenguas próximas como las que nos ocupan, es muy frecuente y el intento de establecer inventarios de *falsos amigos* no está exento de peligros. El único consejo importante al respecto es el de permanecer siempre alerta. El aprendiz de traductor tiene una sorprendente tendencia a dejarse llevar por el magnetismo de las palabras del original. Una vez más, es importante no utilizar asociaciones de significado pre-establecidas y recordar que en traducción es siempre válida la máxima de Wittgenstein:

El sentido de una palabra es la utilización de la misma.[253]

3.3.5. *Creatividad léxica y traducción*

Las lenguas sufren una constante transformación pues cada comunidad lingüística crea continuamente nuevos términos para expresar nuevas realidades o para modificar las ya existentes. L. Guilbert, en su obra *La créativité lexicale*,[254] establece una tipología de neologismos franceses distinguiendo entre tres tipos de creatividad:

• neologismos denominativos

• creaciones neológicas estilísticas

• neologismos de lengua

Además, este autor muestra diversos procedimientos mediante los cuales las lenguas continúan reproduciéndose. A grandes rasgos son los siguientes:

• neologismo fonético: onomatopeyas, interjecciones, secuencias silábicas inéditas....

• neologismo semántico: corresponde a términos ya existentes en la lengua pero que adquieren nuevas acepciones en función de nuevas situaciones: *cohabitation, grandeur...*

• neologismo por préstamo: son barbarismos que la lengua acaba aceptando: *new deal, bulldozer, glasnost, perestroïka...*

• neologismo sintagmático: es la asociación de varios segmentos distintos que correspondería a una lexia compuesta: *radionucléides, hy-*

pothyroïde, phytogéographe... El neologismo sintagmático puede dar lugar a lexias creadas por

— prefijación: *sur-équilibre, sur-réacteur*
— sufijación: *pompidolien*
— composición: *acquis sociaux*
— cambio de categoría gramatical: *Hexagone> hexagonal*

Ciertamente todas las lenguas poseen esa propiedad de creación no sólo de nuevas palabras (neologismos léxicos) sino también de nuevas expresiones (neologismos frásticos) y de modificación de palabras ya existentes a las que se les otorga un nuevo sentido. Pero los diversos procesos de creación no son simétricos y, cuando un traductor debe transferir un neologismo, está obligado a un triple análisis:

• de tipo sintagmático, para decidir el tipo de unidades que se han combinado para formar el neologismo

• de tipo semántico, para decidir cuáles son los rasgos semánticos inherentes al nuevo vocablo

• de tipo pragmático, para decidir la función del neologismo en el interior del texto y poder así re-verbalizarlo con otros procedimientos cuando no es posible conservarlo.

La solidez de estas formaciones es además muy variable. Mientras que algunos se lexicalizan e introducen en el sistema, otros poseen una existencia fugaz.

El francés y el español muestran bastantes paralelismos en la creación de palabras pero, en algunos casos, las divergencias son patentes. Los principios que determinan su formación pueden proceder de visiones del mundo distintas:

la guerre des étoiles	-	**la guerra de las galaxias**
les mères porteuses	-	**las madres de alquiler**
les partenaires sociaux	-	**los interlocutores sociales**

Las tendencias a adoptar sufijos de derivación no siguen los mismos caminos:

mitterrandien	-	**mitterrandista**
arabisant	-	**arabista**
biologiste	-	**biólogo**

A veces la derivación no es posible en la lengua meta, como es el caso de todo el grupo derivado de Pompidou cuando debe trasferirse al castellano:

pompidolien, pompidoliser, pompidolisation

Todas las lenguas poseen neologismos que se resisten fuertemente a la traducción. Para recoger, por ejemplo, toda la intencionalidad de este incisivo juego de palabras español:

los psocialistas del gobierno

pocas soluciones existen excepto acudir a una paráfrasis explicativa o a la nota a pie de página renunciando a una total recuperación. A buen seguro, todo traductor suscribiría estas palabras de P. Newmark:

Los neologismos constituyen tal vez el problema más importante de los traductores no literarios y profesionales.[255]

Este autor propone una serie de posibles procedimientos de traslación de estas unidades lingüísticas,[256] entre los que se cuentan:

1.   Recuperarlo sin ningún tipo de variación y señalarlo entre comillas o en itálicas.

2.   Re-crear el neologismo con elementos de la lengua de llegada siguiendo las mismas reglas de creación. Así *écologie-monde*, daría *ecología-mundo*.

3.   Utilizar un derivado en la lengua de llegada. Así el mismo neologismo daría: *ecología mundial.*

4.   Naturalizar el neologismo. Así, las *poblaciones piscícolas que se hallan entre la zona de aguas comunitaria y alta mar* reciben en francés la apelación de *stocks chevauchants.*[257] En castellano el término ha sido sustituido por *poblaciones compartidas.*[258]

5.   Describir el término deshaciendo el efecto neológico. Así: *Une femme énarque*, daría: *Una diplomada en la Escuela Nacional de Administración de París.*

3.3.6.   La descodificación de las lexias complejas

3.3.6.1.   Refranes y proverbios

La utilización de cualquier unidad fraseológica de estilo figurado tiene un claro objetivo pragmático. En palabras de P. Newmark dichas unidades pretenden:

> *interpelar a los sentidos, interesar, clarificar «gráficamente», complacer, agradar, sorprender.*[259]

Los segmentos lexicalizados, cuya erosión expresiva respecto a los elementos que los componen es generalmente alta, deben considerarse en el proceso de transferencia como si se tratara de una sola unidad.

Ante este tipo de segmentos existen tres formas de tratamiento en función de su fuerza pragmática y de las posibilidades de correspondencia en la lengua de llegada:

1) Utilizar una lexia similar en forma y sentido, esto es, reproducir el segmento de modo «literal» mediante un segmento simétrico desde el punto de vista morfológico y semántico. Este procedimiento, que es evidentemente el mejor, pocas veces es posible:

> *C'est maintenant que nous mangeons* notre pain blanc.
>
> **Ahora es cuando nos estamos comiendo** el pan blanco.
>
> *Le débat se déroule* entre coulisses
>
> **El debate tiene lugar** entre bastidores.
>
> *Leurs articles ont ordonné* le branle-bas de combat
>
> **Sus artículos dieron la orden de** zafarrancho de combate.

2) Utilizar una lexia similar en sentido pero distinta en forma, esto es, transferir la semanticidad del conjunto recogiendo la misma intencionalidad pero mediante una construcción morfológica y semántica diferente. Por ejemplo:

Si la C.e.e. a le couteau sur la gorge, c'est parce que, depuis au moins dix ans, les pays membres, dont la France, ont manqué de courage.[260]

podría dar :

Si la C.E.E.

- *tiene la vida pendiente de un hilo*
- *está entre la espada y la pared*
- *está con el agua al cuello*

Sin embargo, desde la perspectiva textual, ciertos cambios de campo semántico deshacen la isotopía textual y la unidad del conjunto por lo que no basta con buscar una metáfora que recoja el mismo concepto que en la lengua de partida, sino que debe además adecuarse a las necesidades del texto. Las unidades fraseológicas son segmentos integrados en una unidad comunicativa y los factores contextuales son de vital importancia en este tipo de transferencia.

Así, cuando en un texto sobre la pesca aparece la expresión:

noyer le poisson[261]

el traductor, además de recoger la idea de *salirse con la suya* que corresponde a este proverbio, debe recuperar también la referencia al campo semántico de la «pesca» que constituye el eje de la unidad textual. Una traducción como:

llevarse el «pez» al agua

que es una sustitución del bien conocido refrán *llevarse el gato al agua*, cuya intencionalidad corresponde al segmento francés, puede servir en este caso como solución sustitutoria.

3) Traducir por una paráfrasis, ante la imposibilidad de obtener una equivalencia, esto es, deshacer la unidad fraseológica y transmitir tan sólo la idea que ésta contiene. Así:

Un train qui fait le chemin Paris-Marseille par le chemin des écoliers.

dará en castellano:

Un tren que hace el recorrido París-Marsella por el camino más largo

Las lexias complejas dan pie a múltiples juegos verbales que dificultan la operación traductora. Así, por ejemplo, ante la imposibilidad de traducir este juego de palabras procedente de un texto sobre la calidad de los vinos franceses, que jugando con la expresión bíblica dice:

il faut séparer le bon grain de l'ivresse

no queda otra solución que recurrir a la denominada técnica de compensación. Esta técnica, tal como nos indica M. Baker,[262] consiste en recuperar algunos de los juegos de palabras y alusiones cómicas en otros segmentos textuales.

La búsqueda de equivalencias de este tipo se aplica también a la traducción de imágenes y metáforas a la que se hace referencia a continuación.

3.3.6.2.   *Los desplazamientos de imágenes, metáforas.*

La figura de estilo que recibe el nombre de metáfora tiene como función aumentar la expresividad de la unidad textual, permitiendo designar realidades para las cuales la lengua no posee un término apropiado. Las metáforas pueden ser de dos tipos: lexicalizadas o creadas por el propio autor.

Imágenes y metáforas introducen en el texto un conjunto de lexemas ajenos a la isotopía textual con lo que el espacio semántico sufre un repentino cambio.

El problema de la traducción de estos segmentos es hallar una expresión equivalente en la lengua de llegada. J. Klein, en su artículo «La traduction de l'image» expone con precisión dicha dificultad:

> *s'efforcer de conserver les traces de l'image est un travail délicat qui, pour être bien fait, requiert beaucoup de patience car la solution rarement est immédiate (...). Il est en effet nécessaire de tenir compte de l'image elle-même, de la pensée de l'auteur qu'on ne peut pas trahir et du contexte dans lequel devra s'insérer (...)*
>
> *La traduction de l'image pose donc un problème à trois niveaux différents. Tout d'abord au niveau de la langue de départ, c'est la valeur expressive de l'image. Ensuite au niveau de la transposition, c'est le problème des ressources d'expression que la langue d'arrivée met à notre disposition. Enfin au niveau de la langue d'arrivée, c'est le problème de l'intégration de l'image dans le contexte de la langue d'arrivée.*[263]

Cuanto dijimos para la traducción de refranes y proverbios, que son segmentos metafóricos lexicalizados, es válido en el caso de las metáforas. Pondremos un ejemplo. Las lecturas infantiles españolas no tienen un equivalente a lo que representa en Francia la *bibliothèque rose*, pero esta frase:

> La bibliothèque rose, *c'est fini. Le gouvernement ne cherche plus à faire plaisir.*

puede traducirse mediante esta otra imagen que reproduce la idea de época mágica y placentera, aunque perdiendo el matiz de color rosa que hacía alusión al simbolismo de la rosa socialista:

> **Se acabaron los cuentos de hadas. *El gobierno ya no intenta complacer.***

Las metáforas encadenadas pueden multiplicar las dificultades de traducción hasta el infinito. En un párrafo como el siguiente, no basta con buscar una adaptación española a la frase *ils sont partis*, característica de los articulistas hípicos franceses, sino que se debe además adaptar el mecanismo de las apuestas hípicas a la realidad española a fin de que el lector español pueda seguir el hilo metafórico:

> *A la manière des chroniqueurs hippiques criant «ils sont partis», la France dira des hommes politiques «ils sont entrés». Le monde du pouvoir a plus d'affinités avec le monde du pesage des tiercés, des quarts et des paris couplés.*

Nuevamente, estas dificultades deben resolverse mediante estrategias de compensación que produzcan una equivalencia más o menos aceptable.

3.3.6.3. *Los desplazamientos metonímicos*

El fenómeno de la *metonimia* se produce mediante un desplazamiento de sentido por contigüidad. Corresponden al mismo sustituciones como:

- El lugar por la institución:

Palais Bourbon - **Asamblea Nacional**

- La materia u otra característica por el objeto:

le maillot jaune - **el ganador del Tour de Francia**
l'Héxagone - **Francia**

- La cualidad por el personaje:

le style Napoléon - **el imperialismo**

Los desplazamientos metonímicos se producen de un modo similar, pero no idéntico, de una lengua a otra. Las dificultades pueden ser de orden lingüístico o de orden cultural. En ese caso deben valorarse las modificaciones de las circunstancias enunciativas y la dificultad que puede tener el lector de la traducción respecto al del original. Ello llevará a deshacer algunos de estos desplazamientos. No sería, por ejemplo evidente, para un lector español, que la frase siguiente alude a las peculiares características del mundo diplomático:

L'essayiste a un ton très Quai d'Orsay.[264]

Tampoco en todos los contextos será inteligible una expresión como ésta en la que se alude a las respectivas competencias de Presidente y Primer Ministro:

S'il est une question à propos de laquelle on ne peut pas imaginer que l'Elysée et Matignon *s'entre-déchirent publiquement, c'est bien celle des otages.*[265]

O esta otra referente a las personalidades de Pierre Mendès-France y Charles de Gaulle:

Au retour de son voyage à Beyrouth, mendésien *par la surprise qu'il a suscité,* gaullien *par les conclusions qu'il a tirées, François Mitterrand a fixé le point fort de sa politique étrangère.*

Los juegos metafóricos, las metonimias, las comparaciones, dan pie a introducir en el discurso elementos muy enraizados en una cultura concreta. La distancia cultural en la que se sitúa la traducción muy frecuentemente no acepta el mismo tipo de formulaciones. Nuevamente hay que reconocer que las reglas generales no existen. El tipo de texto y, sobre todo, el público a quien vaya destinada la traducción hará que el autor de la misma opte por alguna de estas alternativas:

• o bien reproducirlos del mismo modo si se considera inteligible por un nuevo lector.

• o bien reproducirlos pero añadir una nota a pie de página o un corto segmento explicativo en el texto, para salvar la diferencia.

• o sustituirlos por otra referencia.

• o deshacer el efecto y recuperar simplemente el concepto.

Alternativas de este tipo se ofrecen ante frases como ésta que hace referencia a la noche del 4 de Agosto de 1789 en que se produjo la abolición de los privilegios nobiliarios por parte de la Asamblea Constituyente:

> *De là à conclure qu'avec cette abrogation le «lobby» sucrier vient de connaître* sa nuit du 4-Août, *il n'y a qu'un pas.*[266]

Una opción sería la traducción paralela:

> **De ahí a concluir que con esta abrogación el «lobby» azucarero acaba de sufrir su «noche del 4 de Agosto»,** *no hay más que un paso.*

Otra, sustituir la referencia:

> *De ahí a concluir que con esta abrogación la situación del «lobby» azucarero es similar a la de la nobleza rusa tras la Revolución de Octubre,* *no hay más que un paso.*

Una tercera posibilidad sería deshacer la metonimia:

> **De ahí a concluir que con esta abrogación el «lobby» azucarero ha perdido todos sus privilegios,** *no hay más que un paso.*

Capítulo cuarto

El proceso de restitución

La descodificación del texto original y la restitución del nuevo texto, resultado del trabajo del traductor, son dos procesos en la práctica simultáneos aunque diferenciados. Traducir implica un continuo vaivén entre los dos textos, mediante avances y rectificaciones, sin que se pueda definir un corte temporal entre la comprensión y la restitución.

Referirse pues a la restitución como una operación independiente no responde más que a fines metodológicos. Se pretende recoger bajo esta apelación algunos aspectos que influyen con preferencia en la elaboración del texto de llegada o en el camino de trasvase hasta éste. Por ejemplo, algunas técnicas traductoras.

4.1.   Algunas técnicas de restitución

J.P. Vinay y J. Darbelnet inventariaron los procedimentos considerados por ellos más habituales en el ejercicio translativo clasificándolos en dos grandes grupos. Esta clasificación ha dado pie a numerosas polémicas y desde todas las perspectivas traductológicas se han alzado voces contrarias alegando que traducir es re-expresar un mensaje en función de parámetros comunicativos, no movidos por técnicas etiquetadas. Lo cual es innegable pero tampoco deja de ser cierto que una conceptualización de algunos modos de hacer del traductor pueda tener su utilidad.

La clasificación de los mencionados autores contempla estos dos grupos:

• *Técnicas de traducción directa*: en las que se incluyen *préstamos, calcos* y *traducción literal*.

• *Técnicas de traducción oblicua*: *transposición, modulación, equivalencia* y *adaptación*.

Los tres primeros procedimientos se refieren a una problemática gramatical y léxica más general. Los *préstamos y calcos* no son tanto un procedimiento traductor como un fenómeno polifónico al que ya nos referimos. En cuanto a la *traducción literal*, también aludida, son pocos los casos que aceptan dicha «técnica».

Entre los procedimientos de traducción oblicua se incluye la *adaptación*, que se aleja un tanto de las técnicas propiamente transpositivas para recoger un modo más distante de recuperación textual. Por otra parte, la *equivalencia*, según la conciben Vinay y Darbelnet, consiste en la sustitución de medios estilísticos y estructurales totalmente diferentes para expresar una misma realidad. Es el procedimiento utilizado en algunos casos de refranes, frases hechas o metáforas lexicalizadas, a las que también hicimos mención. M. Paillard y H. Chuquet [267] proponen considerar esta técnica como un procedimiento de modulación lexicalizado. Con lo cual, el conjunto de técnicas traductoras puede resumirse en estos dos grandes grupos: Transposiciones y Modulaciones.

4.1.1. *Las transposiciones*

Vinay y Darbelnet las definen como:

> *le procédé qui consiste à remplacer une partie du discours par une autre, sans changer le sens du message.*[268]

entendiendo por parte del discurso las distintas categorías gramaticales. Cualquiera de estas categorías (verbos, sustantivos, adjetivos, pronombres, adverbios, preposiciones...) es susceptible de ser afectada por la técnica transpositiva.

La idea más importante que la Escuela del Sentido parisina ha transmitido es la necesidad de dar prioridad a la recuperación de la función semántica y pragmática en el momento de la recodificación en la nueva lengua, haciendo caso omiso al hecho de que el nuevo texto reproduzca o no el molde morfosintáctico original. Ningún traductor rechazaría esta afirmación:

> *La nécessité de canaliser différemment les idées conduit parfois à rejeter les structures originales. Ce rejet met en jeu autant la connaissance de la langue que l'aptitude à manier le langage.*[269]

Ni esta constatación innegable:

> *On a beau savoir que les langues sont différentes à tous les égards, on
> s'entête à aligner des équivalences établies à grand soin au niveau des
> deux langues et on ne comprend pas pourquoi on n'obtient que des traduc-
> tions médiocres et des interprétations inintelligibles. La cause est pour-
> tant simple: pour s'exprimer clairement il faut avoir un sens en tête; c'est
> ce sens qui engendre les éléments sémantiques qui le désignent et non l'au-
> tre langue, à tel point que le sens (...) trouve parfois suffisamment de mo-
> yens d'expression pour suppléer une connaissance linguistique défaillan-
> te.*[270]

Indicaremos algunos de los cambios que tienen lugar en el proceso
de recodificación.

4.1.1.1. La categoría adjetiva

El adjetivo es una de las partes de la oración que mejor permite proceder a reformulaciones. Si el sustantivo es la parte de la oración que
posee la carga semántica más afianzada e independiente, el adjetivo,
en cambio, es uno de los elementos más flexibles y con más posibilidades combinatorias. Cuando el traductor tropieza con una dificultad y
comprende que debe proceder a una re-formulación, la técnica de diluir
un adjetivo del texto original distribuyendo su sentido en otras categorías gramaticales es generalmente muy eficaz.

En traducciones publicadas es fácil encontrar ejemplos de este tipo:

> *Hermogène me transmit quelques messages de l'impératrice; elle se montra* conve-
> nable.[271]

que Cortázar traduce así:

> **Hermógenes fue portador de algunos mensajes de la emperatriz. Su tono
> era digno.**[272]

También este segmento:

> *Il m'importait peu que mon nom figurât sur ce monument, qui était ma pensée. Il
> me plaisait au contraire qu'une inscription* vieille *de plus d'un siècle l'associât au
> debut de l'empire, au règne apaisé d'Auguste.*[273]

muestra una adecuación del elemento adjetivo en la traducción:

> **Poco me importaba que mi nombre no figurara en esa obra, que era mi**

pensamiento. En cambio me agradaba que una inscripción de más de un siglo *de antigüedad*, la asociara con los comienzos del imperio, con el pacífico reinado de Augusto.[274]

Cualquier texto puede sufrir estas transformaciones:

Les Français sont nés méfiants.

Los franceses son desconfiados por naturaleza.

O bien:

On ne lui donnait pas sa juste part de vie.

No le daban la parte de vida que le correspondía

Y también:

Les divisions de la résistance ne doivent pas faire oublier, d'autre part, qu'il s'agit, avant tout, d'une «guerre sainte» contre un occupant doublé d'un infidèle.[275]

Traducción:

Por otra parte, las divisiones de la resistencia no deben hacernos olvidar que ante todo se trata de una «guerra santa» contra un ocupante que es al mismo tiempo *un infiel*.

4.1.1.2.   *Sustantivos y nominalizaciones*

Un caso especial de transposición es la conversión de nominalizaciones en otras categorías gramaticales. Muchos gramáticos franceses subrayan la tendencia de esta lengua a conceder supremacía al sustantivo. Así G. Galichet dice:

Il est certain que notre langue marque quelque prédilection pour l'espèce nominale. La langue française tend de plus en plus à envisager le monde sous l'espèce de l'être là où d'autres langues l'envisagent sous l'espèce de procès. Cette tendance à exprimer les évènements et même les actions par des noms plutôt que par verbes est particulièrement accentuée au cours du XIX siècle.[276]

J. Dubois [277] menciona tres procedimientos de llevar a cabo síntesis nominales:

1. *Les nominalisations afixales*, es decir, aquellas que se forman añadiendo morfemas específicos:

> *Refaire les routes permettra une meilleure circulation.*
> *La réfection des routes permettra une meilleure circulation.*

2. *Les nominalisations infinitives* que utilizan el afijo del infinitivo:

> On conclut *un traité.*
> Conclure *un traité.*

3. *Les nominalisations simples* que se forman mediante la simple desaparición del verbo:

> *Le chapeau appartient à Pierre.*
> *Le chapeau de Pierre.*

El primero de estos tres procedimientos es el que da lugar a más reformulaciones en el momento de la traducción. La nominalización es una operación compleja que implica sintetizar una idea en un solo elemento verbal y no siempre es posible recuperar directamente el proceso. Veamos algunos ejemplos:

> L'étroitesse *de l'avenir tel qu'il s'inscrit à la naissance n'est donc pas la seule explication au fait que la conscience d'appartenance à une classe sociale subsiste encore.* [278]

Traducción:

> **La limitación de nuestras posibilidades de futuro** *ya desde el nacimiento no es la única explicación al hecho de que aún subsista la conciencia de pertenecer a una clase social.*

O también:

> *Les démocraties ridées, repliées sur elles-mêmes et durcies dans* leur refus de l'enfant *ne se voient pas vieillir.*

Traducción:

Las democracias arrugadas, replegadas en sí mismas y contumaces en su rechazo a tener hijos no se dan cuenta de que envejecen.

4.1.2. Las modulaciones

Esta técnica consiste en realizar desplazamientos en *el punto de vista*. Entre ellos encontramos las aludidas sustituciones metonímicas, clásicas en traducción, tales como el efecto por la causa, el continente por el contenido, el nombre del lugar por la acción, el signo por lo significado, una parte por otra, la parte por el todo....Estos desplazamientos pueden producirse a nivel de la palabra, de una expresión o de un enunciado entero y provocan generalmente movimientos en las categorías gramaticales de los términos adyacentes por lo que transposiciones y modulaciones, con frecuencia, se dan conjuntamente.

He aquí algunos ejemplos:

1.   Sustitución de una parte por otra:

   au bord du dernier feu, rejetant en arrière sa belle gorge robuste, il chanta[279]

   junto a la última hoguera, cantó con su hermosa* cabeza *echada hacia atrás.[280]

2.   Sustituir el continente por el contenido:

   Rue de Rivoli, *on affirme qu'on fera plus de rigueur.*

La traducción muestra aquí una doble modulación pues también el sujeto se ha modificado:

   En* el Ministerio de Economía *afirman que aplicarán una política aún más rigurosa.

3.   Sustituir negaciones por afirmaciones negadas. La traducción del siguiente enunciado, además de deshacer la referencia cultural, juega con esta modulación:

   Les Français ont l'esprit contrariant: ils respectent la puissance de l'Etat mais ils la frondent en chaque occasion.

   Los franceses tienen espíritu de contradicción. Respetan el poder del Estado pero no dejan de rebelarse siempre que pueden.

4. Sustituir los sujetos mediante el cambio de la voz pasiva en activa. Así:

Le jardin, disait-on, serait transformé en square, mais tout square dont l'établissement a été voté par des municipalités de notre époque à une façon à lui de se changer en parking.[281]

Traducción:

El jardín, según decían, sería transformado en una plaza, pero cuando las municipalidades de nuestra época votan por la instalación de una plaza, ésta siempre acaba por convertirse en parking.[282]

5. Sustituir un segmento interrogativo por el asertivo o el dubitativo correspondiente:

Il ne suffit pas d'être seulement habile, chanceux ou même avisé, encore faut-il traîner après soi une image d'homme déchiré, romantique ou rêveur. Les carrières, alors, deviennent épopées. Ou destins. Jacques Chirac le savait-il lorsque, pour en finir avec les questions trop «enquinantes», il prit, voilà bien des années, le risque de se déclarer simplement amateur de romans policiers et de musique militaire?

Traducción:

No basta con ser hábil, afortunado o incluso listo, es preciso además dejar tras de sí una imagen de hombre desgarrado, romántico o soñador. Entonces las carreras se convierten en epopeyas. O en destinos. Quizá Jacques Chirac no lo supiera cuando, para acabar con preguntas demasiado quisquillosas, corrió el riesgo de declararse aficionado simplemente a las novelas policíacas y a la música militar.

4.1.3. Otros procedimientos técnicos

4.1.3.1. La ampliación

G. Vázquez-Ayora, en *Introducción a la Traductología*, añade a las técnicas presentadas por Vinay y Darbelnet algunas otras recalcando siempre la idea que es común a todo el pensamiento traductológico:

La traducción verdadera debe independizarse de la tiranía de las palabras, de los rangos, de la gramática y de las formas de estilo[283]

Entre estas técnicas distingue la *ampliación* como un procedimiento por el que el texto de llegada expansiona el segmento del texto de partida. En realidad se trata de una versión más de la transposición a la que el traductor se ve obligado por las limitaciones de las lenguas. Como en los siguientes ejemplos:

Trajan n'avait été qu'un malade à qu'il s'agissait de faire faire un testament.[284]

Traducción:

Trajano era tan sólo un enfermo a quien se trata de convencer para que haga testamento.[285]

También:

Nos faibles efforts pour améliorer la condition humaine ne seraient que distraitement continués par nos successeurs.[286]

Traducción:

Nuestros débiles esfuerzos por mejorar la condición humana serían proseguidos sin mayor entusiasmo por nuestros sucesores.[287]

Y esta frase:

...on a dû m'emmener (...) tremper mes pieds dans les flaques d'eau d'Ostende, ou encore sur la plage de Furnes ou celles de Boulogne. Mais rien m'en reste.[288]

Traducción:

Debieron llevarme (...) a las playas de Ostende, de Furnes o de Boulogne, para que mojara los pies en los charcos. Pero nada de eso permanece en mi memoria.[289]

Solamente puede recurrirse a esta expansiones como último recurso pues encierran, utilizadas con profusión, el peligro de ampliar innecesariamente el texto mediante rodeos y paráfrasis innecesarias.

4.1.3.2. *Los procedimientos sintéticos*

La técnica contraria consiste en condensar elementos del texto de partida en el texto de llegada como un modo de aligerar ciertas frases. Teniendo en cuenta que las traducciones tienden a ser mas largas que el original, la técnica es interesante siempre y cuando no suponga ningún menoscabo a la fidelidad del contenido. Como en estos enunciados:

Les forêts y restaient aussi impénétrables qu'au temps où ces antiques chasseurs de loups y avaient vécu.[290]

Sus bosques seguían tan impenetrables como en los tiempos de aquellos antiguos cazadores de lobos.[291]

Y también:

Le retour à cheval fut l'un de mes derniers trajets de ce genre.[292]

El retorno fue uno de mis últimos viajes a caballo.[293]

Algunas Organizaciones Internacionales —como la Comisión de la Comunidad Europea— obligan a sus traductores a ceñir su texto, dentro de lo posible, a la misma paginación que el original con el fin de poder manejar fácilmente ambos documentos. Las condensaciones son entonces inevitables. Muchas oraciones de relativo se prestan a este tratamiento:

L'idée-force qui caractérise ce programme est que les objectifs visés....[294]

La idea central de este programa es que los objetivos previstos....[295]

Vázquez-Ayora define también otros procedimientos como *la omisión* y la *compensación*, pero renunciamos a insistir en un análisis detallado de este tipo. Su caracterización corresponde más bien a la estilística comparada en la medida en que para conceptualizar todas estas técnicas hay que proceder a un estudio retrospectivo de traducciones ya realizadas. En el proceso de transferencia son las exigencias funcionales y comunicativas de la unidad textual quienes definirán la nueva redistribución de elementos independientemente de etiquetas o denominaciones establecidas de antemano. J. Delisle hace hincapié en esta idea cuando dice:

Pour bien cerner la spécifité de l'activité traduisante, il est donc essentiel de départager clairement ce qui, dans le savoir-faire du traducteur, relève de la connaissance pure et simple des langues et ce qui appartient au processus interprétatif. Sans cela, on fausse le processus de la traduction en contexte en faisant exclusivement une recherche d'équivalences de formes consignées dans deux codes. (...). Traduire n'est pas comparer.

Y un poco más adelante:

> ....*tout effort de systématisation dans le domaine qui nous intéresse sem-*
> *ble devoir porter prioritairement sur l'actualisation des signes et sur les*
> *traits référentiels et situationnels non proprement linguistiques qui en-*
> *traîne cette actualisation. Pour vraiment expliquer l'opération traduisan-*
> *te, la linguistique se doit de dépasser les significations verbales et d'abor-*
> *der l'étude du discours et de ses rapports avec la pensée.*[296]

4.2. Otras dificultades de restitución: las adecuaciones culturales

4.2.1. *La restitución de nombres propios de persona, geográficos....*

La forma de recuperar los nombres propios no difiere del resto de las unidades textuales. La intención pragmática y la función del térmi-no en la unidad textual son los elementos que orientan al traductor. Tal como indica E. Bernárdez, en relación a los nombres propios de per-sona:

> *el lector de una obra extranjera traducida espera encontrar en ella ele-*
> *mentos definitorios de una realidad diferente, muchas veces no sólo en tér-*
> *minos culturales; y uno de los indicios fundamentales es precisamente el*
> *nombre propio. Esto hace inconveniente la traducción de aquellos en la*
> *inmensa mayoría de los casos.*[297]

Es decir que, por regla general, la necesidad de recuperar lo que se denomina comúnmente *couleur locale* determina esta decisión. Sin em-bargo, cuando la función de los nombres propios es relevante, las técni-cas de tratamiento son radicalmente opuestas. Basta con pensar en el alarde de imaginación que han debido hacer los traductores de *Astérix* a todas las lenguas, dando lugar a creaciones como las siguientes:

*Agecanonix - **Edadepiedrix***
*Septantesix - **Setentaisix**[298]*

Respecto al tratamiento de los topónimos, las consideraciones son algo distintas. Cuando estos nombres, tal como indica J. Cantera,[299] «tienen ya una forma consagrada en una y otra lengua», se tiende a respetar dicha forma. Así se recuperará en el texto español *Bruselas*, para *Bruxelles*, *Burdeos* para *Bordeaux*, etc...

Lo mismo ocurre con aquellos nombres propios correspondientes a personajes históricos: *Luis XV, María Antonieta...*

4.2.2. *La restitución de pesos, medidas, cantidades, monedas*

Nuevamente la función textual es el elemento determinante en el momento de decidir la conveniencia o no de traducir estos elementos. Así, un texto económico, eminentemente informativo, que pretende que sus lectores reciban la misma información que el lector original, establecerá las equivalencias, tal como ya aludimos al hablar de las diversas posibilidades de enunciación, convirtiendo los francos a pesetas. Pero un texto expresivo, en el que nuevamente *la couleur locale* sea el imperativo dominante, actuará en sentido totalmente contrario.

Ciertas medidas o expresiones cuantificadoras forman parte sin embargo del *genio de la lengua* y el traductor que no procediera a su adecuación introduciría en su texto expresiones distorsionadas. Es el caso de la tendencia francesa a expresar cantidades mediante el numeral colectivo:

> Une dizaine de milliers *de jeunes Afghans ont été envoyés faire leurs études en Union Soviétique* [300]

cuya función no es la de precisar un número concreto sino indicar una cuantificación muy aproximada. La traducción daría una expresión del tipo:

> **Unos diez mil jóvenes afganos** *han sido enviados a hacer sus estudios a la Unión Soviética.*

Expresiones falsamente cuantificadoras, que pretenden tan sólo expresar una «cierta abundancia», pueden no traducirse literalmente.

Basta con recoger en el texto traducido dicho efecto multiplicador. Por ejemplo:

> *Les coupables, voilà des* lustres *qu'on les supporte.*

> **A los culpables hace ya muchos años que los soportamos.**

Entre los cuantificadores franceses, los traductores topan con frecuencia con la unidad de mil millones —un *milliard*— sin equivalencia en castellano. Ello obliga a multiplicar por mil las cantidades expresadas:

> *le déficit du budget enfle dangereusement, à tel point qu'il dérive vers les 230 milliards de francs pour l'ensemble de l'année, contre une prévision initiale de 89,5.*[301]

Traducción:

> **el déficit presupuestario aumenta peligrosamente, hasta tal punto que se está deslizando hacia una cifra global anual de 230 mil millones, frente a una previsión inicial de 89.500 millones.**

Por otra parte, en expresiones cuantitativas, el español posee la posibilidad de formular una pluralidad de dos unidades mediante el dual, lo que no tiene equivalente en francés. Así:

> *il a admis qu'il fallait une entente entre les* deux *autorités*

> **admitió que era necesaria una entente entre ambas autoridades**

4.3. *Las transposiciones debidas a la normativa del sistema lingüístico*

Cada lengua posee un sistema gramatical que le es propio y la traducción, que debe proceder mediante correspondencias de contenido y no correspondencias formales, tiene, en la fase de restitución, dos niveles distintos de exigencias:

1. Algunos cambios en la estructura gramatical son debidos al distinto funcionamiento normativo de ambas lenguas.

2. Otras modificaciones en la estructura sintáctico-gramatical se generan por imperativos semántico/pragmáticos.

La simple divergencia del funcionamiento gramatical de las dos lenguas en contacto y el respeto a la lengua de llegada fuerzan a efectuar numerosas manipulaciones correspondientes a la aludida técnica de *transposición*.

Por otra parte, si traducir consiste en restituir en el texto de llegada el contenido semántico que vehicula el texto de partida, las estructuras gramaticales solamente poseen un papel en el proceso de transferencia en la medida en que vehiculan, tal como indican C. Klein-Lataud y C. Tatilon, elementos semánticos y pragmáticos:

> *les structures grammaticales sont aussi des unités sémantisées indispensables à l'expression du sens d'un énoncé.* [302]

M. Paillard incluye en el concepto de *transposición* todos estos cambios gramaticales:

> *tout décalage grammatical entre les deux langues est une modulation, un changement de point de vue plus systématique et contraignant dans ce cas.* [303]

El análisis concreto de las dificultades de transferencia entre un binomio específico de lenguas ha sido más bien relegado a medida que avanzaban las reflexiones teóricas más generales. Pero, en realidad, no parece que un aspecto deba estar reñido con el otro. Ch. Nord recomienda que la didáctica de la traducción no lo deje de lado:

> **Las diferencias estructurales entre dos lenguas, sobre aspectos del léxico y de la estructura de las frases, suscitan ciertos problemas de traducción que aparecen en todas las traducciones referidas a un binomio concreto de lenguas. La gramática contrastiva y algunas aproximaciones a una cierta «didáctica de la gramática translacional» proporciona una ayuda útil para la resolución de este tipo de problemas.** [304]

Lo que en ningún caso puede pretenderse es establecer un inventario exhaustivo de estas diferencias, pues la frontera que separa lo normativo de las tendencias expresivas es difícil de trazar, tal como asegura M. Wandruzska:

> *Las diferencias entre lenguas emparentadas consisten en un gran número de pequeñas diferencias que en manera alguna se reducen a un carácter o tipo de sistema «unitario».*[305]

Este tipo de reflexiones tienen innegablemente su origen en procedimientos de gramática contrastiva, un dominio que transcurre por otros derroteros, pero susceptible de integrarse, junto a otras perspectivas más globales, a la práctica traductora. De estas transposiciones exponemos a continuación las que obedecen a criterios gramaticales, siguiendo los apartados siguientes:

• Divergencias en la organización de los elementos discursivos.

• La restitución del artículo y de morfemas posesivos.

• La restitución del sistema deíctico.

• La restitución de las preposiciones.

Y las que son consecuencia simplemente de las convenciones de escritura:

• Las restituciones grafémicas: puntuación, mayúsculas y minúsculas...

4.3.1. *Reorganización de elementos discursivos*

Excepto en los casos en que la organización discursiva viene dada por exigencias estilísticas, el orden de las palabras está marcado por simples imperativos sintácticos o por tendencias discursivas que las lenguas van definiendo con el uso. Algunos elementos del discurso tienen más movilidad que otros y permiten jugar con posibilidades combinatorias cuando el segmento exige una nueva organización. En la traducción del francés al castellano, estas son las reorganizaciones más frecuentes:

• Segmentos temporales, espaciales o modales intercalados en el texto francés que pasan a ocupar el principio de la frase en el texto castellano. Las traducciones literarias muestran abundantes ejemplos de este tipo:

> *j'espérais,* en retablissant ces grandes fêtes helléniques, *refaire de la Grèce une unité vivante.*[306]

Traducción:

al restablecer aquellas grandes fiestas helénicas, *confiaba en devolver a Grecia una viviente unidad.*[307]

También:

Un jeune garçon placé à l'écart *écoutait ces strophes difficiles avec une attention....*[308]

Traducción:

Algo apartado, *un muchacho escuchaba las difíciles estrofas con una atención...*[309]

Cualquier tipo de texto puede mover al traductor a efectuar reorganizaciones:

Les désastres extérieurs du second Empire n'ont heureusement *pas eu lieu.*[310]

Traducción:

Afortunadamente, *los desastres exteriores del segundo imperio no llegaron a producirse.*

• Reorganización del grupo sustantivo + grupo adjetivo.

El francés antepone, con cierta frecuencia, un grupo adjetivo a un sustantivo. La traducción castellana en muchos casos prefiere hacer aparecer el núcleo adjetivo en primer término. Por ejemplo:

Bringuebalante depuis des années, la Communauté européenne *risque maintenant tous les jours de voler en éclats.*[311]

Traducción:

La Comunidad Europea, *tambaleante desde hace ya tiempo, corre ahora el riesgo cada día de romperse en pedazos.*

Y también:

Conscience prise d'une agression qui ne choisit pas ses victimes, Américains et Soviétiques *décidèrent alors de cesser les expériences dans l'atmosphère.*[312]

Traducción:

Americanos y Soviéticos, *tras haber comprendido que se trataba de una agresión que no escoge a sus víctimas*, decidieron poner fin a las experiencias en la atmósfera.

• Reorganización del grupo sintagma nominal + complemento preposicional.

Cualquier tipo de segmento preposicional que acompañe al núcleo sustantivo puede presentarse en francés antepuesto a éste. Y, en la mayoría de los casos, el español preferirá posponer el complemento. Por ejemplo:

Au premier rang, en Europe, par le nombre de ses pêcheurs, la France *occupe toujours la troisième place dans le monde.*[313]

Traducción:

Francia, *que ocupa el primer puesto por el número de pescadores*, sigue siendo el tercer país a nivel mundial.

Y también:

Parce que trop complexes, les rapports internationaux *sont souvent présentés sous un jour simplifié.*

Traducción:

Las relaciones internacionales, *por su excesiva complejidad*, se presentan a menudo bajo un prisma simplificado.

Un caso especial lo constituyen las presentaciones en las que el francés tiene una cierta tendencia a anteponer los rasgos característicos a la identidad del personaje:

Béret noir, treillis tout neuf, les poches bourrées de paquets de Marlboro, Moussa, *22 ans, Jordanien d'origine mais Palestinien de coeur, est parmi les premiers à partir.*[314]

La traducción castellana preferiría una distribución diferente:

Moussa, *de 22 años, jordano de origen pero palestino de corazón*, con su boina negra, su traje de campaña nuevo y los bolsillos repletos de paquetes de Marlboro, es de los primeros en emprender la marcha.

O también:

> *Indien formé en Occident à la philosophie et à la psychanalyse,* Sudhir
> Kahar *décrit les paysages intérieurs de l'âme indienne.*

Traducción:

> **Sudhir Kahar,** *un indio que se formó en filosofía y en psicoanálisis en Oc-*
> *cidente, describe los paisajes interiores del alma india.*

Las reorganizaciones son múltiples y variadas. Generalmente se explican por la propia estructura de la frase traducida, pero también por simples razones rítmicas:

> *Ces pièges dressés, toujours les mêmes, cette routine bornée à de perpetuelles appro-*
> *ches (...)* m'ont lassé.[315]

> **Me fatigaban** *esas trampas armadas, siempre las mismas, esa rutina re-*
> *ducida a perpetuos acercamientos....*[316]

4.3.2. *La restitución del artículo y de morfemas posesivos*

En el *Dictionnaire de Linguistique* de O. Ducrot et T. Todorov leemos:

> *le rôle des déterminants peut être joué par l'article défini, les possessifs, les dé-*
> *monstratifs, mais aussi par les noms de nombre ou par l'article et les adjectifs dits*
> *indéfinis.*[317]

Casi todos estos elementos de la oración presentan divergencias en su funcionamiento en francés y en castellano. Su interpretación depende de la enunciación en que se integran.

En su obra *Nuestros idiomas: comparables e incomparables*, M. Wandruszka dedica un capítulo a la utilización del artículo determinado en el que expone los casos de mayor relevancia, después de indicar que:

> **El artículo determinado es un signo suplementario de conocimiento, de fa-**
> **miliaridad. Su empleo sigue leyes gramaticales y reglas estilísticas dife-**
> **rentes de una lengua a otra.**[318]

Entre los casos de divergencia encontramos:

• Los nombres de países que carecen, salvo excepciones, de artículo en español:

> *La Tunisie, le Yémen du Nord et le Yémen du Sud...*

> **Túnez, Yemen del Norte y Yemen del Sur...**

• Las cualidades psíquicas en cantidad indeterminada:

> *Tous appréhendent d'être victimes d'une injustice. Le résultat est la peur et la haine.*[319]

> **...el resultado es miedo y odio**

• Y ciertas impresiones olfativas:

> *Ça sentait le feu*

> **Olía a fuego**

• También ocurre así con los gentilicios, sobre todo si aparece una ennumeración de los mismos:

> *Benito Juarez a dû faire face à l'invasion des Français, des Anglais, des Espagnols...*[320]

> **Benito Juarez tuvo que hacer frente a la invasión de franceses, ingleses, españoles...**

• Y con un conjunto de expresiones lexicalizadas:

> *Les uns et les autres...*

> **Unos y otros...**

El caso del partitivo francés *du*, que no posee ninguna correspondencia en castellano, presenta problemas de traducción, sobre todo cuando se utiliza con fines estilísticos. Así en expresiones como ésta:

> *Aucun doute. C'est du Rohmer.*[321]

> **No hay duda. Es un trabajo de Rohmer.**

O esta otra:

On est loin des débats interminables sur l'avenir de la France! Du pratique, du concret.

Estamos lejos de los interminables debates sobre el futuro de Francia. Ahora cuenta lo práctico, lo concreto.

Y también:

Le Tour de France, c'est la plus belle et la plus difficile course du monde: 3.300 kilomètres parcourus en trois semaines à 38.909Km/h de moyenne. Du jamais vu.[322]

El Tour de Francia es la más bonita y difícil carrera del mundo: 3.300 kilómetros recorridos en tres semanas a una media de 38.909 Km. por hora. Lo nunca visto.

Otro caso especial es la frecuente utilización del artículo neutro francés *le* para indicar generalizaciones. Así, en un texto sobre el armamento químico leemos:

Le lien entre le chimique et le nucléaire a perturbé la conférence de Paris.[323]

Lo que dará en la traducción:

El vínculo entre el armamento químico y el nuclear ha perturbado la conferencia de París.

Mientras la misma construcción en esta frase:

Aujourd'hui, le nucléaire fournit plus de 70% de notre électricité.

llevará a una restitución como ésta:

Actualmente la energía nuclear proporciona más del 70% de la electricidad francesa.

En cuanto a la relación posesiva, el francés y el castellano utilizan formas parecidas para indicarla. Sin embargo, al igual que ocurre con el artículo, la frecuencia de uso de morfemas posesivos es mucho más alta en francés que en castellano, con lo que el traductor español deberá relegar en su texto algunos de ellos. Como en estos casos:

Marie fait ses courses.

María va de compras.

Apprenez vos leçons!

¡Aprended las lecciones!

Ya indicamos además que la traducción de cualquier lengua obliga a modificar el sistema de adjetivos y pronombres posesivos cuando se ha producido una modificación en el sistema referencial. Por ejemplo si un texto referido a la realidad francesa da estas estadísticas:

Cette année, selon les premières estimations, 38,6 millions de vacanciers étrangers auront visité notre *pays...* [324]

por razones obvias, el traductor deberá adecuar el texto diciendo:

Según las primeras estimaciones, este año habrán visitado Francia 38,6 millones de turistas extranjeros...

A no ser que la alusión incluya una clara referencia al país vecino o que el destinatario del texto —hecho más difícil— sea un público de nacionalidad francesa.

• El caso del relativo *dont*.

Este morfema gramatical presenta problemas de transferencia en el plano de la conexión sintáctica y en el de la recuperación de elementos anafóricos. El valor del correspondiente español *cuyo* no recubre todas las funciones y, en consecuencia, la traducción da lugar a diversas transposiciones. Así, en una frase como ésta:

L'Académie de médecine a demandé à trois laboratoires, dont *le nôtre, de vérifier ses résultats.*

es un procedimiento de integración en el segmento anterior:

La Academia de Medicina solicitó a tres laboratorios, entre ellos el nuestro, que comprobara los resultados.

Pero una construcción como ésta:

En mettant fin aux fantastiques crues saisonnières dont *le Nil était coutu-mier, le barrage permet la naissance d'un courant du sud vers le nord.*

es una simple forma de relacionar el Nilo y las crecidas. Una transposición construirá esta traducción:

Al poner fin a las fantásticas crecidas, que habitualmente se producían en el Nilo, la presa permite el nacimiento de una corriente de sur a norte.

También puede equivaler a una circunstancial de tipo instrumental:

Un restaurant, dont *le patron est espagnol et le chef italien, peut prétendre à l'ap-pellation «bistrot français».*[325]

Traducción:

Un restaurante, con un dueño español y un chef italiano, puede pretender denominarse «bistrot» francés.

Solamente en casos como éste, con un claro sentido determinante, admite la traducción por *cuyo:*

Chacun de nous est immergé dans une histoire dont *le sens demeure énigmatique.*

Traducción:

Todos nosotros estamos inmersos en una historia cuyo sentido sigue siendo enigmático.

4.3.3.   *El sistema deíctico*

El *Dictionnaire de Linguistique* de J. Dubois define los deícticos como:

tout élément linguistique qui, dans un énoncé, fait référence à la situation dans laquelle cet énoncé est produit, au moment de l'énoncé: ainsi, les dé-monstratifs, les adverbes de lieu et temps, les pronoms personnels, les articles sont des déictiques; ils constituent les aspects indiciels du langage[326]

El sistema de la deixis espacial francés difiere sensiblemente del castellano. B. Pottier representa el esquema de ambas lenguas así: [327]

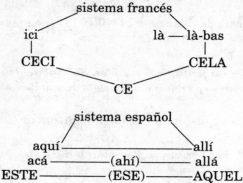

Dicho esquema pone de manifiesto que el demostrativo francés *ce* recubre el campo mostrativo español de *este*, de *ese* e incluso de *aquel*. Lo cual tiene sus consecuencias cuando se trata de traducir. Así, este texto sobre la vida en Marte:

> *Les scientifiques de la base ont mis tous les espoirs dans les lichens et les algues. Ces végétaux primitifs sont les seuls à avoir une chance de survivre. Pas question de se nourrir avec ces récoltes martiennes...*[328]

equivale a un deíctico medio entre la proximidad y el alejamiento:

> **Los científicos de la base han puesto todas las esperanzas en los líquenes y las algas. Esos vegetales primitivos son los únicos que tienen alguna posibilidad de supervivencia. No hay modo alguno de alimentarse con esas cosechas marcianas...**

Cuando el nuevo acto comunicativo que la traducción representa se realiza mucho después del momento de producción del texto, el traductor debe definir, antes de iniciar su tarea, si las nuevas funciones textuales exigen recuperar el texto tal cual o adaptarlo a la nueva situación cronológica. De escoger esta última postura, todo el sistema referencial sufrirá modificaciones:

> *En 1957 on examinait le système de freinage. Cette année, une fois par mois seulement.*

> **En 1957 se examinó el sistema de frenos. Aquel año, únicamente una vez al mes.**

Por otra parte, la nueva enunciación que es el texto traducido puede adecuar cualquier elemento deíctico cuando el nuevo enunciador modifique la perspectiva. El traductor de M. Yourcenar así lo ha creído conveniente en esta frase:

dans ces derniers temps, ce visage pâle et défait, ces yeux fixes, ce corps raidi par un effort de volonté leur rappellent Pluton.[329]

en estos últimos tiempos, mi rostro pálido y demacrado, mis ojos fijos, mi gran cuerpo rígido por un esfuerzo de voluntad les recuerdan a Plutón.[330]

Entre los morfemas deícticos se incluyen las partículas francesas *voici* y *voilà*. Se trata de formas con una cierta polisemia cuya función puede ser o bien de un simple demostrativo, o bien de un instrumento presentativo o una fórmula de realce:

Les coupables, voilà des lustres qu'on les supporte.

A los culpables hace ya tiempo que los soportamos.

La fidélité au mot, voilà le grand obstacle à la traduction.

La fidelidad a la palabra, éste es el gran obstáculo de la traducción.

Voici donc François Mitterrand au bout d'un chemin que personne ne le voyait parcourir.

Aquí tenemos pues a François Mitterrand, al final de un camino que nadie pensaba que recorrería.

Algunas de sus funciones son puramente anafóricas. Por eso este enunciado:

Trouver de cerner en quoi se singularise l'éducation et les relations sociales, voilà qui peut paraître une gageure.

podría traducirse así:

Intentar discernir las características singulares de la educación y las relaciones sociales, todo eso puede parecer un reto.

También las construcciones *c'est...que, c'est...qui* son fórmulas demostrativas utilizadas en este caso como procedimento de realce. La

gran profusión de este instrumento en francés no se corresponde con la
lengua castellana. Y muchas veces las traducciones provenientes del
francés se delatan por esta construcción. Por ejemplo, la traductora española de la obra de M. Duras *L'amant de la Chine du Nord* abusa de
este calco improcedente:

> C'est *mon père* qui *m'a donné ça. Ça s'appelle une garçonnière.*[331]

> **Es *mi padre* quien *me regaló esto. Se llama* garçonnière.**[332]

> C'est *les Blancs* qui *le disent et eux ils ne viennent jamais ici.*[333]

> **Son *los blancos* los que *lo dicen y ellos en cambio nunca vienen aquí.*[334]**

Mediante técnicas de modulación pueden conseguirse mejores resultados. Por ejemplo, muchos textos admiten la sustitución por adverbios como *precisamente*, *fundamentalmente*, etc:

> *L'agent radioactif le plus dangereux —le strontium— se fixe dans les os. Et c'est
> dans la moelle des os que se forme le sang.*

> **El agente radioactivo más peligroso —el estroncio— se fija en los huesos. Y
> precisamente *en la médula ósea tiene lugar la formación de la sangre.***

A veces basta con conservar el mismo orden en la distribución de
elementos para realzar el término situado en cabeza:

> Ce qui *est neuf, c'est que l'on prenne largement conscience du danger.*

> **La novedad es que *se tome plena consciencia del peligro.***

4.3.4. *La restitución de las preposiciones*

V. García Yebra dedica un capítulo entero de su libro *Teoría y Práctica de la Traducción* a los problemas de transferencia de estos elementos y analiza las discrepancias de uso entre varias lenguas y el español.
Ofrece también una lista de preposiciones y locuciones preposicionales
francesas y su equivalente en español, de gran utilidad para un traductor. En su estudio pone de manifiesto que, si el traductor procede secuencia a secuencia, la preposición queda diluida en el grupo nominal o
verbal del que forma parte y los calcos de la lengua de partida serán

más fáciles de evitar. Lo cual es válido tanto en la traducción de locuciones preposicionales:

par rapport à	**en relación a**
quant à	**en cuanto a**
au milieu de	**en medio de....**

como de asociaciones sintagmáticas que incluyen preposición:

un moulin à café	**molinillo de café**
compter sur quelqu'un	**contar con alguien**
s'efforcer à faire quelque chose	**esforzarse en hacer algo**
être en quête de quelque chose	**ir a la búsqueda de algo**

o de complementos preposicionales:

Un livre à moi	**mi libro**
Un outil en fer	**un instrumento de hierro**
Il est assis au fauteuil présidentiel	**está sentado en el banco presidencial**

y en todo tipo de expresiones que incluyen preposiciones:

être pour ou contre quelqu'un	**estar a favor o en contra de alguien**
Marcher sur les pas de quelqu'un	**seguir a alguien**

Pero el análisis interpretativo de las preposiciones va mucho más allá de la mera correspondencia o divergencia entre las lenguas. Factores de tipo semántico y, sobre todo, pragmático inciden en su valor. Así lo indica J. Cervoni:

> *L'effet de sens d'une préposition, dans bien des cas, résulte d'un ensemble de facteurs qui comprend, outre le signifié de langue du morphème et l'influence de son entourage verbal proche ou moins proche, des éléments de sens liés à tout ce que peuvent recouvrir les expressions «composante énonciative», «acte de langage», «situation de communication».* [335]

a lo que añade:

> *les mots typiquement «grammaticaux» que sont les prépositions relèvent d'une approche pragmatique.* [336]

En efecto, sólo el análisis pragmático puede dar cuenta de la interpretación de estos morfemas gramaticales y deshacer ambigüedades preposicionales como ésta:

> *Il s'est suicidé* au *café.*[337]

que admite como traducciones:

> *Se suicidó* con *café.*
> *Se suicidó* en el *café.*

Y es un instrumento válido para analizar la diferencia preposicional de segmentos como éste:

> *Nous avions des brosses à dents. Maintenant il y a Byoseptyl, la brosse* des *dents.* [338]

4.4. Las restituciones grafémicas

4.4.1. La puntuación

Los elementos gráficos, tales como la puntuación, tienen también su reflejo semántico. R. Larose indica la diferencia existente entre «la rue de Rivoli», que designa una calle de París, y «la Rue de Rivoli», procedimiento metonímico para representar el Ministerio de Economía francés.

Por otra parte, a nivel de las simples convenciones de escritura, el español y el francés presentan ciertas divergencias en la utilización de los signos de puntuación. Las más destacables son las siguientes:

• Empleo de las comas.

La lengua francesa presenta una mayor densidad de comas que el castellano, debido fundamentalmente a la tendencia francesa a utilizar anteposiciones e incisos.[339]

En castellano,[340] las comas pueden sustituirse, si el traductor lo juzga necesario, por:

• la conjunción *y* cuando la coma separa los dos últimos términos de una enumeración.

• la ausencia de marcas de puntuación cuando la coma se sitúa ante un complemento circunstancial.

• un punto y coma o un punto en francés si la coma separa dos oraciones independientes.

Ejemplo:

> *Renault partit d'abord seul au combat, sous le sourire ironique des Anglais qui, très vite, surnommèrent la voiture française la «théière jaune». La «théière» fumait beaucoup, en effet, parce que ses ingénieurs mettaient au point la technique révolutionnaire du moteur turbocompressé. Bientôt, ce moteur ne fit plus sourire à personne, et toutes les écuries importantes durent même s'y mettre à leur tour.*

Traducción:

> **Primero Renault salió a luchar en solitario ante la sonrisa irónica de los ingleses, que enseguida pusieron al automóvil francés el mote de «la tetera amarilla». La «tetera» sacaba realmente mucho humo porque sus ingenieros estaban perfilando la revolucionaria técnica del motor turbocomprimido. Pero pronto el motor dejó de provocar sonrisas y todas las escuderías importantes tuvieron que incorporarlo.**

• Los dos puntos.

Tal como indica M. Charlot, los dos puntos tienen en francés una multiplicidad de funciones:

> *ils annoncent le discours direct, introduisent une citation, annoncent une énumération, une explication, une conclusion, expriment une conséquence, une synthèse, et préparent la chute de la phrase.*[341]

Su función en castellano es bastante menos operativa por lo que deben remplazarse con frecuencia por comas, punto y coma, punto, por una oración sustantiva e incluso por la explicitación de un conector argumentativo. Ejemplo:

> *Aucun doute: le requin coule ses derniers jours heureux.*

> **No hay duda de que el tiburón está viviendo sus últimos días felices.**

> *Un billet de 200 francs est prêt à l'imprimerie de la Banque de France. Ce qui doublerait la capacité des distributeurs automatiques: un titulaire de carte pourrait alors retirer neuf billets de 200 Francs tous les sept jours.*

> *Un billete de 200 está ya preparado en la Imprenta del Banco de Francia.*
> *Con lo cual se duplicaría la capacidad de los cajeros automáticos, pues el*
> *titular de un tarjeta podría entonces retirar, cada siete días, nueve bille-*
> *tes de 200 francos.*

> *Miracle vraiment? Non: spectacle désormais banal.*

> *¿Se trata realmente de un milagro? No. Más bien de un espectáculo que ya*
> *se ha hecho habitual.*

Nuevamente, las exigencias normativas de la lengua de llegada y
las necesidades expresivas del texto que se está elaborando, no del todo
coincidentes, establecen los parámetros de restitución de cualquier signo de puntuación. Por ejemplo, la presencia de un punto que divide el
segmento en dos párrafos distintos puede responder a una intención
del locutor y sería entonces un error proceder a la supresión de este
punto o a la transformación de elementos conectores en esta posición.
Existen ciertas diferencias entre:

> *JO de Barcelone et Expo de Séville avaient mis la Péninsule en état d'eu-*
> *phorie. Mais l'heure des comptes a sonné.*

y

> *JO de Barcelone et Expo de Séville avaient mis la Péninsule en état d'eu-*
> *phorie mais l'heure des comptes a sonné.*

Con el signo de puntuación, el movimento discursivo es más amplio y
complejo y se ha modificado la jerarquía argumentativa, pues en este
caso es el contra-argumento el que adquiere el rango de argumento
principal.
    Si todo texto está construido en función de una serie de regulaciones
—las propias del sistema lingüístico y las de índole textual y pragmático—, el traductor que no respeta esta exigencias textuales, que no
distingue entre las anormalidades gramaticales y las comunicativas,
contribuye a dar razón a quienes aseguran que un texto traducido es
siempre más pobre que el original.

4.4.2. *Mayúsculas y minúsculas*

Tampoco el uso de las mayúsculas es paralelo en las dos lenguas.
Entre las divergencias se cuentan: [342]

Los sustantivos referidos a nacionalidades utilizan mayúscula en francés y minúscula en castellano:

Les Français et les Espagnols

franceses y españoles

En las designaciones históricas y políticas, el francés solamente utiliza la mayúscula en el sustantivo. El castellano también la presenta en el adjetivo:

Jeux olympiques d'hiver	**Juegos Olímpicos de Invierno**
le Marché commun	**el Mercado Común**
L'Union soviétique	**la Unión Soviética**
Le Parlement européen	**El Parlamento Europeo**
Agence européenne en matière	**Agencia Europea del Medio**
d'environnement	**Ambiente**

Los tratamientos llevan mayúscula en castellano, no en francés:

Le président Delors	**El Presidente Delors**
le ministre d'affaires	**el Ministro de Asuntos**
étrangères	**Exteriores**

Las leyes, reglamentos, decretos, resoluciones determinadas van en mayúscula en castellano:

la directive 91/692/CEE	**la Directiva 91/692/CEE**

Otras divergencias corresponden más bien a las exigencias de una unidad textual particular que a normas sistemáticas.

Capítulo quinto

La revisión del resultado y últimas consideraciones

5.1. La revisión del resultado

Una vez reconstituido el texto en la lengua de llegada queda aún una última fase importante. Con el fin de detectar las ganancias y pérdidas, que inevitablemente se producen en el trasvase lingüístico, y establecer posibles compensaciones, es necesario proceder a una comparación, a todos los niveles, entre el texto original y el producto traducido. Esta revisión, al igual que el proceso de descodificación y recodificación, se lleva a cabo a distintos niveles.

J. Darbelnet, en «Niveaux de la traduction» [343] plantea en forma de preguntas los parámetros que considera relevantes para proceder a la revisión de una traducción de tipo generalista:

1.   *Le sens est-il exact, globalement et organiquement?*
2.   *La langue d'arrivée est-elle idiomatique et astreinte à la propriété des termes?*
3.   *La tonalité est-elle respectée?*
4.   *Les différences de culture sont-elles observées?*
5.   *Les allusions littéraires et folkloriques sont-elles traites judicieusement?*
6.   *Est-il tenu compte des intentions de l'auteur qui ne s'extériorisent pas dans le discours?*
7.   *La traduction est-elle adaptée à son destinataire?*

E. Nida y Ch. Taber [344], por su parte, establecen los errores fundamentales según los siguientes criterios:

Mala traducción: se ha respetado la forma sintáctica y morfológica de las palabras en detrimento del sentido.

Buena traducción: Se ha reestructurado la forma para preservar el mismo sentido.

Mala traducción: Se han añadido o suprimido fragmentos del mensaje original.

La revisión es un movimiento retroactivo que obliga a valorar el texto de partida por un lado y la nueva situación comunicativa del texto de llegada por otro.

Juliane House [345] establece dos categorías de traducciones en función de los resultados:

- *overt translation* es la traducción que, por la presencia de ciertas piezas desencajadas o forzadas, hace sospechar que se trata de una traducción.

- *covert translation* es el texto traducido, perfectamente coherente, que funciona como un texto original.

A nivel de *comprensión textual,* los parámetros de revisión se establecen del modo siguiente:

a) Penetración en el nivel peritextual:

- Reconocimiento y valoración de la función y tipología textuales: estrategias compensatorias.

- Reconocimiento y valoración del aparato enunciativo (relaciones emisor/receptor).

- Reconocimiento y evaluación de las intenciones del autor (valoración de carga irónica, enfatización adecuada, intención polémica, estilo individual).

- Interpretación de la carga implícita: reconocimiento de presuposiciones y sobre-entendidos.

- Interpretación de los «universos de creencias» de los enunciadores.

- Reconocimiento y valoración del marco cultural del texto de partida.

- Reconocimiento y valoración de la distancia cultural.

b) Penetración en el nivel macrotextual:

- Reconocimiento y valoración de los registros de lengua utilizados.

- Reconocimiento y valoración de la carga connotativa (afectiva, peyorativa, infantil, etc...).

- Reconocimiento y valoración de la organización argumentativa y narrativa (conectores, anáforas y catáforas, repeticiones, etc.).

- Fidelidad a la conexión de elementos temáticos y remáticos y progresión textual.
- Conocimiento y comprensión del tema del texto de partida.
- Fidelidad a otras marcas pragmáticas: interjecciones, marcas volitivas...
- Fidelidad a la trayectoria argumentativa.
- Reconocimiento y valoración de la temporalidad.

c) Penetración en el nivel microtextual:

- Reconocimiento y valoración de los elementos semánticos clave.
- Conocimiento del léxico utilizado.
- Valoración de la fraseología y del contenido idiomático.
- Reconocimiento y valoración de las características morfosintácticas.
- Reconocimiento y valoración (si ha lugar) de la carga fónica y la oralidad.

Estos parámetros de comprensión deben reflejarse, a nivel de la *reconstitución del texto* en los siguientes factores:

Una adecuación de la carga pragmática funcional de la unidad textual global:

- Adecuación de la función textual.
- Adecuación de las intenciones del autor a la nueva situación de comunicación: explicitaciones e implicitaciones.
- Adecuación del marco cultural a la nueva situación: adaptaciones, ganancias y pérdidas.
- Evaluación de la explicitación de elementos culturales opacos para el nuevo lector.
- Adecuación al nuevo momento en que se produce la traducción.
- Adecuación al lugar en el que se desarrolla el nuevo acto comunicativo.

- Adecuación a las necesidades y exigencias del cliente de la traducción.

  Una correcta aplicación de las técnicas traductoras:

- Utilización de modulaciones y transposiciones.
- Aplicación de mecanismos amplificadores.
- Aplicación de mecanismos sintéticos.
- Detección de omisiones.
- Reorganización y reconstrucción correctas.
- Detección de *non-sens* [346] (segmentos incoherentes).
- Detección de *contre-sens* (errores por faltas de conocimiento del original).
- Detección de *faux sens* (deficiencias en la utilización de términos)
- Detección de errores de *sur-traduction* (segmentos innecesariamente expandidos que modifican la forma o el contenido del original).
- Correcta utilización de tiempo, aspecto y voz verbales.
- Precisión léxica: hallazgo de los términos adecuados.
- Adecuación a la isotopía textual.
- Correcta utilización de reglas de formación de neologismos.
- Correcta utilización de préstamos y calcos.
- Detección de barbarismos.
- Detección de *falsos amigos*.
- Detección de ambigüedades léxicas.
- Utilización de terminología específica apropiada.
- Dominio de expresiones idiomáticas y alusiones culturales:
- Uso apropiado de refranes, proverbios.
- Adecuación de metáforas y metonimias.
- Adecuación de referencias culturales.
- Adecuación de chistes, juegos de palabras, fragmentos de poemas, canciones...

- Apoyos explicativos adecuados: notas y glosas de traductor, segmentos explicativos intercalados...

- Recursos estilísticos adecuados.

- Valoración de ganancias y pérdidas estilísticas

- Aplicación de técnicas estilísticas compensatorias.

- Correcta utilización de diccionarios.

Una adecuación, para acabar, a la normativa de la lengua de llegada en cuanto a la correcta utilización de la normativa morfosintáctica y de factores grafémicos tales como ortografía, puntuación...

Este listado de errores teóricos no puede hacernos olvidar que el texto traducido es un producto con una finalidad determinada. Cada texto, enmarcado en las circunstancias concretas que han motivado su transferencia, da lugar a unas estrategias traductoras concretas y determina decisiones y soluciones. De todo ello es imposible hacer referencia en abstracto. Pero es evidente que la mayor o menor gravedad de un error dependerá de su falta de adecuación a la función que el texto tiene encomendada.

5.2. Las ayudas del traductor: los diccionarios

A lo largo de esta reflexión sobre el proceso traductor hemos dejado de lado la referencia a un tipo de documentos imprescindibles: los diccionarios.

Un traductor debe saber *cómo* usar un diccionario, *cuándo* y *para qué*. Ello incluye una familiarización con los distintos tipos de diccionarios, con el modo cómo se organizan las entradas de los mismos y las distintas estrategias para buscar en sus páginas las lexias simples y complejas.

La clave del buen uso de estos instrumentos reside fundamentalmente en utilizarlos en el momento oportuno. Cada una de las fases translatorias requiere un tipo determinado de estas fuentes documentales que, básicamente, se dividen en:

- diccionarios monolingües
- diccionarios bilingües
- fuentes de documentación más extensas: enciclopedias, léxicos especializados...

Su utilización debería ser siempre posterior a la etapa de análisis e interpretación textual. La finalidad de esta etapa, como ya vimos, consiste en reconocer y desglosar las distintas piezas que componen el edificio textual, penetrar en su fuerza comunicativa, desentrañar las intenciones ocultas y la semanticidad global que impregna todo el conjunto. Para realizar esta tarea el diccionario no es una ayuda sino todo lo contrario. Acudiendo inmediatamente a él se corre el riesgo de caer en la literalidad, de buscar equivalencias a nivel de los significantes y no a nivel del sentido completo que vehicula una unidad de comunicación. Al revés de lo que exige una actuación correcta, la consulta precipitada del diccionario puede favorecer equivalencias semánticas inapropiadas e incoherentes pues el traductor cae en la tentación de escuchar más al diccionario que al propio texto.

La consulta al diccionario sólo puede realizarse sabiendo qué tipo de información se está buscando y cuáles son las exigencias impuestas por el texto.

Este tipo de consultas se desglosan, en función de los objetivos, en dos grandes grupos:

A) Si se pretende delimitar el alcance del término y desentrañar todas las designaciones que puede abarcar, los diccionarios monolingües y las obras enciclopédicas en la lengua de partida son los instrumentos más adecuados.

B) La etapa de restitución tiene como finalidad construir un texto en castellano correcto. Ello exigirá el uso de diccionarios bilingües, para descifrar las equivalencias en la lengua de llegada y también de diccionarios monolingües castellanos, en donde comprobar las acepciones correctas, el régimen preposicional, el complemento apropiado a un determinado verbo o incluso, en ciertos casos, la grafía.

En cuanto a la fase de revisión, juntamente con una nueva comprobación en el diccionario bilingüe de algunas dudas semánticas, requiere además el uso de una nueva fuente documental: el diccionario de sinónimos que, tal como indica Roda P. Roberts,[347] ayudará a dar con el matiz preciso y el registro apropiado.

El uso de los diccionarios no se limita, claro está, al uso de docu-

mentos escritos. Cada vez son más numerosas las fuentes en CD-
ROM [348] que permiten una consulta mucho más rápida y cuya información tiene la ventaja de actualizarse regularmente. También el acceso a
bancos de datos terminológicos es una ayuda inapreciable para el traductor que, en su futura profesión, dispondrá de medios de consulta
cada vez más sofisticados.

En este aspecto merece ser señalado el gran banco de datos de la
Comunidad Europea que recibe el nombre de EURODICAUTOM. Creado en 1973, es un instrumento de trabajo plurilingüe que cuenta actualmente con 582.000 conceptos. La claridad de su estructuración y la
facilidad de utilización lo convierten en un banco de datos utilísimo
para cualquier traductor. Cada entrada contiene la voz seguida de la
definición, indicación de la fuente, código de materias y otras informa-
ciones complementarias. El soporte lógico de EURODICAUTOM está
instalado en el Centro de Cálculo en Luxemburgo y cualquier usuario
puede tener acceso al mismo conectándose a ECHO (European Commission Host Organisation) a través de las redes públicas de datos.

Conclusión

> *El asunto de la traducción, a poco que lo persigamos, nos lleva hasta los arcanos más recónditos del maravilloso fenómeno del habla.*[349]

La *metodología y práctica* de todo oficio pretende, como fin último, la adquisición de unas técnicas que permitan realizarlo con destreza, a través de dos vías entre sí complementarias: por un lado, una práctica constante, diversificada y progresiva de las diversas facetas del mismo; por otro, una reflexión continuada en torno a las pautas necesarias para que dicha práctica se lleve a cabo ordenadamente y con unos resultados fiables.

Trasladando esta idea general al oficio del traductor, podemos señalar que la base fundamental del mismo se centra en una destreza especial para llevar a cabo una toma continua de decisiones que deben fundamentarse, por un lado, en las pautas señaladas por la Ciencia de la Traducción, y por otro, en un análisis textual que permita extraer del mensaje objeto de transferencia los factores más característicos.

Dichos factores son de orden macro y microtextuales y su extracción se lleva a cabo mediante una serie de etapas que, para concluir, podrían resumirse de este modo:

• desmontar las diversas piezas que componen el mecanismo textual, procediendo a un análisis del alcance semántico e intencional de cada una de ellas y valorando su papel en todo el conjunto.

• aplicar diversos mecanismos interpretativos de tipo pragmático-semántico, examinando la posición de quienes concurrían al primitivo acto de enunciación.

• aplicar unas técnicas de coherencia y funcionalidad para recomponer el nuevo mecanismo en la lengua de llegada.

• valorar el alcance del nuevo producto según las nuevas circunstancias de comunicación y la funcionalidad concreta del nuevo mecanismo textual.

• luchar contra la elaboración de un producto vago e impreciso mediante una revisión detallada de cada uno de los pasos realizados.

Antes de finalizar, es necesario volver a indicar que las diversas etapas de *análisis — interpretación — restitución — revisión* aquí expuestas se entienden como un todo continuo que no puede fragmentarse y así debe plantearse desde la primera fase del aprendizaje. La verdadera progresión de éste la establece la dificultad de los problemas planteados.

En cualquier caso, el aprendizaje de la traducción no se reduce a una parte de técnica, una buena dosis de práctica y un cierto apoyo teórico. Esto, con ser importante, sería a todas luces insuficiente. La actividad translatoria es un acto creativo que lleva consigo la manipulación simultánea de dos lenguas, de dos culturas, de dos sistemas diferentes de expresión, por lo que requiere una serie de capacidades intelectuales de género diverso.

Un traductor debe poseer un espíritu de curiosidad permanente que le lleve a interesarse por todo tipo de temas y a ampliar continuamente su cultura.

Debe mostrar una aptitud al razonamiento y la lógica verbal que le dé acceso al intrincado laberinto de los signos de la lengua.

Necesita una cierta intuición y una madurez suficiente para comprender las verdaderas intenciones del mensaje y llegar más allá de lo expresado por las palabras.

Y también un espíritu de rigor que puntualice con precisión el alcance de cada signo, sin exceder ni limitar sus acepciones.

Pero ello ya nos lleva mucho más lejos del terreno abarcado por la Ciencia Lingüística para adentrarnos en el campo, mucho más vasto y difuso, del razonamiento, la intuición, la imaginación....

No en vano, en la cita antes expuesta, José Ortega y Gasset relacionaba el proceso con «los arcanos más recónditos del maravilloso fenómeno que es el habla...».

En la misma línea, Gadamer señala:

> *El proceso de traducir abarca todo el secreto de la comprensión del mundo y de la comunicación de los seres humanos.*[350]

Por ello, para llevar a feliz término esta tarea, forzosamente se requiere:

• saber escuchar.

• saber leer.

- saber interpretar con fidelidad.

- para luego poder restituir con una expresividad adecuaaa.

Sólo partiendo de estas bases es posible tender con éxito el puente de unión entre dos mensajes, dos lenguas, dos culturas, dos comunidades, en este acto conjunto de comprensión y comunicación.

La práctica de los textos

Parallèle

Une constatation, une prévision.

Les Etats-Unis, quinze ans après le début de la grande crise, retrouvent presque le plein-emploi, c'est-à-dire à peine plus de 5 % de chômeurs. Au cours des six premiers mois de l'année, 1 800 000 postes salariés ont été créés.

La France risque, en l'an 2000, d'atteindre —seule en Europe— un douloureux record: 15,9 % de sans-emploi. Pour, à la même époque, des chiffres comparables aux résultats américains en Allemagne fédérale et en Grande-Bretagne.

On s'interrogera doctement sur la nature de ces nouveaux jobs, plutôt précaires, qui éclosent, outre-Atlantique, dans le secteur des services. En oubliant que la durée moyenne du chômage y est tombée à moins de six semaines —pour un an, en France. Et que l'industrie américaine génère, aussi, des emplois.

Un parallèle résume la situation. Alors qu'un point de croissance économique déclenche, aux Etats-Unis, presque un point de croissance de l'emploi, il faut, en France, pour parvenir au même impact social, un triple effort de développement économique.

Pour expliquer ce décalage, un argument est souvent avancé: la productivité, aux Etats-Unis, augmente moins vite que dans l'ensemble de l'Europe. Exact, mais insuffisant.

Deux autres raisons méritent une grande attention:
1. Ce sont les petites et les moyennes entreprises qui, en matière d'emploi, «font la différence». La France en prend lentement conscience, et les efforts de Pierre Bérégovoy en leur faveur, dans le secteur du crédit, doivent être salués.
2. Même si la flexibilité du marché du travail aboutit, aux Etats-Unis, à des excès que républicains et démocrates entendent tempérer, les habitudes, les pesanteurs, les contraintes devraient, ici, être combattues, allégées, desserrées. Et non l'inverse.

Yann de L'Ecotais
L'Express, 22 Juillet 1988

Paralelismo

Una constatación, una previsión [1]:

Los Estados Unidos, quince años después del comienzo de la crisis del petróleo [2] han recuperado prácticamente el pleno empleo, es decir, un índice de paro apenas superior al 5%.[3] En el curso de los seis primeros meses del año se han creado [4] 1.800.000 puestos de trabajo.

Francia, en cambio,[5] corre el riesgo, en el año 2.000, de alcanzar —y es el único país europeo [6]— un doloroso record: un [7] 15,9% de parados. Mientras que,[8] en la misma época, Alemania Federal y Gran Bretaña obtendrán [9] cifras comparables a las de Estados Unidos.

El lector [10] se preguntará, con razón,[11] la naturaleza de estos nuevos puestos de trabajo, más bien precarios, que surgen, en Estados Unidos, en el sector de servicios. Sin tener en cuenta que la duración media del paro ha descendido a menos de seis semanas, frente al año en Francia, y [12] que además la industria americana genera también empleos.

Un paralelismo resume la situación. Mientras que, en Estados Unidos,[13] un punto de crecimiento económico produce casi un punto de crecimiento del empleo, en Francia, es necesario un triple esfuerzo de desarrollo económico para alcanzar el mismo impacto social.

Para explicar esta diferencia se suele [14] alegar [15] un argumento: la productividad, en Estados Unidos, aumenta menos rápidamente que en el conjunto de Europa. Exacto pero insuficiente.

Otras dos razones deben tenerse también muy en cuenta:

1. Son precisamente las pequeñas y medianas empresas las que se «desmarcan»[16] en materia de empleo. Francia toma lentamente consciencia y hay que celebrar [17] los esfuerzos del ministro [18] Pierre Bérégovoy en el sector crediticio en beneficio de estas empresas.[19]

2. Aunque la flexibilidad del mercado laboral [20] conduzca en Estados Unidos a excesos que republicanos y demócratas saben que deben mitigar, las costumbres, rigideces, coacciones deberían también en Francia [21] atacarse, suavizarse y suprimirse. Y no al contrario.

YANN DE L'ECOTAIS
L'Express, 22 de julio 1988

Notas

1. El texto se inicia con estos dos términos —*constatación y previsión*— *que son el resumen de todo lo que se dirá a continuación. El francés admite mejor estas frases independientes desprovistas de verbo* (ver apartado 3.2.4.3.1.).Un modo de evitar la extrañeza que en castellano produce el empezar por un segmento nominal aislado, sería recuperar la función pragmática de introducción que está ejerciendo en el texto. La modificación de puntuación *(4.4.1)* —dos puntos en vez de un punto y aparte— sirve para recoger esta función introductoria al tiempo que evita el carácter aislado del segmento, con lo que no se hace tan imperiosa la presencia de un verbo.

2. Se trata de reconstruir un texto que resulte inteligible y familiar al lector *(3.1.3.)*. En este sentido, es posible recuperar la referencia a la *gran crisis* mediante una denominación más explícita y que corresponde al modo habitual de designar la crisis de 1972 en textos españoles: *la crisis del petróleo (3.3.3.).*

3. Existen evidentemente distintas modulaciones para reformular esta idea, partiendo de la más literal que sería: *apenas algo más de un 5 % de parados. (4.1.2.).*

4. La tendencia a construcciones pasivas es mayor en francés que en castellano. Se consigue una construcción española más ágil mediante una pasiva refleja *(3.2.4.3.5)*.

5. Es evidente que la explicitación de conectores no es en modo alguno obligatoria. Sin embargo, la clara oposición que el texto está planteando entre Estados Unidos y Francia puede dar pie a una formulación verbal de dicha oposición que estructura el texto de un modo más manifiesto *(3.2.3)*.

6. La construcción literal —*la única en Europa*— es problemática. Puede utilizarse un procedimiento amplificatorio para formular la idea de un modo algo más explícito *(4.1.3.1)*.

7. No debe olvidarse que la expresión de porcentajes va en castellano acompañada de un artículo *(4.3.2)*.

8. La traducción debe utilizar un conector cuya función opositiva equivalga a la de *pour* en el texto francés *(3.2.3)*.

9. La explicitación del verbo ayuda a construir esta frase en castellano *(3.2.4.3.1)*.

10. *On* es un pronombre polivalente. Entre sus múltiples funciones se encuentra la de recuperar en tercera persona a un hipotético lector/interlocutor al que el texto está interpelando *(3.1.3)*.

11. La transferencia de adjetivos, adverbios y locuciones adverbiales no siempre resulta familiar al nuevo lector si se lleva a cabo con una literalidad total. *Con razón*, equivalente a *doctement* en este contexto, se integra mejor en el texto español *(4.1.1.1)*.

12. La puntuación puede modificarse. Se evita así iniciar la frase mediante el conector *y*, hecho poco habitual en castellano *(4.4.1 y 3.2.3)*.

13. La tendencia del castellano a anteponer segmentos circunstanciales sirve, en este caso, para construir una frase simétrica que establece el paralelismo con Francia: *Mientras que en Estados Unidos..., en Francia... (4.3.1)*.

14. Las perífrasis verbales españolas pueden recoger el matiz de acción habitual vehiculado por el adverbio francés *souvent (3.2.4.3.4)*.

15. La traducción literal sería *avanzar un argumento*. Pero la lexia compleja puede recuperarse mediante la fórmula fraseológica *alegar un argumento* que resulta mucho más familiar al lector de la traducción *(3.3.1)*.

16. La equivalencia literal no resulta familiar en castellano. El *Dictionnaire des Expressions et Locutions* («Les usuels du Robert» —Dictionnaires Le Robert—) define esta expresión así: «Créer un écart favorable, se démarquer par rapport à des concurrents». Y añade «jargon journalistique franglais, calque de l'anglais, dans un sens inconnu en français où *faire la différence* signifie «établir ce qui diffère entre...». Pero el estilo periodístico español no ha importado el calco. Evitando el préstamo inapropiado debe buscarse una correspondencia castellana *(3.3.1)*.

17. La lexia compleja *saludar los esfuerzos* no puede adecuarse al castellano. Hay que recoger de otro modo la actitud positiva de Bérégovoy frente a la búsqueda de soluciones *(3.3.1)*.

18. En la época de redacción del texto, Bérégovoy era ministro de trabajo. Este hecho, importante desde el punto de vista informativo y evidente para un lector francés, puede pasar desapercibido para un lector español. La traducción puede pues permitirse esta explicitación *(3.1.2)*.

19. El carácter anafórico de *leur* puede también recuperarse mediante la sustitución por el elemento antecedente *(3.2.4.1)*.

20. Una adecuación léxica al castellano permite la sustitución de *mercado de trabajo* por la fórmula habitual *mercado laboral (3.3.1)*.

21. El deíctico textual *ici* recuperaría en castellano una realidad bien distinta. Como se trata de trasladar al lector al marco referencia francés se produce un cambio en la situación enunciativa que fuerza a la explicitación *(3.1.3)*.

La femme quota?

Les élections cantonales n'ont pas suscité la passion. Désastre civique? Comment réhabiliter la politique, revaloriser la démocratie? Au chevet de la passion politique, le mal paraît si grave et les mots pour le dire si grands qu'on préférera en scruter un symptome réputé mineur. Une fois de plus, force est de constater que, si la France est (sexuellement, du moins) mixte, sa démocratie ne l'est pas. La femme vote, mais ne gouverne ni ne représente. Ce mal mineur est-il donc sans rapport avec les défaillances de la passion politique et, donc, démocratique?

La société politique a beau jeu de renvoyer le dossier des causes à la société civile. Assurant le double emploi, familial et professionnel, de son temps, la femme n'a pas celui des responsabilités politiques. Epanouies et surmenées, les femmes, en majorité, déclinent l'honneur. Raisonnable ou résigné, c'est leur choix. Soit...

Restent pourtant celles que le goût et le courage mènent à entrer en politique. Ces survivantes de la société civile pourraient croire la voie d'autant plus libre que l'autosélection a été sévère. Mais le poste de responsabilité est virilement «réservé» et, lors de chaque scrutin, l'appareil évalue à sa manière la «rentabilité» des candidatures feminines. Les chiffres des cantonales confirment les difficultés du parcours. Leur ventilation par clivages politiques réserve encore quelques surprises: 8,9 % de candidatures féminines au PS, qui fait à peine mieux que la droite dite traditionnelle (6 %) et beaucoup moins bien (au pays des aveugles...) que le PC (14 %) et le FN (16,6 %)...

Archaïsme des structures partisanes, hypocrisie d'une certaine société politique. L'exaspération est telle que certains milieux suggèrent d'imposer la technique du quota. Si, en Allemagne, le SPD vient de décider d'attribuer progressivement, d'ici à 1994, au moins 40 % des postes et mandats à des femmes, le PS ne peut pas même respecter celui des 20 % auquel il s'est mollement engagé. La suggestion d'un quota législatif est peu susceptible de recevoir une traduction juridique. Viril, mais toutefois sage, le Conseil constitutionnel s'y est opposé en 1982 pour les listes municipales. Soit. En démocratie, le droit politique doit conserver son «intention» d'universalité et rester allergique au traitement des différences par une discrimination, si justifiée soit-elle «en fait». Toutefois, rien n'interdit d'explorer d'autres voies. Le principe de l'«égale admissibilité

aux emplois publics sans autre distinction que celle des vertus et des ta-
lents» ne s'oppose pas à l'adoption de mesures destinées à le rendre plus
concretement effectif. Pourvu qu'au réflexe autoritaire porteur de discri-
minations négatives on substitue une mesure incitative destinée à en-
courager les entreprises politiques qui donneraient «l'exemple» démo-
cratique. La morale, politique ou pas, n'a rien à gagner à l'instauration
autoritaire de pourcentages. En revanche, elle n'a rien à perdre à ce que
des femmes «politiques» constituent une cellule d'urgence, à l'Assemblée
nationale ou ailleurs, pour proposer, entre autres choses, de nouvelles
techniques de financement des partis politiques. Elles contribueraient
ainsi doublement à la revalorisation de leur métier...

EVELYNE PISIER
L'Express, 14 Octubre 1988

La mujer cupo [1]

Las elecciones cantonales [2] no han suscitado pasiones.[3] ¿Se trata de [4] un desastre cívico? ¿Cómo se puede rehabilitar la política, revalorizar la democracia? Ante la agonía [5] de la pasión política, el mal parece tan grave y las palabras para designarlo tan grandes que se prefiere anali- zar un síntoma considerado menor. Una vez más es forzoso constatar que, si Francia es mixta (por lo menos sexualmente), su democracia no lo es. La mujer vota, pero no gobierna ni representa. Así pues,[6] ¿existe alguna relación entre este mal menor y la crisis [7] de pasión política y, por consiguiente, democrática?

La sociedad [8] política saldrá ganando si hace culpable [9] de todas es- tas acusaciones a la sociedad civil. La mujer,[10] cubriendo un doble em- pleo, familiar y profesional, no posee tiempo [11] para destinar a las res- ponsabilidades políticas. Las mujeres, realizadas y agotadas, declinan en su mayoría este honor. Razonable o resignado, éste es su deseo. Y bien está.[12]

No obstante [13] hay aún algunas con vocación y valentía para entrar en política. Estas supervivientes de la sociedad civil podrían creer que esta severa autoselección les ha dejado el camino aún más libre.[14] Pero los puestos de responsabilidad se «reservan» al género masculino y, después de cada comicio,[15] el aparato evalúa a su manera la «rentabili- dad» de las candidaturas femeninas. Las cifras de las elecciones canto- nales confirman la dificultad de la empresa.[16] El análisis por agrupaciones políticas nos reserva aún algunas sorpresas más: un 8,9 de candidaturas femeninas en el Partido Socialista Francés,[17] un resultado [18] apenas mejor que el de la derecha denominada tradicional (6%) y mucho peor (en país de ciegos....) que el del Partido Comunista (14%) y el del Frente Nacional (16,6%)...

Las estructuras de los partidos son arcaicas, la hipocresía reina entre una cierta sociedad política.[19] La exasperación por todo ello [20] es tal que en ciertas esferas se sugiere imponer la técnica del cupo. En Alemania, el SPD acaba de decidir que atribuirá progresivamente, hasta 1994, un mínimo del 40% de los puestos y cargos a las mujeres, mientras que [21] el Partido Socialista Francés no puede siquiera respetar el 20% al que se ha comprometido sin convicción.[22] La sugerencia de un cupo legislativo tiene pocas posibilidades de recibir una traducción jurídica. El Consejo Constitucional,[23] exclusivamente masculino pero sensato,[24] se opuso en 1982 en lo que respecta a las listas municipales. Bien hecho.[25] En democracia, el derecho político debe mantener su «intención» de universalidad y mostrarse alérgico al tratamiento de las diferencias producidas por una discriminación por muy justificada que esté «de hecho». Sin embargo, nada impide explorar otras vías. El principio de «igualdad en la admisión a la función pública [26] sin otra distinción que la capacidad [27] o el talento» no se opone a la adopción de medidas destinadas a concretarlo de modo más eficaz.[28] Siempre y cuando en vez del reflejo autoritario causante de discriminaciones negativas se aplique una medida que lleve a las empresas políticas a dar ejemplo democrático. La moral, se trate o no de política,[29] no gana nada con la instauración autoritaria de porcentajes. Por el contrario, no pierde nada por el hecho de que las mujeres «políticas», en el Parlamento [30] o en cualquier otro lugar, constituyan una célula de urgencia para proponer, entre otras cosas, nuevas técnicas de financiación de los partidos políticos. De este modo contribuirían, por partida doble, a su revalorización profesional...

EVELYNE PISIER
L'Express, 14 de octubre 1988

Notas

1. El mecanismo de atribuir un determinado porcentaje de representación femenina es común a Francia y España. En nuestro país se habla también de *cupo* femenino *(3.3.1).*

2. Posiblemente el traductor debería recurrir a la nota explicativa para indicar que dichos comicios corresponden a la elección de los *consejeros generales*

que representan a cada una de las circunscripciones cantonales francesas
(2.2.2).

  * 3. Recuérdese la facultad del traductor de convertir singulares genéricos
en plurales si el texto español así lo requiere *(4.1.1)*.

4. Nuevamente un segmento sin verbo en el texto de partida puede recuperarse mediante la explicitación del mismo *(3.2.4.3.1)*.

5. La traducción, ante la imposibilidad de utilizar la misma metáfora pues
resulta confusa en el texto de llegada —*ante la cabecera de la pasión política*—, puede intensificar algo más la intencionalidad del original. Consigue así
una construcción que se adecúa a las necesidades textuales, pues el campo semántico de la enfermedad está impregnando todo este párrafo: *le mal, symptô-
me, défaillances... (3.3.6.2)*.

6. El conector, intercalado en el segmento interrogativo en el texto original, puede avanzarse en la traducción para conseguir un enlace más patente
entre los dos enunciados *(3.2.3)*.

7. *Défaillances* recubre un amplio espacio referido a la enfermedad. El término *crisis*, que etimológicamente corresponde al mismo campo semántico,
permite la formación de la lexia compleja —*la crisis de la pasión política*— que
parece más adecuada que otras acepciones. (Sería imposible, por ejemplo, utilizar la fórmula más literal de *la carencia de pasión política*) *(3.3.1)*.

8. Es cierto que hablar de «sociedad política» es poco habitual en castellano. Se podría pensar en sustituirla por *la clase política* pero la frase establece
una clara oposición entre *sociedad política* y *sociedad civil* que obliga al traductor a mantenerla. *(3.2.5.3)*.

9. *Hacer culpable* es una síntesis del valor real de la expresión *renvoyer le
dossier des causes*. La traducción literal, *devolver el informe de las causas,* es
confusa *(4.1.3.2)*.

10. Cambio de organización de los elementos. Adelantar el sujeto y no iniciar la frase por la oración de gerundio parece ser una construcción más habitual en castellano *(4.3.1)*.

11. Pequeña desviación del sentido del original que dice literalmente: *Acudiendo al doble empleo de su tiempo, la mujer no posee «el de» las responsabilidades
políticas*. Trasladar el vocablo *tiempo* a la segunda frase evita, mediante la expli-
tación de la anáfora, la torpeza de la construcción en castellano *(4.3.1 y 3.2.4.1)*.

12. Elemento polifónico. La autora, que pretende ser una narradora objeti-
va, asume de modo más directo este elemento de tipo valorativo para mostrar
su acuerdo. El traductor debe recuperar la función pragmática del modo más
adecuado *(3.1.3)*.

13. Es muy importante valorar el cambio de trayectoria que el conector
pourtant introduce. A partir de aquí la argumentación deja de buscar razones
que justifiquen la falta de participación política femenina para analizar la actitud de las mujeres activas políticamente *(3.2.3)*.

14. La traducción del conector *d'autant plus*, obliga a la reorganización. Es
un modo de evitar una construcción más pesada en castellano: ...*podrían creer
la vía tanto más libre cuanto que la autoselección ha sido severa (3.2.3)*.

15. Recuérdese que *scrutin* es un falso amigo que no corresponde a *escrutinio (3.3.4)*.

16. Se trata de un deslizamiento del sentido metafórico. En realidad el tex-

to habla de *recorrido*. Pero lo que realmente implica es «el conjunto de esfuerzos realizados para la consecución de una representación femenina». *Empresa* es pues también una anáfora adecuada *(3.2.4.1 y 4.1.2)*.

17. Las siglas son evidentes para el lector francés. Su explicitación facilita la lectura de la traducción *(3.1.2)*.

18. La anáfora es un buen recurso de traducción. El equivalente literal sería algo confuso: *que apenas consigue algo mejor*. El término *resultado* consigue con precisión una síntesis del mismo *(3.2.4.1 y 4.1.3.2)*.

19. Las sustantivizaciones abstractas —*archaïsme, hypocrisie*— sintetizan perfectamente en francés una acción y permiten elidir el verbo. Pero el castellano prefiere la fórmula expandida *(4.1.3.1)*.

20. El francés muestra una construcción paratáctica elidiendo la conexión argumentativa entre ambas frases. Se trata de una relación de causa a efecto. La construcción española queda más estructurada si el traductor explicita dicha relación *(3.2.3)*.

21. La relación argumentativa de oposición está construida en francés de modo distinto: Si A, B. Pero el conector *si*, claramente concesivo, plantea ciertos problemas para expresar una oposición clara. Puede pues recuperarse por otro conector más marcadamente opositivo *(3.2.3)*.

22. La traducción de *mollement* en este contexto no puede ser literal. El valor del segmento en el que se inserta y la intencionalidad política de toda la unidad textual justifica el cambio de categoría gramatical *(4.1.1)*.

23. Recuérdese la mayor exigencia de mayusculización de organismos públicos del castellano *(4.4.2)*.

24. Se trata de un claro caso de expresión de un *topos* argumentativo subyacente al enunciado del tipo «cuanto más se pertenece al género masculino,. menos sensato se es». El segmento expandido sería: *El Consejo Constitucional está formado exclusivamente por hombres, por lo que podría ser tendencioso, pero no es así y la sensatez reina entre sus miembros*. El traductor debe encontrar un procedimiento sintético pero claro para formular esta relación argumentativa. No parece que hablar de *masculino pero sensato* sea suficientemente explícito, por ello se ha añadido el adverbio *exclusivamente*. *(3.2.2)*.

25. Ver nota 12.

26. Un nuevo caso de polifonía. Se trata de una cita literal de la Constitución Francesa. El traductor debe recuperar, mediante un tono equivalente en castellano, la presencia de esta voz directa del estilo jurídico *(3.1.3)*.

27. El texto habla de *virtudes* pero con un valor exclusivamente profesional y no moral. Para evitar la ambigüedad del vocablo en castellano se ha recogido por *capacidad (3.3.3)*.

28. La redistribución semántica puede realizarse repartiendo de modo distinto las categorías gramaticales. Así el francés *mesures destinées à le rendre plus concrètement effectif*, puede convertirse en *medidas destinadas a concretarlo de modo más eficaz (4.1.10)*.

29. Recuérdese que las construcciones negativas pueden llevar a reformulaciones en otras lenguas. La traducción literal: *la moral, política o no*, parece más problemática que esta otra solución: *La moral, se trate o no de política... (4.1.2)*.

30. En este caso ambas soluciones, recuperar Asamblea Nacional o dar el equivalente más universal de Parlamento, parecen correctas *(3.1.2)*.

Tunisiennes: le bonheur sans voile?

Elles ont, depuis trente ans,
les mêmes droits que les hommes.
Mais les traditions ont la vie dure.

Affairée derrière ses fourneaux ou aux prises avec une ribambelle de gamins agrippés à ses jupes, recluse derrière ses persiennes et vêtue de noir, alors que, dans la rue, la blancheur des façades éclate au soleil: les clichés abondent lorsqu'il s'agit d'évoquer le sort de la femme dans les pays les plus conservateurs de la Méditerranée. Et, pourtant, c'est dans l'un des pays du Maghreb, la Tunisie, que les femmes ont conquis, dans les années 50 — bien avant certaines Européennes — la plénitude de leurs droits politiques et l'egalité, sur le plan social ou juridique, avec les hommes.

«L'émancipation de la femme est l'œuvre la plus marquante du régime de Habib Bourguiba!» s'exclame, enthousiaste, Fatma Douik, présidente de l'Union nationale des femmes de Tunisie. Et cette maîtresse femme, qui est aussi vice-présidente de la Chambre des députés, de raconter que, chaque fois qu'elle visite un autre pays arabe, ses «sœurs musulmanes», encore voilées ou asservies, lui demandent avec envie: «Vous ne pourriez pas nous prêter quelque temps votre chef de l'Etat?»

C'est vrai que, dans sa bataille pour arracher les femmes tunisiennes à leur état «de servilité, de décadence et d'esclavage», le Combattant suprême n'y est pas allé par quatre chemins. Au risque, en terre d'islam, de se mettre à dos toute la gent masculine, si attachée à ses prérogatives, Bourguiba crée, dès 1956, le très révolutionnaire Code du statut personnel. Ce dernier abolit la polygamie, remplace la répudiation par le divorce, octroie à la femme les mêmes droits qu'à l'homme, à commencer par le droit de vote. En juin 1967, soit huit ans avant la France, la Tunisie légalise l'avortement!

Trente et un ans après avoir offert aux femmes tunisiennes le Code du statut personnel, Habib Bourguiba compte évidemment sur leur soutien pour anéantir une opposition intégriste de plus en plus menaçante. «La femme tunisienne est déterminée à œuvrer pour la sauvegarde des acquis bourguibiens», titre avec emphase, dans un récent numéro, le quotidien «La Presse de Tunisie».

*Pourtant, le «terrible bond en arrière», dont la propagande gouver-
nementale menace les femmes tunisiennes en cas de victoire du mouve-
ment intégriste, n'engendre que des sourires sceptiques sur les jolis visa-
ges de Leïla, Hayet, Rim et Sonia. Non pas que ces quatre étudiantes, en
deuxième année de psycho pour les unes et de droit pour les autres,
soient intégristes, tant s'en faut. Leur chevelure brune tombant sur leurs
épaules, leur vernis à ongles ou leurs boucles d'oreilles en témoignent.*

*«Je m'habille à la mode occidentale, mais cela ne m'empêche pas de
respecter le jeûne du ramadan», tient à préciser Leïla. Puis, serrant entre ses doigts le pendentif en or représentant un Coran qu'elle a accroché
dans l'échancrure de son chemisier, elle ajoute timidement: «C'est difficile à expliquer. Je veux à la fois être émancipée et moderne mais ne re-
nier ni ma religion ni mes traditions, à la différence de ces étudiantes
des cités universitaires de Tunis qui vont trop vite et trop loin...»*

*C'est ce fragile équilibre que souhaitent garder — ou retrouver —
Leïla et ses amies. Elles se réunissent chaque jour au club culturel Tahar Haddad de la médina. Là, au cœur des souks du vieux Tunis, elles
viennent réviser leurs examens. «Ici, c'est plus beau et plus romantique»,
dit Leïla, en levant les yeux vers les superbes plafonds en ogive de cette
paisible salle de lecture installée dans des caves centenaires. Pas question, pour ces jeunes Tunisiennes, qu'aucune mode ne semble vraiment
impressionner, de céder à la panique, face aux émules de Khomeini.
Mais elles constatent avec fatalisme: «Sans attendre les intégristes, il
faut bien reconnaître que les hommes tunisiens ont déjà reconquis bien
des prérogatives qu'ils avaient perdues sur le papier.»*

*«Que l'une de nous essaie de s'attabler à la terrasse d'un café de
l'avenue Bourguiba, à Tunis, et elle se fera traiter de putain par les pas-
sants!» assure Sonia. Et Leïla d'ajouter «C'est comme les étudiants qui
me font la cour: chacun d'eux me jure que, si je me marie avec lui, il sera
à jamais mon esclave. En fait, je sais que l'élu n'acceptera jamais de faire la vaisselle et qu'il regardera sa montre dès que je mettrai le nez dehors.» N'empêche: quel que soit le poids des traditions et du machisme,
les Tunisiennes peuvent s'estimer chanceuses. Pour peu qu'elles compa-
rent leur sort à celui de nombre de leurs sœurs musulmanes des bords
de la Méditerranée.*

ALAIN LOUYOT
L'Express, 24 Juillet 1987.

Tunecinas: ¿La felicidad sin velo?

**Desde hace treinta años,
poseen los mismos derechos que los hombres.
Pero las tradiciones perduran.**[1]

Atareada en los fogones o luchando [2] con una caterva de chiquillos agarrados a sus faldas, recluida tras las [3] persianas y vestida de negro mientras, en la calle, la blancura de las casas estalla bajo [4] el sol: los tópicos son abundantes cuando se trata de evocar la suerte de la mujer en los países más conservadores del Mediterráneo. Y sin embargo es en uno de los países del Magreb, Túnez, donde las mujeres conquistaron, en los años cincuenta —mucho antes que algunas europeas [5]— la plenitud de sus derechos políticos y la igualdad, en el plano social o jurídico, con los hombres.

«¡La emancipación de la mujer es la obra más sobresaliente del régimen de Habib Burguiba!» proclama con entusiasmo la presidente de la Unión Nacional de Mujeres Tunecinas, Fatma Duik.[6] Esta enérgica [7] mujer, que es también vicepresidenta de la Cámara de Diputados, explica [8] que, cada vez que visita otro país árabe, sus «hermanas musulmanas», aún cubiertas con el velo y oprimidas, le preguntan con envidia: ¿No podrías prestarnos a tu Jefe de Estado por algún tiempo?

Es cierto que,[9] en su lucha por arrancar a las mujeres tunecinas de su estado de «servidumbre, decadencia y esclavitud», el «Combatiente Supremo» [10] no se ha ido por las ramas.[11] Corriendo el riesgo, en tierra islámica, de enfrentarse con toda la población masculina, tan aferrada a sus prerrogativas, Burguiba[12] crea, en [13] 1956, el revolucionario código denominado [14] Código del Estatuto Personal, el cual [15] establece la abolición de la poligamia, sustituye el repudio por el divorcio y [16] concede a la mujer los mismos derechos que al hombre, empezando por el derecho al voto. En junio de 1967, es decir, ocho años antes que Francia, Túnez legaliza ya el aborto.[17]

Treinta y un años después de haber otorgado a las mujeres tunecinas el Código del Estatuto Personal, Habib Burguiba cuenta evidentemente con su apoyo para aniquilar a una oposición integrista cada vez más amenazadora. «La mujer tunecina está decidida a actuar para salvaguardar las conquistas de Burguiba», enfatiza en sus titulares [18] un reciente número del periódico «La Presse de Tunisie».[19]

Sin embargo,[20] el «gran salto hacia atrás», con el que la propaganda gubernamental amenaza a las mujeres tunecinas en caso de victoria del movimiento integrista, no hace sino dibujar sonrisas escépticas en los bonitos rostros de Leila, Hayet, Rim y Sonia. Y no es que estas cuatro estudiantes, de segundo año de Psicología unas y de Derecho las otras, sean precisamente integristas, ni mucho menos. Las cabelleras morenas sueltas sobre los hombros, las uñas pintadas y los pendientes dan testimonio de que no lo son.[21]

«Me visto a la moda occidental, pero ello no impide que respete el ayuno del Ramadán», quiere precisar Leila. Luego, apretando entre sus dedos el colgante de oro que representa un Corán y que ha prendido al escote de su blusa añade tímidamente: «Es difícil de explicar. Quiero ser moderna y emancipada pero no renegar de mi religión ni de mis tradiciones, a diferencia de esas [22] estudiantes de las residencias universitarias de Túnez que van demasiado deprisa y demasiado lejos....»

Este frágil equilibrio es precisamente el que quieren mantener -o recuperar- Leila y sus amigas. Todas ellas [23] se reúnen cada día en el centro cultural Tahar Hadad de la medina. Allí, en el corazón de los zocos del viejo Túnez, van a preparar sus exámenes. «Esto es más bonito y más romántico»», dice Leila, alzando los ojos hacia las soberbias bóvedas [24] ojivales de esta apacible sala de lectura instalada en unos sótanos centenarios. En modo alguno estas jóvenes tunecinas, a quienes ninguna moda parece impresionar realmente, están dispuestas a ceder al pánico ante los émulos de Jomeini.[25] Sin embargo constatan con fatalismo: «Hay que reconocer que, sin esperar a los integristas, los hombres tunecinos han reconquistado ya muchas de las prerrogativas que habían perdido sobre el papel».

«Si [26] una de nosotras intenta sentarse en la terraza de un café de la avenida Burguiba los transeúntes la tratan de puta», asegura Sonia. Y Leila añade: [27] «Lo mismo pasa con los estudiantes que quieren conquistarme: cada uno me jura que, si me caso con él, será mi esclavo para siempre. Pero [28] en realidad sé muy bien que el escogido jamás aceptará lavar los platos y que mirará el reloj en cuanto ponga los pies [29] en la calle». Así y todo,[30] por muy fuerte que sea el peso de las tradiciones y del machismo, las tunecinas pueden considerarse afortunadas. Por poco que comparen su suerte con el de muchas de sus hermanas musulmanas de las orillas del Mediterráneo.

ALAIN LOUYOT
L'Express, 24 de julio 1987.

Notas

1. El cambio de perspectiva (de *tener la vida sólida* a *perdurar*) permite construir una expresión equivalente que además es familiar al lector español *(4.1.2)*.

2. La locución *aux prises* no puede transferirse literalmente. Según el diccionario Robert de *Expressions et Locutions* significa: *en s'affrontant, se disputant avec quelqu'un, en luttant contre quelqu'un*, hay que recoger pues la idea deshaciendo la construcción *(3.3.6)*.

3. Recuérdese que la utilización del posesivo es mucho más frecuente en francés que en castellano (4.3.2).

4. La perspectiva que señalan las preposiciones difiere de una lengua a otra: *éclate au soleil* da lugar a *estalla bajo el sol (4.3.4)*.

5. Recuérdese que los gentilicios van en español en minúscula *(4.4.2)*.

6. El orden de la designación de un cargo y el nombre del personaje que lo ocupa puede invertirse, sobre todo si se trata de un cargo público importante y un nombre desconocido (4.3.1).

7. La expresión indica *femme énergique, qui sait commander (Dictionnaire Robert des expressions et Locutions)*. Debe recuperarse su equivalencia al no existir locución española equivalente *(3.3.6)*.

8. La construcción verbal francesa *(et de + infinitivo)* equivale en castellano a una oración coordinada en forma personal *(3.2.4.3.2)*.

9. Obsérvese la trayectoria argumentativa. Se inicia aquí un movimiento por el que se concede que la situación de la mujer tunecina ha mejorado mucho en los últimos tiempos. Dos párrafos después el conector *pourtant* vendrá a distanciarse de esta afirmación y dirigir la trayectoria en sentido contrario. El traductor debe relacionar y enlazar ambos movimientos *(3,1,1)*.

10. Anáfora que designa a Burguiba *(3.2.4.1)*.

11. La locución *andarse por las ramas* es equivalente a *aller par les quatre chemins*. Es cierto que el castellano también posee otras expresiones similares. Pero no todas convienen a todos los textos. Así la expresión, también equivalente, *andarse con chinitas* corresponde a un registro más familiar que el aquí requerido *(3.3.6.1)*.

12. Recuérdese que la transcripción de nombres provenientes de otros alfabetos, como el árabe, no siguen las mismas reglas en francés que en español. El diptongo *ou* de *Bourguiba* corresponde únicamente a la transcripción francesa *(4.4)*.

13. La preposición *dès*, que expresa el lapso de tiempo comprendido desde una fecha hasta la actualidad, puede en este caso traducirse indicando tan sólo el momento del inicio. La opción literal, *Burguiba crea «desde» 1956 el Código...* no se corresponde con la formulación española habitual de este tipo de frases *(4.3.4)*.

14. El francés admite una mayor yuxtaposición de adjetivos y determinativos que el castellano. El desglose de la frase permite evitar la construcción *el muy revolucionario Código del Estatuto Personal*, algo recargada *(4.1.1.1)*.

15. La función anafórica puede recuperarse mediante un pronombre relativo. Se evita así una extraña alusión al *último* que carece de correspondencia con un *primero (3.2.4.1)*.

16. El francés tiene menor tendencia que el castellano a enlazar el último término de un listado mediante la conjunción *y*. El traductor puede introducir dicha conjunción, para utilizar una construcción más habitual, aunque es cierto que ello establece una mínima divergencia semántica entre la lista abierta del texto francés y la lista española que la conjunción *y* ha cerrado *(3.2.3)*.

17. El español no es muy dado a utilizar signos de admiración en el estilo periodístico. Ello puede llevar a suprimir alguno de éstos en la traducción *(4.4.1)*.

18. El cambio de categorías verbal y sustantiva correspondería exactamente al conocido fenómeno que Vinay y Darbelnet denominan *chassé croissée* *(4.1.1)*.

19. El título de una publicación debe respetarse en su lengua *(3.1.3)*.

20. Ver nota 9.

21. La traducción del pronombre *en* es siempre problemática. En este caso, el antecedente lo constituye la suma de elementos que pretenden demostrar que las muchachas no se sienten atraídas por el integrismo *(3.2.4.1)*.

22. Recuérdese que el sistema deíctico español posee un triple posibilidad respecto al sistema francés. En función del mayor o menor alejamiento del sujeto, el traductor puede optar por *este, ese, o incluso aquel (4.3.3)*.

23. La frase francesa se construye a partir del pronombre sujeto. El español ha de buscar otros mecanismos para evitar el calco francés y soslayar esta dificultad. En este caso, se ha recurrido al mecanismo anafórico *todas ellas* para evitar la presencia del pronombre en solitario *(3.2.4.1)*.

24. Es cierto que el texto francés utiliza el término *plafond*. Pero no es menos cierto que si dicho *plafond* tiene forma de ojiva es *abovedado*. Con lo que, en virtud de las reglas textuales, ambos términos se convierten, en este caso, en sinónimos *(4.1.1.1)*.

25. Esta es la transcripción española del nombre árabe *(4.4)*.

26. La hipótesis está construida en el texto de partida con la conjunción *que*. Pero *si* recoge la misma operación argumentativa y parece más adecuada en castellano *(3.2.3)*.

27. Es la misma construcción comentada en la nota 8.

28. La orientación de las trayectorias de los dos enunciados muestran claramente la presencia de un conector de oposición. El traductor puede explicitarlo si considera que beneficia a la claridad del conjunto *(3.2.3)*.

29. Se trata de un nuevo cambio de perspectiva. En este caso de sustitución de «una parte del cuerpo por otra». El francés habla de *mettre le nez dehors* pero en español la expresión *poner los pies en la calle* encaja perfectamente *(4.1.2)*.

30. Pese a las apariencias de una forma verbal, estamos ante un conector de concesión cuya función pragmática no es otra que invalidar las consecuencias de lo dicho anteriormente. El traductor debe buscar un elemento equivalente en castellano: *aún así, con todo, pese a ello... (3.2.3)*.

L'âge de raison

Imaginons qu'existe, dans un lointain système stellaire, une civilisation douée de moyens techniques puissants. Un astronome extraterrestre y observe depuis des millénaires une étoile bien banale, le Soleil, et son cortège de planètes, dont la troisième —la plus belle— s'appelle Terre. Les quelques signaux émis vers l'espace, nos explosions, nos fusées, tout cela ne l'atteint pas. En revanche, il détecte du méthane dans notre atmosphère et note une croissance rapide et importante de sa concentration; s'il raisonne à notre image, c'est-à-dire très convenablement, il en déduit que notre planète est vivante, et qu'il s'y développe une activité organisée.

Oui, notre planète est une planète vivante, et la vie à toutes les échelles s'y maintient par une compensation dynamique des déséquilibres. Que les mécanismes de compensation se dérèglent par trop, la vie est alors en péril. Penchés sur l'épaule de l'observateur hypothétique et lointain, nous pouvons discerner les symptômes d'une accélération des déséquilibres terriens. Indiscutablement, ils sont dus pour l'essentiel à l'activité de l'espèce humaine. De plus en plus nombreux, maîtrisant ou croyant maîtriser des techniques toujours plus puissantes, les hommes sont devenus les agents principaux, les moteurs du déséquilibre; et la planète, avec ses ressources, ses mers et ses forêts, son enveloppe atmosphérique, mais aussi son organisation sociopolitique, doit assurer les nécessaires compensations.

Or l'homme se conduit encore comme s'il ignorait le caractère fini de son environnement, la rareté des ressources du globe, les conséquences de son activité. Il réalise, sans le savoir, une véritable expérience de génie planétaire, que notre observateur lointain apprécie en connaisseur. Il modifie la composition de l'atmosphère, celle des eaux, la nature des sols, la couverture végétale. Il induit des processus qu'il ne maîtrise pas, qu'il ne comprend pas parfaitement, dont il ignore l'aboutissement précis. Pour notre lointain juge, la Terre, vue de son coin d'Univers, n'est qu'une éprouvette intéressante. Mais nous, ici, nous sommes dans l'éprouvette.

Est-il possible d'échapper à ce tableau aux couleurs grises? Oui, si l'homme prend vraiment la Terre en charge. La question est désormais posée.

Les préoccupations se sont d'abord cristallisées sur la vulnérabilité de la couche d'ozone stratosphérique, puis se sont étendues aux risques beaucoup plus importants de réchauffement général du climat par accroissement de l'effet de serre. Elles doivent s'élargir encore. Le défi auquel nous sommes confrontés est très lourd. D'un type totalement différent de ceux que notre civilisation —à cette échelle, les hommes n'en forment qu'une— a rencontrés jusqu'à présent; il appelle une démarche et des réponses distinctes.

Pour faire face à ce défi nouveau, l'humanité émet pour l'instant des avis partiels et multiples. Certains décident de l'ignorer; d'autres prônent une pause générale, un moratoire dans le développement (à commencer par celui des autres); les Etats se préoccupent de mettre en place des mécanismes de contrôle et de régulation. Le milieu scientifique, pour sa part, émet avec force un message auquel je m'associe: il est impératif et urgent d'en savoir plus.

Il nous faut connaître et comprendre le système complexe qu'est la planète Terre, cet énorme écosystème dans lequel tout rejaillit sur tout, où flux de matière et d'énergie traversent obstinément toutes les frontières entre milieux et où les mécanismes physiques ou chimiques s'imbriquent dans ceux du vivant. Il nous faut connaître et comprendre l'ensemble complexe que forme la communauté humaine, qui croît et se développe, maîtriser l'explosion, souvent désordonnée, de la consommation des ressources naturelles et technologiques qui accompagne l'évolution de la société.

Il nous faut, en un mot, concilier environnement, économie et développement, puis imposer, au service de cet objectif, la mobilisation de toutes nos capacités technologiques.

L'enfant abuse de ses jouets, les casse, à ses dépens; il fait ainsi l'apprentissage de leur fragilité. Mais comment nous, adultes, ferons-nous l'apprentissage de la vulnérabilité de notre planète, comment apprendrons-nous à ne pas la surexploiter? La sanction, ici, n'est pas immédiate, tant s'en faut: elle est diffuse, peu visible, mais risque de venir frapper les enfants de nos enfants.

Le danger est présent, nous disent les chercheurs. Jamais leur responsabilité n'a été aussi lourde. Ils sont en alerte, et la collectivité exerce à présent sur eux une demande instante, exige des précisions sur le diagnostic, anticipe celui-ci pour imaginer des thérapeutiques. Face à cette pression, qu'ils ont pourtant suscité par leurs premiers travaux, les chercheurs ont le devoir de nous dire ce que l'on sait, ce que l'on ne sait pas, ce que l'on devrait savoir.

J'ai invité des scientifiques de renom à débattre, les 12 et 13 juin prochain, en présence du président de la République, du devenir de notre

*planète. Ecologistes, physiciens, économistes, géophysiciens, technolo-
gues esquisseront le programme des travaux à conduire, pour fonder
l'action sur la raison, la connaissance et la prévision.*

*Le programme à mettre en œuvre sera lourd en hommes et en mo-
yens. Il sera long. Il est vital. Les chercheurs, à travers le monde, s'y pré-
parent.*

*Les civilisations anciennes représentaient la Terre à l'image d'une
divinité maternelle et féconde, et les hommes comme ses enfants qu'elle
nourrissait. Les temps mythologiques sont révolus, et les relations de
l'homme à la Terre out changé; elles ne doivent pas être moins respec-
tueuses.*

HUBERT CURIEN
* Ministre de la Recherche et de la Technologie
L'Express, 9-6-1989

El uso de razón [1]

Imaginemos que, en un lejano sistema estelar, existe una civilización dotada de poderosos medios técnicos. Desde hace miles de años, un
astrónomo extraterrestre observa allí una estrella banal, el Sol, y su
cortejo de planetas, el tercero de los cuales [2] —el más bello— se denomina Tierra. Las pocas señales emitidas al espacio, nuestras explosio-
nes, nuestros cohetes, nada de eso [3] le afecta. En cambio,[4] detecta me-
tano en nuestra atmósfera y percibe un rápido e importante crecimiento de su concentración; si razona a nuestra imagen y semejanza,[5] es decir, muy adecuadamente, deduce que nuestro planeta está vivo y en él
se desarrolla una actividad organizada.

Efectivamente,[6] nuestro planeta es un planeta vivo y la vida a cualquier escala subsiste allí gracias a una compensación dinámica de los
desequilibrios. Si los mecanismos de compensación sufren un excesivo
desajuste, la vida se pone entonces en peligro. Situándonos en el punto
de mira [7] de un hipotético y lejano observador, podemos discernir los
síntomas de una aceleración de los desequilibrios terrestres que [8] esencialmente se deben, es indiscutible,[9] a la actividad de la especie humana. Los seres humanos, cada vez más numerosos, controlando o creyen-
do controlar técnicas cada vez más poderosas, se han convertido en el
principal agente, el motor del desequilibrio; y el planeta, con sus recursos, sus mares y sus bosques, su envoltorio atmosférico, pero también

su organización sociopolítica, debe asegurar las necesarias compensaciones.

Pero [10] el hombre se comporta aún como si ignorara el carácter finito de su entorno, la escasez de recursos del globo, las consecuencias de su actividad. Sin saberlo, realiza una verdadera experiencia de genio planetario que nuestro lejano observador aprecia como experto. Modifica la composición de la atmósfera, de las aguas, la naturaleza del suelo, la cobertura vegetal; induce procesos que no controla, que no comprende del todo, cuyo exacto desenlace desconoce. Para nuestro juez lejano, la Tierra, vista desde su rincón de Universo, no es más que una interesante probeta. Pero nosotros, aquí, estamos en el interior de la probeta.

¿Es posible escapar de este panorama de tintes oscuros? Sí, siempre y cuando el ser humano tome verdaderamente la Tierra bajo su responsabilidad. Esta es la cuestión que ya se está planteando.

En primer lugar las preocupaciones cristalizaron en torno a la vulnerabilidad de la capa de ozono estratosférica, luego se fueron extendiendo a los riesgos mucho más importantes de recalentamiento general del clima por aumento del efecto invernadero. Pero no se han acabado aún. El desafío con el que nos enfrentamos es muy grave,[11] de unas características totalmente diferentes a los que nuestra civilización —a esa escala los hombres forman una única civilización— había encontrado hasta la fecha. Así pues,[12] requiere un procedimiento y unas respuestas distintas.

Por el momento la humanidad, para hacer frente a ese nuevo desafío, emite señales parciales y múltiples. Algunos deciden ignorarlas. Otros preconizan una pausa general, una moratoria en el desarrollo (empezando por el desarrollo ajeno); los Estados se preocupan de instaurar mecanismos de control y regulación. Los medios científicos, por su parte, emiten con fuerza un mensaje al cual me uno: es imperativo y urgente tener un mayor conocimiento de la situación.

Debemos conocer y comprender el complejo sistema que es el planeta Tierra, ese enorme ecosistema en el que todo repercute en todo, en el que el flujo de materia y energía atraviesa obstinadamente todas la fronteras entre distintos medios y en el que los mecanismos físicos o químicos se hallan imbricados con los de los seres vivos.[13] Debemos conocer y comprender el complejo conjunto que forma la comunidad humana, que crece y se desarrolla, controlar la explosión, con frecuencia desordenada, del consumo de recursos naturales y tecnológicos que acompaña a la evolución de la sociedad.

En una palabra, debemos conciliar entorno, economía y desarrollo, para movilizar [14] todas nuestras capacidades tecnológicas al servicio de este objetivo.

El niño abusa de sus juguetes, los rompe, a sus expensas; aprende [15] así su fragilidad. Pero ¿de qué modo haremos nosotros, los adultos, el aprendizaje de la vulnerabilidad de nuestro planeta?,[16] ¿cómo aprenderemos a no sobre-explotarlo? El castigo no es en este caso [17] inmediato, ni mucho menos, sino difuso, poco visible, pero corre el riesgo de repercutir sobre los hijos de nuestros hijos.

El peligro está presente, nos dicen los científicos. Nunca su responsabilidad fue tan grande.[18] Se hallan en estado de alerta y la colectividad ejerce hoy en día sobre ellos una demanda insistente, exige precisiones sobre el diagnóstico, anticipándolo para imaginar posibles terapias. Frente a dicha presión, suscitada sin embargo por ellos mismos con sus investigaciones, los científicos tienen el deber de decirnos lo que se sabe, lo que no se sabe y lo que se debería saber.

Los días 12 y 13 del mes de junio de 1986 [19] invité a científicos de renombre a debatir, en presencia del presidente de la República, el futuro de nuestro planeta. Ecologistas, físicos, economistas, geofísicos, tecnólogos, esbozaron, el programa de los estudios que deben llevarse a cabo para basar la acción en la razón, el conocimiento y la previsión.

El programa que debe realizarse es costoso [20] en hombres y medios. Será también largo. Pero es vital. Investigadores de todo el mundo se están preparando.

Las civilizaciones antiguas representaban a la Tierra bajo la imagen de una divinidad maternal y fecunda y a los hombres como a sus hijos a los cuales estaba alimentando. Los tiempos mitológicos quedan lejos y las relaciones entre el hombre y la Tierra han cambiado; no por ello deben ser menos respetuosas.

HUBERT CURIEN
Ministre de la Recherche et de la Technologie
L'Express, 9-6-1989

Notas

1. *Age de raison* es una lexia compleja que señala la edad *plus ou moins arbitraire, où on considère que les enfants jouissent de la raison, souvent: sept ans* (Robert, *Dictionnaire des Expressions et Locutions)*, lo cual corresponde en castellano a la expresión *Uso de razón (3.3.1)*.

2. *Dont* tiene aquí un valor relacionante pero no posesivo *(4.3.2)*.

3. La construcción negativa impregna al segmento y puede teñir de negatividad el elemento anafórico *tout cela* que entonces se traduce por *nada de eso (3.2.4.1)*.

4. Este conector no puede traducirse literalmente en castellano. Debe reproducirse la función opositiva mediante otro instrumento *(3.2.3)*.

5. No hay inconveniente en añadir este elemento —semejanza— y hacer

así la frase más familiar al lector español *(4.1.3.1)*.

6. La función pragmática de *oui* en el original es la de ratificar lo dicho anteriormente y las conclusiones que van a desprenderse. También *efectivamente* cumple esta función *(3.1.3)*.

7. Se trata de recuperar la imagen que indica que *se intenta mirar por el mismo objetivo*. Pero la traducción literal *apoyados en el hombro del observador...* no parece demasiado lograda. Puede pues desplazarse la formulación de la misma, insistiendo en la función de *el punto de mira (3.3.6.3)*.

8. Para evitar la construcción poco habitual en castellano de un pronombre personal sujeto se puede suprimir la segmentación que representa el punto y convertir el pronombre *ils* en un relativo *(4.4.1)*.

9. No puede abusarse de la repetición de adverbios acabados en *mente*. Pocas palabras antes aparecía *esencialmente* lo que nos lleva a la transposición *(4.1.1.1)*.

10. Se trata de un caso en el que el argumento introducido por *or* representa un cambio de trayectoria, por lo que equivale a un conector opositivo *(3.2.3)*.

11. *Lourd*, como muchos adjetivos, se impregnan de la semanticidad del contexto, en este caso el sustantivo *défi* al que acompaña prefiere ser calificado de *grave* que de *pesado (4.1.1.1)*.

12. Explicitar el conector que recoge la función conclusiva del párrafo permite evitar que la frase se inicie por un verbo *(3.2.3)*.

13. *Le vivant* es una utilización del neutro muy frecuente en francés e inadecuada en castellano. Es preciso pues contextualizar el término y recuperarlo en forma de lexia compleja: *Los seres vivos (4.3.2)*.

14. El francés utiliza, como tantas otras veces, una sustantivación —*imposer la mobilisation*— que el castellano puede reconstruir de modo algo distinto *(4.1.1.2)*.

15. Es el mismo caso de la nota anterior. *Faire l'apprentissage* es una construcción sustantiva que equivale a *aprender (4.1.1.2)*.

16. El segmento interrogativo se compone de dos cuestiones que deben desglosarse en castellano para introducir cada una de ellas mediante un signo de interrogación distinto *(4.4.1)*.

17. *Ici* posee aquí una función anafórica no local sino temporal. Función que no puede ejercer *aquí (3.2.4.1)*.

18. *Lourd* calificando a responsabilidad subraya la importancia de la misma. Ver nota 11 *(4.1.1.1)*.

19. El texto está escrito hace unos años. Deberá pues decidirse si debe precisarse o no la fecha a la que hace referencia. De hacerlo así todos los elementos temporales de este párrafo deben adecuarse al nuevo marco temporal *(3.1.3)*.

20. Una nueva traducción de *lourd*. Se trata aquí de un programa con exigencias *costosas*. Ver notas 11 y 18 *(4.1.1.1)*.

Galopins

Je suis embêtée, vous pouvez pas savoir! Ils sont intenables en ce moment, mon Mimi et mon Jacquot. J'en viens pas à bout. Là, je les ai envoyés passer deux jours à Madrid, chez le petit Gonzalez, un garçon très calme, très raisonnable, très gentil. Ses parents ont bien de la chance! Et ben, les miens n'ont pas arrêté de se faire des piques, des niches, de se chamailler: C'est pas lui, c'est moi, sont meilleur ami, à Felipe!

Tenez, mercredi soir, diner très chic, très élégant chez le roi d'Espagne. On les avait mis bien propres et ils ont été très sages. Ensuite, qu'est-ce qu'il fait, Jacquot, au lieu d'aller au lit, il déblatère contre Mimi pendant des heures dans le hall de son hôtel. Mimi, à qui on raconte ça à son réveil, sourit: On peut plus dormir la nuit tranquille, alors! Là-dessus, Elkabbach, il les avait accompagnés, lui plante son micro sous le nez. Et Mitterrand en profite pour remettre Chirac à sa place.

Et Jacquot, pendant ce temps-là? Il roupille à poings fermés. Il s'est couché tard, forcément. Il pense pas à allumer le poste. Et quand il arrive à Paris, sur le coup de midi, il débarque littéralement. Paraît qu'il était furax. D'autant que, dans l'avion du retour, Elkabbach ne lui a pas dit un mot de cette interview.

Moi, ce matin, je passe à Europe 1 pour la sortie de mon bouquin et je l'engueule, Elkabbach: Pourquoi tu lui as fait ce coup-là, à mon Jacquot?

—Non, mais ça va pas! Ça m'a même pas effleuré. J'étais sûr qu'il était au courant. On a parlé de tout sauf de ça. Et puis arrête de te mettre dans des états pareils! C'est ta faute aussi! Si t'étais plus sévère, si tu leur filais une raclée, à coups de sondage, chaque fois qu'ils se disputent, ils comprendraient.

CLAUDE SARRAUTE
Le Monde, 14-3-1987.

Granujillas

¡No tienes ni idea de lo harta que estoy! [1] Mimí y Jacquot [2] están estos días insoportables. No puedo con ellos.[3] Resulta [4] que los envié a pasar dos días a Madrid, a casa de Felipito,[5] un niño muy tranquilo, muy sensato, muy bueno.[6] ¡Menuda suerte tienen sus padres! Bueno, pues los míos no pararon de chincharse, de provocarse, de pelearse: ¡Que no, que el mejor amigo de Felipe soy yo!

Por ejemplo,[7] el miércoles por la noche, tenían una cena muy elegante, muy distinguida, en el palacio del rey de España. Los pusieron bien limpios y se portaron muy bien. Y luego, ¿qué hace Jacquot? En vez de irse a la cama, se pone a despotricar contra Mimí horas y horas en el vestíbulo de su hotel. Cuando se despierta Mimí y se lo cuentan, sonríe: ¡Vaya,[8] así que ya no puede uno ni dormir tranquilo! E inmediatamente [9] Elkabbach, que los había acompañado, le planta el micro en las narices. Y Mitterrand aprovecha para poner a Chirac en su sitio.

Mientras tanto ¿qué hace Jacquot? Duerme como un lirón. Se acostó tarde, a la fuerza. Ni se le ocurre poner la radio. Y cuando llega a París, a eso [10] del mediodía, se lleva la gran sorpresa.[11] Al parecer estaba hecho una furia. Sobre todo porque en el avión de vuelta, Elkabbach no le había dicho ni palabra de esa entrevista.

Yo me paso esta mañana por la emisora Europe 1 por lo de la salida de mi libro y clavo una bronca a Elkabbach: Pero, ¿por qué le has jugado esa mala pasada a mi Jacquot?

—Oye, pero tu estás loca.[12] ¡Ni se me había pasado por la cabeza! Estaba convencido de que estaba al corriente. Hablamos de todo menos de eso. Y además ya está bien de ponerte así ¿eh?, que [13] también es culpa tuya. Si fueses más severa con ellos, si les dieras un buen cachete con los sondeos [14] cada vez que se pelean, serían más razonables.[15]

CLAUDE SARRAUTE
Le Monde, 14-3-1987.

Notas

1. Se trata de recuperar la función pragmática de la expresión indicando enfado e impaciencia. Hay que buscar una expresión equivalente, que pueda ser pronunciada por una madre española —el enunciador de la traducción— en la misma situación *(3.1.3).*

2. Los dos diminutivos corresponden respectivamente a Mitterrand y Chirac y connotan el texto de un modo muy característico. Las referencias posteriores a ambos personajes harán que también el lector de la traducción asocie personajes y apodos *(3.2.5.1)*.

3. De nuevo una función pragmática. En este caso la incapacidad de una madre para controlar a sus vástagos. el traductor debe buscar la expresión que un hablante español utilizaría en la misma situación (3.1.3).

4. El deíctico *là* francés introduce el inicio de una narración. Es pues un organizador narrativo que debe ser traducido mediante un instrumento español equivalente *(3.2.3)*.

5. *Le petit Gonzalez* no admite muy bien el diminutivo. Pero el lector español identificará perfectamente a *Felipito* que posee exactamente las mismas connotaciones afectivas *(3.2.5.1)*.

6. Se trata de buscar tres adjetivos que establezcan una gradación al igual que ocurre en francés y que puedan ser atribuidos a un locutor de un registro parecido al del original *(3.2.5.1)*.

7. La función pragmática de *tenez* es la de introducir un ejemplo. Hay que buscar en castellano un morfema introductorio similar *(3.2.3)*.

8. *Alors* en este caso es un conector de interacción que expresa la sorpresa. Hay que buscar una equivalencia *(3.2.3)*.

9. *La-dessus* no tiene aquí la función locativa habitual. El texto le confiere una función temporal indicando que la acción que sigue casi se superpone con la precedente. Es un caso de deslizamiento semántico *(4.1.2)*.

10. Se trata de reproducir la idea de proximidad con una expresión de registro similar *(3.2.5.1)*.

11. La expresión francesa equivale a la idea de *encontrarse de pronto con la noticia*. Pero es evidente que el efecto de «sorpresa», que vehicula la locución francesa, no puede ser recogida literalmente *(4.1.2)*.

12. Se trata también de hallar la expresión española equivalente que utilizaría un locutor similar en circunstancias semejantes *(3.1.3)*.

13. El enlace de frases mediante la conjunción *que* es muy propia de un registro coloquial. Para que el conjunto suene familiar al lector es importante reproducir este tipo de elementos *(3.2.3)*.

14. La imagen es tan accesible a un lector francés como a un español. Indica que un modo de bajar los humos de un político es recordarle los resultados de los sondeos de opinión *(3.3.6.2)*.

15. La transferencia literal —*comprenderían*— no funciona bien como colofón y cierre del texto. Se trata de buscar una expresión más adecuada al conjunto de la unidad textual y que cierre con propiedad este inspirado texto de Claude Sarraute *(4.1.2)*.

Nou pire li gouloua

**La France, c'est naturel; le reste de l'univers, c'est le chaos.
Guy Sitbon n'oubliera pas la leçon apprise à Monastir**

Les enfants Spiteri, les Vella, les Jiacono, entre eux, parlaient maltais. Normal, ils étaient maltais. Les Taormina, les Bonici, en italien. Les Mzali, les Sitbon, en arabe. Pour les petits Martinez et le fils de Mme. Gonzales, c'était l'espagnol. Il n'y avait que les deux enfants du gendarme et Nanou Fichet pour ne parler que français. Mme. Ferrari, notre institutrice, serrait sa grosse poitrine dans un corsage en soie noire, fermé de mille petits boutons haricots. Se jupe lui arrivait à mi-mollet puis remontait au-dessus du genou quand elle s'asseyait derrière la pile de cahiers.

Autant qu'on sache, Mme. Ferrari n'avait aucun problème d'hétérogénéité culturelle ou d'écart civilisationnel. Il est vrai qu'elle avait une grosse règle. Dès le 1ᵉʳ octobre, elle prévenait. «Le premier que j'attrape à parler patois fera la connaissance de Jacquot.»

Le patois: nos langues maternelles. Jacquot: la baguette. Jacquot était appliqué à plat pour les fautes bénignes. Le matin, en rang par deux dans la cour, quand Mme. Ferrari arrivait, toutes chairs épanouies, on devait brailler en chœur et en cadence: «Bonjour Madame.» Avec notre accent, ça donnait: «Banne djour Mdam'.» Très calme, Mme. Ferrari corrigeait: «Pas banne djour, petits imbéciles. Bonjour, Bonjour.» Elle pointait du doigt. «Toi, toi, et toi, vous allez faire la connaissance de Jacquot.»

Le désespoir de Mme. Ferrari, c'était la maison où on désapprenait soigneusement tous les soirs les mots plantés par Jacquot. Pourtant, en peu d'années, Mme. Ferrari a réussi à nous faire oublier le patois. L'administration lui avait confié un cocktail de races et de nationalités à l'école primaire de Monastir (Tunisie), au temps de la colonisation. Elle a agité. agité, tapé, retapé, gonflé ses gros seins et converti ses trente petits bâtards de la Tunisie colonisée en une classe de bons petits Français.

Il y a l'explication par Jacquot Zéro. Moi qui garde encore au bout des doigts la brûlure de la trique, je peux vous le dire. Ce n'est pas par-

ce qu'on finit par aimer celui qui les donne. Il y a l'explication par l'argent: apprendre le français pour être riche. Pas terrible, l'argent n'a pas de langue.

J'ai une prédilection pour l'explication par les Gaulois. «Nos pères les Gaulois habitaient dans des huttes et s'habillaient de peaux de bête.» Avec l'accent: «Nou pire li Gouloua...» Et pas d'histoire, l'histoire avec Mme. Ferrari, ça s'apprend par cœur. Par cœur. On se doutait un peu que c'étaient les pères des enfants du gendarme qui étaient gaulois, un peu plus que les notres. C'était pas notre problème, il fallait retenir le résumé mot à mot.

Sans marchander

Après, on a appris Vercingéroix. Quel mec ce type! Et Clovis alors, il n'était pas formidable? Saint Louis avait sur les autres l'avantage de s'être déplacé spécial à Tunis pour y mourir de la peste (après avoir bousillé quelques milliers de nos vrais ancêtres, mais c'est una autre histoire). Et puis, après les cathédrales, Jeanne d'Arc, Louis XIV, Napoléon. Les Gaulois sont des héros parfaits, tous, jusqu'au général de Gaulle, qui se lève enfin et daigne délivrer Paris comme si tout le livre n'avait été qu'une longue préparation au défilé des Champs-Elysées.

Dans l'histoire de France — aussi bien chez Ernest Lavisse, Mallet et Isaac que chez Michelet —, les personnages s'emboîtent à merveille les uns dans les autres. Sans Louis XVI, pas de Mirabeau: sans Mirabeau, pas de Napoléon, qui, lui-même, inexorablement, attend le gros Louis comme le jour attend la nuit. Un cortège tragique, flamboyant et finalement naturel.

Nous retenions de l'enseignement de Mme. Ferrari, elle n'avait même pas à le proférer ouvertement, que la France c'est bon et naturel. Comme l'eau. Le reste de l'univers, c'est plus ou moins le poison. A moins qu'il ne s'imprègne de la France, qui, de son souffle, purifie tout ce qu'elle embrasse.

Nous apprenions aussi l'histoire de la Tunisie, notre pays. Quelle cacophonie! Une succession d'invasions sans queue ni tête. Des Phéniciens qui débarquent puis s'en vont un millénaire plus tard on se demande bien pourquoi. Les Romains déferlent et sont chassés par les Byzantins, à moins que ce ne soit les Espagnols, les Arabes, les Turcs, les Vandales. Comment se sentir le moindre point commun avec ces peuplades qui ne s'appelaient rien de moins que des Barbares? Peu avant l'arrivée des Français, on datait le courrier de «Tunis de Barbarie». Ces gens-là, je préférerais ne pas les connaître, surtout s'ils se faisaient passer pour mes ancêtres.

Alors que les Gaulois! Dans les guerres entre la France et les Prussiens, je n'allais pas me mettre du côté des méchants. Je palpitais pour les tricolores. J'applaudissais quand la Savoie était incorporée naturellement à la France. Qui imagine Courchevel et Megève villes italiannes? La victoire de Clemenceau ne pouvait être que la mienne. Dans l'écrasement de Hitler le triomphe de la France et mon exaltation se confondaient. Une fois de plus, la nature — la France — l'emportait sur le vice — les autres.

D'année en année, insensiblement, Mme. Ferrari, sans l'aide de Jacquot, naturalisait ma substance et faisait de moi un authentique descendant des Gaulois.

Aujourd'hui qu'il y a prescription, je peux en faire l'aveu: je n'étais pas dupe. Je savais bien qu'on parlait pour de rire. Mes grands-parents, habillés à l'arabe, incapables de sortir un mot de français, ne pouvaient pas être de la même race que la Mamie de Nanou Fichet. Justement, il fallait changer tout ça et d'abord changer d'ancêtres. Les miens ne me convenaient pas. Existaient-ils seulement?

Il faut savoir qu'il y a des tas de peuples qui ne connaissent pas leur histoire. En fait, ils n'en ont pas. Ou si peu... On doit trouver la trace de ma race sous le roi David, peut-être sous Haroun al-Rachid. Puis un millénaire blanc (pour aller vite). Un petit document par-ci par-là, le reste de mon histoire n'est que légende. Pendant que les Européens inventaient l'univers, qu'est-ce qu'on faisait à Monastir? La sieste.

Alors, lorsque Mme Ferrari m'a proposé de devenir un descendant des Gaulois, j'ai accepté sans marchander. Je suis arrivé à Paris comme quelqu'un qui rentrait chez lui. Puis voilà que les Français, le gouvernement comme les communistes, me traitent d'étranger. Ils m'ont fait fils de Gaulois, et j'y ai cru. Maintenant, parce que je n'ai pas de passeport français, ils me déclarent immigré. Et Louis XVI? Et François Ier? Et tous nos ancêtres communs? C'est fini? Avez-vous oublié? Vous avez fait mille guerres et vous m'avez envoyé spécialement Mme Ferrari pour me rendre français. Et maintenant que ça y est, vous avez gagné, je le suis devenu —à ma manière—, moi, mes enfants, mes parents, vous nous traitez d'immigrés en nous foutant de la drogue dans la poche. Mais ils sont fous ces Gaulois!

GUY SITBON
Le Nouvel Observateur: Idées, arts, spectacles
Clé International, 1987, p. 22

Nu pire li guluá[1]

Francia, es lo natural; el resto del universo es el caos. Guy Sitbon no olvidará la lección que aprendió en Monestir.

Los niños Spiteri, los Vella, los Jiacono, entre ellos, hablaban maltés. Lógico, eran malteses. Los Taormina, los Bonici, italiano. Los Mzali, los Sitbon, árabe. Para los pequeños Martínez y el hijo de Mme. Gonzales, la lengua era el español. Sólo los dos hijos del gendarme y Nanou Fichet hablaban únicamente francés. Nuestra maestra, Mme. Ferrari, apretaba su opulento [2] pecho en un corpiño de seda negra, cerrado con mil diminutos botoncitos.[3] La falda le llegaba a media pantorrilla y le subía por encima de la rodilla al sentarse detrás del montón de cuadernos.

Que se sepa, Mme. Ferrari no tenía ningún problema de heterogeneidad cultural o de desfase de civilización. Es cierto que tenía una gran regla.[4] Desde el primer día de Octubre advertía: «El primero que pesque hablando *patois* conocerá a Jacquot».

El *patois* era nuestra lengua materna y Jacquot, la vara. Cuando la falta era leve, Jacquot se aplicaba por la parte lisa. Por la mañana, cuando llegaba Mme. Ferrari, con sus carnes orondas, todos en fila de dos, en el patio, teníamos que berrear a coro y rítmicamente: «Bonjour Madame».[5] Que con nuestra acento sonaba: «Ban yur Mdam'».[6] Sin inmutarse, Mme. Ferrari nos corregía: «*Nada de ban yur, pandilla de torpes. Bonjour, bonjour*». Y señalaba con el dedo: «Tú, tú y tú vais a conocer a Jacquot».

La desesperación de Mme. Ferrari era la casa en donde desaprendíamos cuidadosamente cada tarde las palabras implantadas por Jacquot. Pese a todo, en pocos años, Mme Ferrari consiguió hacernos olvidar el *patois*. La administración le había confiado un cóctel de razas y nacionalidades en la escuela primaria de Monastir (Túnez), en la época de la colonización. Se agitó y se agitó, golpeó y volvió a golpear, hinchó sus grandes senos [7] y convirtió a sus treinta pequeños bastardos del Túnez colonizado en una clase de buenos francesitos.

Una de las explicaciones podría ser Jacquot. Nada de eso.[8] Yo, que aún guardo en la punta de los dedos la quemazón de la vara, puedo asegurarlo. No es porque se acabe queriendo a quien nos propina golpes. Otra explicación podría ser el dinero: aprender francés para hacerse rico. No es muy brillante, el dinero no tiene lengua.

Yo tengo especial predilección por la explicación de los Galos. «*Nuestros padres los Galos vivían en chozas y se vestían con pieles de animales*». Con nuestro acento: «*Nu pire li Guluá*». Y sin historias, la

historia con Mme. Ferrari se aprende de memoria. De memoria. Ya teníamos fuertes sospechas de que eran los padres de los hijos del gendarme los que eran galos, algo más que los nuestros. Pero ése no era
nuestro problema, había que aprenderse la lección al pie de la letra.

Sin titubeos [9]

Después estudiamos a Vercingetórix. ¡Menudo tío! [10] Y ¿qué me dicen [11] de Clodoveo? ¿No era un tipo formidable? San Luis tenía sobre los
otros la ventaja de haber viajado especialmente a Túnez para morir de
peste (después de haberse cepillado a algunos miles de nuestros verdaderos antepasados, pero eso es otra historia). Y luego, después de las
catedrales, Juana de Arco, Luis XIV, Napoleón. Los Galos son héroes
perfectos, todos, hasta el general De [12] Gaulle que se alza por fin y se
digna liberar París, como si todo el libro no hubiera sido más que una
larga preparación al desfile de los Campos Elíseos.

En la historia de Francia —tanto en la de Ernest Lavisse, Mallet e
Isaac, como en la de Michelet— los personajes encajan de maravilla
unos con otros. Sin Luis XVI, no hay [13] Mirabeau; sin Mirabeau, no hay
Napoleón, que a su vez, inexorablemente, espera al gran Luis como el
día a la noche. Un cortejo trágico, flamante y, al fin y al cabo, natural.

De las enseñanzas de Mme. Ferrari reteníamos, sin que tuviera siquiera que manifestarlo abiertamente, que Francia es lo bueno y natural. Como el agua. El resto del universo es más o menos veneno. A no
ser que se impregne de Francia, que con su aliento purifica todo lo que
toca.

También aprendíamos la historia de Túnez, nuestro país. ¡Vaya ga-
limatías! [14] Una sucesión de invasiones sin pies ni cabeza. Fenicios que
desembarcan y que se van mil años más tarde, ya quisiera uno saber
por qué. Romanos que acuden en tropel y son expulsados por los Bizan-
tinos, a no ser que fuesen los españoles, los árabes, los turcos, los ván-
dalos. ¿Cómo sentir el menor punto en común con esos pueblos primitivos que se llamaban ni más ni menos que Bárbaros?. Poco antes de que
llegaran los franceses, las cartas se fechaban con el encabezamiento
«Túnez de Barbarie». De esa gente, mejor no saber nada, sobre todo si
se hacían pasar por mis antepasados.

En cambio,[15] los Galos... En las guerras entre Francia y Prusia, no
iba a ponerme yo al lado de los malos. Mi corazón [16] palpitaba con los
tricolores. Aplaudía cuando la Savoya era incorporada naturalmente a
Francia. ¿Quién se imagina que Courchevel y Megève sean ciudades
italianas? La victoria de Clemenceau no podía ser más que mi victoria.
En el hundimiento de Hitler, el triunfo de Francia y mi exaltación eran

una sola cosa.[17] Una vez más, la naturaleza —Francia— vencía al vicio —los demás países—.[18]

De año en año, insensiblemente, Mme. Ferrari, sin la ayuda de Jacquot, naturalizaba mi sustancia y hacía de mí un auténtico descendiente de los Galos.

Hoy en día, cuando todo eso ya ha prescrito,[19] puedo confesarlo abiertamente: no me tragaba nada de aquello. Sabía de sobras que no iba en serio.[20] Mis abuelos, vestidos a la usanza árabe, incapaces de soltar una sola palabra en francés, no podían ser de la misma raza que la abuela de Nanou Fichet. Precisamente. Por eso [21] había que cambiarlo todo, empezando por mis antepasados. Los míos no me iban nada bien, pero ¿acaso existieron realmente?

No hay que olvidar que hay montones de pueblos que no conocen su historia. De hecho no tienen historia,[22] o muy poca...La huella de mi raza hay que buscarla bajo el reinado del rey David, tal vez bajo el de Harun al-Rashid. Luego un milenio en blanco (para abreviar). Un documento por aquí, otro por allá, y el resto de mi historia no es más que leyenda. Mientras que los europeos inventaban el universo ¿qué hacían en Monestir? La siesta.

Así que,[23] cuando Mme. Ferrari me propuso hacerme descendiente de los Galos, acepté sin titubeos.[24] Llegué a París como quien llega a su casa. Pero ahora resulta [25] que los franceses, tanto el gobierno como los comunistas, me tratan de extranjero. Me hicieron hijo de los galos y me lo creí. Y ahora, porque no tengo pasaporte francés, me declaran inmigrante. ¿Y Luis XVI? ¿Y Francisco I? ¿Y todos nuestros antepasados comunes? ¿Se acabó? ¿Ya lo habéis olvidado? Hicisteis mil guerras y me enviasteis especialmente a Mme. Ferrari para hacerme francés. Y ahora que ya está, que habeis ganado, que me he hecho francés —a mi manera—, yo, mis hijos, mis padres, ahora nos tratáis de emigrantes endilgándonos [26] droga en los bolsillos. Desde luego,[27] ¡estos Galos están locos!

Guy Sitbon
Le Nouvel Observateur: Idées, arts, spectacles
Clé International, 1987, p. 22

Notas

1. Tal como muestra el texto, el título pretende reproducir la extraña fonética de los niños árabes hablando francés. La traducción debe eliminar el diptongo *ou* para ajustarse a las reglas fonéticas del castellano *(4.4)*.
2. La intensidad semántica es mayor que en el vocablo original, pero el

conjunto de la descripción parece autorizar este adjetivo *(4.1.1.1)*.

3. *Les boutons haricots* son unos botones pequeños, de forma alargada, semejantes a las judías. El español, que no posee esta designación, debe optar por recuperar un término que designe el diminuto tamaño —tal como hace la traducción— o bien indicar la forma de los mismos *(4.1.2)*.

4. El juego de palabras entre *la regla* como instrumento y como una normativa de la disciplina escolar se mantiene en castellano *(3.3.3)*.

5. Se trata de un caso de polifonía. Es importante dejar hablar a la voz del texto original y hacer que el lector de la traducción entre en el juego. de lo contrario no se entendería la continuación *(3.1.3)*.

6. Como en el título, se trata de adaptar esta «transcripción» fonética a las reglas fonéticas españolas *(4.4)*.

7. Se ha producido en este párrafo un cambio de enunciador/narrador. Ahora está hablando un adulto que reflexiona sobre lo acaecido en su infancia, mientras que los tres primeros párrafos deben atribuirse a una voz infantil. El tono es pues algo distinto. El cultismo *senos*, por ejemplo, se ajusta al registro de este párrafo pero no hubiera podido utilizarse en los tres anteriores *(3.1.3)*.

8. La función pragmática es evidente: se trata de invalidar la primera frase. La traducción debe utilizar una fórmula que en español recubra idéntica función *(3.2.1)*.

9. El título aparece intercalado en el texto unas líneas más adelante y entonces la traducción literal —*sin regateos, sin mercadeos*— encaja difícilmente *(3.2.4.2)*.

10. Nuevamente se trata de un *acto de habla*. El traductor debe recuperar una fórmula con funcionalidad parecida y de uso habitual en la lengua de llegada *(3.1.3)*.

11. Entre los numerosos valores de *alors* como conector interactivo se encuentra el de solicitar información, y el de transmitir un cierto matiz de orgullo e insolencia. Como en este caso. Por ello el traductor puede recuperar dicha función mediante una fórmula equivalente: *y qué me dicen...* (3.2.3).

12. Recuérdese que en castellano también la preposición del apellido va en mayúscula *(4.4.2)*.

13. Esta construcción negativa requiere en castellano la explicitación del verbo *(3.2.4.3.1)*.

14. No se puede perder de vista el enunciador. Sigue identificándose con un personaje que recuerda su infancia y no utiliza cultismos. El término *cacofonía* en castellano resultaría excesivamente sofisticado para la reproducción del «tono» requerido *(3.1.3)*.

15. El valor de *alors que* es claramente opositivo. Muestra el contraste entre los verdaderos antepasados del autor y los galos. Es importante pues resaltar el enlace de oposición *(3.2.3)*.

16. Si se explicita el sujeto se evita una construcción encabezada por un verbo. Además de la utilización del pronombre *yo*, que en castellano no es frecuente, puede buscarse alguna alternativa que no represente un cambio semántico *(4.1.2)*.

17. La utilización del vocablo *confundir* puede dar lugar a una ambigüedad con la acepción de *confusión*. Por ello se ha preferido la paráfrasis *(4.1.2)*.

18. Recuérdese que, en castellano, al contrario de lo que ocurre en francés,

la apertura de un guión que introduce un inciso debe ir acompañada por un segundo guión que indique el cierre del mismo *(4.4.1)*.

19. La sustantivación francesa se convierte en una forma verbal en castellano *(4.1.1.2)*.

20. La función pragmática de invalidar lo enunciado anteriormente la recoge el francés mediante la fórmula: *decían P, pero lo decían para reír*. La construcción opuesta —*no lo decían en serio*— cumple en castellano el mismo papel y resulta más familiar *(3.2.1)*.

21. Recuérdese el valor del conector *justement:* convierte lo dicho anteriormente en una causa que sirve para invertir la trayectoria posterior: *precisamente por eso*. De ahí que pueda explicitarse esta función causal *(3.2.3)*.

22. La recuperación anafórica pronominal a veces parece poco precisa y puede optarse por la recuperación del propio elemento antecedente (3.2.4.1).

23. Obsérvese la función de este conector en el texto. Está encabezando el párrafo conclusivo. es muy importante pues que se traduzca por un conector español fiel a esta operación argumentativa *(3.2.3)*.

24. Ver nota 9.

25. Se trata de recuperar un enlace que organice un segmento narrativo indicando al mismo tiempo una actitud de sorpresa (3.2.3).

26. Es difícil llegar más allá en la recuperación del término. El tono del texto tampoco se presta a matices excesivamente procaces *(3.2.5.1)*.

27. Un nuevo caso de polifonía. Es una adaptación peculiar de la conocida frase, tantas veces repetida por Astérix, y que curiosamente la traducción castellana recoge con acierto mediante un enlace deductivo. La mejor solución es pues integrar literalmente la traducción que aparece en *Astérix* pues posee la ventaja de ser conocida por el lector español *(3.1.3 y 3.2.3)*.

Bibliografías y
herramientas de trabajo

Bibliografía general sobre traducción*

Ayala, Francisco: *El escritor en la sociedad de masas y breve teoría de la traducción*, México, Obregón, 1956.

Baker, Mona: *In other words. A coursebook on translation*, Routledge, Londres y Nueva York, 1992.

Balcerzan, Edward: «La traduction, art d'interpréter», en James S. HOLMES (ed.): *The Nature of Translation. Essays on the Theory and Practice of Literary Translation*, Mouton, La Haya, 3-22, 1972.

Ballard, Michel: *La traduction. De la théorie à la didactique*, Université de Lille, Lille, 1984.

Ballard, Michel: «La traduction relève-t-elle d'une pédagogie?», en Michel BALLARD (comp.), *La traduction. De la théorie à la didactique*, Université de Lille, Lille, 13-28, 1984.

Ballard, Michel: *La traduction: de l'anglais au français*, Nathan, París, 1987.

Ballard, Michel: *La traduction plurielle*, Université de Lille, Lille, 1990.

Bassnett-McGuirre, Susan: *Translation Studies*, Methuen, Londres, 1980.

Bassnett-McGuirre, Susan: «Ways Through the Labyrinth. Strategies and Methods for Translating Theatre Texts», en Theo HERMANS (ed.): *The Manipulation of Literature. Studies in Literary Translation*, Croom Helm, Londres, 87-102, 1985.

Bassnett-McGuirre, Susan y **André Lefevere:** *Translation, History and Culture*, Frances Pinter, Londres, 1990.

Bausch, Karl-Richard, Josef Klegraf y **Wolfram Wilss:** *The Science of Translation: An Analytical Bibliography. Supplement (1962-1969)*, vol. II,TBL, Tubinga, 1972.

Beaugrande, Robert de: *Factors in a Theory of Poetic Translating*, Van Gorcum, Assen, 1978.

Beaugrande, Robert de: «Text and Process in Translation», en Reiner ARNTZ (ed.): *Textlinguistik und Fachsprache. Akten des internationalen übersetzungwissenschaftlichen AILA-Symposions*, Hildesheim, Georg Olms, Hildesheim, 413-432, 1988.

Bell, Roger T.: «Translation Theory: Where Are We Going?», *META*, vol. XXII, núm. 4, 403-415, 1987.

Bell, Roger T.: *Translation*, Longman, Londres, 1989.

Bensoussan, Albert: «Traduction littérale ou littéraire?», en *Actes des deuxièmes Assises de la Traduction littéraire (Arles 1985)*, Actes Sud, Arles, 76-78, 1986.

---

* Elaborada en colaboración con Alberto Ribas Pujol.

Bensoussan, Albert: «El traductor en la noche oscura del sentido», en Ma Luisa DONAIRE y Francisco LAFARGA (eds.): *Traducción y adaptación cultural: España-Francia*, Oviedo, Universidad de Oviedo, 15-20, 1991.

Bonnerot: *Chemins de la traduction*, Didier, París, 1963.

Brower, Reuben A.: *On translation*, Cambridge (Massachusetts), Harvard U.P., ed. 1959.

Catford, J. C.: *A Linguistic Theory of Translation,* Oxford U.P., Oxford, 1985.

Capmany y Suris de Montpalau, Antonio de: *Arte de traducir el idioma Francés al Castellano 1776* (edición comentada por M.ª del Carmen Fernández Díaz), Santiago de Compostela, Universidad de Santiago, 1987.

Cary, Edmond: *La traduction dans le monde moderne*, Georg, Ginebra, 1956.

Cary, Edmond: «Traduction et poésie», *Babel*, vol. III, núm. 1, 11-32, 1957.

Cary, Edmond: «Théories soviétiques de la traduction», *Babel*, vol. III, núm. 4, 179-190, 1957.

Cary, Edmond: «La traduction totale», *Babel*, vol. VI, núm. 3, 110-115, 1960.

Cary, Edmond: «Pour une théorie de la traduction», *Diogène*, núm. 40 (octubre-diciembre 1962), 95-120.

Cary, Edmond: *Comment faut-il traduire?* (intr. de Michel Ballard), P.U. de Lille, Lille, 1985.

Catford J.C.: *A linguistic theory of translation*, Oxford University Press, Londres, 1965.

Coseriu, Eugenio: «Lo erróneo y lo acertado en la teoría de la traducción», en Eugenio COSERIU: *El Hombre y su lenguaje. Estudios de teoría y metodología lingüística*, Gredos, Madrid, 214-239, 1977.

Coseriu, Eugenio: »Vives y el problema de la traducción», en Eugenio COSERIU: *Tradición y novedad en la ciencia del lenguaje*, Gredos, Madrid, 86-102, 1977.

Chuquet, Hélène y Michel Paillard: *Approche linguistique des problèmes de traduction. Anglais-Français*, Ophrys, París, 1987.

Darbelnet, Jean: «La traduction raisonnée», *META*, vol. XIV, núm. 3, 135-140, 1969.

Darbelnet, Jean: «Traduction littérale ou traduction libre?», *META*, vol. XXV, núm. 2, 88-94, 1970.

Darbelnet, Jean: «Niveaux de traduction», *Babel*, vol. XXXIII, núm. 1, 6-16, 1977.

Darbelnet, Jean: «Linguistique différentielle et traduction», *META*, vol. XVI, núm. 1/2, 17-24, 1971.

Debusscher, G. y J. P. Van Noppen: *Communiquer et traduire. Hommages à Jean Dierickx*, Université de Bruxelles, 1985.

Déjean le Féal, Karla: «Qu'en est-il au juste du transcodage en interprétation écrite?», *Traduire*, núm. 133, 22, 1987.

Déjean le Féal, Karla: «Putting Translation Theory Into Practice», *Babel*, vol. XXXIII, núm. 4, 205-211, 1987.

Déjean le Féal Karla: «La liberté en traduction», *META*, vol. XXXVI, núm. 2/3, 450-457, 1991.

Delisle, Jean y Lorraine, Albert: *Guide bibliographique du traducteur, rédacteur et terminologue*, Université d'Ottawa, 1991.

Delisle, Jean: *L'analyse du discours comme méthode de traduction. Initiation* à *la traduction française de textes pragmatiques anglais. Théorie et pratique* (pref. de Danica Seleskovitch), Université d'Ottawa, Ottawa, (Cahiers de Traductologie, núm. 2), 1980.

Delisle, Jean: «De la théorie à la pratique: réflexions méthodologiques», en DELISLE, Jean (ed.): *L'enseignement de l'interprétation et de la traduction. De la théorie à la pédagogie*, Université d'Ottawa, Ottawa, (Cahiers de traductologie, núm. 4), 135-152, 1981.

Delisle, Jean: «Plaidoyer en faveur du renouveau de l'enseignement pratique de la traduction professionnelle». *La traduction: l'universitaire et le praticien*. Université d'Otawa, Ottawa, 1984.

Delisle, Jean: *Translation. An interpretative approach*. Université d'Otawa, Ottawa, 1989.

Delisle, Jean: «Le froment du sens, la paille des mots», en Marianne LEDERER (comp.): *Études traductologiques en hommage à Danica Seleskovitch*, Minard, París, 61-73, 1990.

Elena, Pilar: *Teoría y práctica de la traducción alemán-español*. Ediciones de la Universidad de Salamanca, Salamanca, 1990.

Even-Zohar, Itamar: «Polysystem Theory», *Poetics Today*, vol. I, núm. 1-2, 287-310, 1990.

Even-Zohar, Itamar: «Translation Theory Today. A Call for Transfer Theory», *Poetics Today*, vol. II, núm. 4, 1-7, 1991.

Even-Zohar, Itamar y Gideon Toury: *Theory of Translation and Intercultural Relations, Poetics Today*, vol. II, núm. 4, (ed.) 1981.

Even-Zohar, Itamar: *Polysystem Studies. Poetics Today*, vol. 11, núm. 1, 1990.

Ferrari, Américo: «Tiempo y verbo: algunas observaciones sobre el sistema canté/he cantado en la perspectiva de la traducción francés-castellano». *Parallèles* (Ginebra), núm. 3 (primavera 1980), 1980.

Ferrari, Américo: «Interjecciones, exclamaciones y muletillas: el francés frente al español y sus modalidades regionales», *Parallèles* (Ginebra), núm. 6 (invierno 1983-84), 55-61, 1983.

Ferrari, Américo: «En torno a algunos tópicos sobre lengua y visión del mundo referidos a la didáctica de la traducción», *Parallèles* (Ginebra), núm. 7 (invierno 1984-85), 25-35, 1984.

Ferrari, Américo: «Construcción nominal y construcción verbal en francés y castellano: obligación y opción en el proceso de traducción», *Parallèles* (Ginebra), núm. 9 (primavera 1988), 123-139, 1988.

Firth, John Rupert: «Linguistics and Translation», en F. R. PALMER (ed.): *Selected Papers of J. R. Firth 1952-59*, Longman, Londres, 84-95, 1968.

Firth, John Rupert: *The Tongues of Men and Speech*, Oxford University Press, Londres, 1968.

García Yebra, Valentín: *Teoría y Práctica de la Traducción*, Gredos, Madrid, Vols. I-II, 1982.

García Yebra, Valentín: *En torno a la traducción*, Gredos, Madrid, 1983.

García Yebra, Valentín: *Traducción y enriquecimiento de la lengua del traductor* (discurso leído el 27/I/1985 en su recepción en la Real Academia Española, contestación de Antonio Tovar Llorente), Madrid, Real Academia Española, 1985.

García Yebra, Valentín: «Las dos fases de la traducción de textos clásicos latinos», *Quaderns de Traducció i Interpretació* (EUTI, Universitat Autònoma de Barcelona), núm. 7, 7-17, 1986.

García Yebra, Valentín: «Sobre la traducción literaria», en Patricia HÖR-MANN VILLAGRAN y M. Isabel DIÉGUEZ MORALES (eds.): *Sobre la traducción literaria en Hispanoamérica. Actas del Primer Coloquio Chileno-argentino de Traducción Literaria*, Universidad Católica de Chile, 17-26.

García Yebra, Valentín: «Réflexions sur la manière de traduire ou les trois états de la traduction», *META*, vol. XXX, núm. 3, 236-241, 1985.

Gémar, Jean-Claude: «De la pratique à la théorie, l'apport des praticiens à la théorie générale de la traduction», *META*, vol. XXVIII, núm. 4, 323-333, 1983.

Gémar, Jean-Claude: »La traduction est-elle civilisatrice? Fonctions de la traduction et degrés de civilisation», *META*, vol. XXXV, núm. 1, 247-257, 1990.

Gentzler, Edwin: *Contemporary Translation Theories*, Translation Studies. Routledge, Londres y Nueva York, 1993.

Gouadec, Daniel: *Comprendre et traduire*, Bordas, París, 1974.

Gouadec, Daniel: «Paramètres de l'évaluation des traductions», *META*, vol. XXVI, núm. 2 (1981), 99-116, 1981.

Gouadec, Daniel: «Comprendre, évaluer, prévenir», *TTR*, vol. II, núm. 2 (1989), 35-54, 1989.

Gouadec, Daniel: *Système d'évaluation positive des traductions*, Bureau des traductions, Gouvernement du Canada.

Guillemin-Flescher, Jacqueline: *Syntaxe comparée du français et de l'anglais. Problèmes de traduction*, Ophrys, París, 1981.

Guillemin-Flescher, Jacqueline: *Linguistique contrastive et Traduction*, T.1. Ophrys, París, 1992.

Graham, Joseph F.: *Difference in Translation*, Cornell University, Ithaca (ed), 1985.

Harris, Brian: «La traductologie, la traduction naturelle, la traduction automatique et la sémantique», *Cahier de linguistique*, núm. 2, Quebec (Canadá), 133-146, 1973.

Harris, Brian: *The Importance of Natural Translation*, Ottawa, University of Ottawa, (Working Papers on Translatology, núm. 2), 1976.

Harris, Brian: *Papers in Translatology*, Ottawa U.P., Ottawa, 1977.

Harris, Brian: Towards a Science of Translation», *META*, vol. XXII, núm. 1, 91-92, 1977.

Harris, Brian: «Co-writing: A Canadian Technique for Communicative Equivalence», en G. JÄGER y Albrecht NEUBERT (eds): *Semantik und Übersetzungwissenchaft*, Enzyklopädie, Leipzig, 121-132, 1982.

Harris, Brian: «La traduction dans le monde», *META*, vol. XXVIII, núm. 1, 1-112, 1983.

Harris, Brian: «Bi-text, a New Concept in Translation Theory», *Language Monthly*, núm. 54, 8-10, 1988.

Harris, Brian: «What I really meant by 'Translatology'», *TTR*, vol. I, núm. 2, 91-96, 1989.

Harris, Brian: »Natural Translation: A Reply to Hans P. Krings», *Target* (Amsterdam), vol. IV, núm. 1, 97-103, 1992.

Hatim, Basil, I. Mason: *Discourse and the Translator*, Longman, Londres, 1990.

House J.: «On the Limits of Translatability», *Babel*, vol. XIX, núm. 4, 166-167, 1973.

House J.: *A Model for Translation Quality Assessment*, Tubinga, Gunter Narr, 1977.

House J.: «A Model for Assessing Translation Quality», *META*, vol. XXII, núm. 2, 103-109, 1977.

House J. y Shoshana Blum-Kulka: *Interlingual and Intercultural Communication*, Gunter Narr, Tubinga, 1986.

Hurtado Albir, Amparo: *La notion de fidélité en traduction*, Didier Érudition, París, (Traductologie, núm. 5), 1990.

Hurtado Albir, Amparo: «¿Libertad o servidumbre? Traducir el sentido, esa es la cuestión», en Marianne LEDERER y Fortunato ISRAEL (comps.): *La liberté en traduction*, Didier Érudition, París, (Traductologie, núm. 7), 263-287, 1991.

Kachroo, Balkrishan: «Textual Cohesion and Translation», *META*, vol. XXIX, núm. 2, 128-134, 1984.

Kelly, L.: *The True Interpreter. A history on Translation Theory and Practice in the West*, Blackwell, Oxford, 1979.

Klein, J.: «La traduction de l'image». *Mémoires et Publications de la Société des Sciences, des Arts et des Lettres du Hainaut.* Vol.82, fasc.2, 1969.

Ladmiral, Jean-René: *La traduction*, núm. especial de *Langages* (París), núm. 28, diciembre 1972.

Ladmiral, Jean-René: «La problématique de la question préjudiciable — une vieille histoire», *Cahiers Internationaux de Symbolisme* (Mons), núm. 32-32, 47-64, 1976.

Ladmiral, Jean-René: *Traduire : théorèmes pour la traduction*, Payot, París, 1979.

Ladmiral, Jean-René: «Pour une sémiotique des 'unités de traduction'», en Wolfgang KÜHLWEIN, Gisela THOME y Wolfram WILSS (eds.): *Kontrastive Linguistik und Übersetzungswissenschaft. Akten des Internationalen Kolloquiums Trier/Saarbrücken*, Múnich, Whilhelm Fink, 280-287, 1981.

Ladmiral, Jean-René: «La traduction comme linguistique d'intervention», en Wolfgang PÖCKL (ed.): *Europäische Mehrsprachigkeit. Festschrift zum 70.Geburtstag von Mario Wandruszka*, Max Niemeyer,Tubinga, 375-400, 1981.

Ladmiral, Jean-René: «Sourciers et ciblistes», *Revue d'Esthétique* (París), núm. 12, 33-42, 1984.

Ladmiral, Jean-René: «Traduction et Psychosociologie», en Michel BALLARD (ed.): *La traduction. De la théorie à la didactique*, Université de Lille, Lille, 119-135, 1984.

Ladmiral, Jean-René: «Traduction philosophique et formation des traducteurs — Principes didactiques», en Wolfram WILSS y Gisela THOME (eds.): *Translation Theory and its Implementation in the Teaching of Translating and*

242 *Manual de Traducción Francés-Castellano*

Interpreting*Interpreting. Akten des Internationalen Kolloquiums der AILA*, Gunter Narr, Tubinga, 231-240, 1984.

Ladmiral, Jean-René: «Les théorèmes pour la traduction», en Hildegund BÜHLER (ed.): *Xe Congrès Mondial de la FIT. Le traducteur et sa place dans la société*, Wilhelm Braumüller,Viena, 299-305, 1985.

Ladmiral, Jean-René: «Traductologiques», en Marie-José CAPELLE, Francis DEBYSER y Jean-Luc GOESTER (coord.): *Retour à la traduction*, núm. esp. *Le Français dans le monde* (agosto-septiembre 1987), 18-25.

Ladmiral, Jean-René y E. M. Lipinasky: *La communication interculturelle*, Armand Colin, París, 1989.

Ladmiral, Jean-René: «La traduction proligère? — Sur le statut des textes qu'on traduit», *META*, vol. XXXV, núm. 1, 102-119, 1990.

Ladmiral, Jean-René: «Sémantique et traduction», en Brigitte LEPINETTE, M. Amparo OLIVARES y Emma SOPEÑA: *Actas del Primer Coloquio Internacional de Traductología (2, 3, 4 de mayo de 1989)*, Universitat de València, Valencia, 29-36, 1991.

Lambert, José: »Traduction et technique romanesque», en A. Varvaro (ed.): *Actes du XIVe Congrès international de linguistique et philologie romane*, Nápoles/Amsterdam, Machiaroli/Benjamins, vol. II, 653-668, 1977.

Lambert, José: «Théorie de la littérature et théorie de la traduction en France (1800-1850) interprétées à partir du polysystème», en Itamar EVEN-ZOHAR y Gideon TOURY (eds): *Theory of Translation and Intercultural Relations, Poetics Today*, vol. II, núm. 4, 161-170, 1981.

Lambert, José: «De l'histoire des traductions à la pratique de la traduction», en *Colloquium 1983*, Instituut voor Vertaalwetenschap, Amsterdam, 17-24, 1983.

Larbaud, Valery: *Sous l'invocation de Saint Jérome*, 12a ed., Gallimard, París, 1946.

Larose, Robert: «Le rôle des annotations de textes dans l'enseignement de la traduction», *META*, vol. XXIX, núm. 2, 143-151, 1984.

Larose, Robert: «La théorie de la traduction: à quoi ça sert?», *META*, vol. XXX, núm. 4, 405-407, 1985.

Larose, Robert: *Théories contemporaines de la traduction*, 2a ed, Université du Québec, 1989.

Lederer, Marianne: *La traduction simultanée*, Minard, París, 1981.

Lederer, Marianne: «La théorie interprétative de la traduction», en Marie-José CAPELLE, Francis DEBYSER y Jean-Luc GOESTER (coord.): *Retour à la traduction*, núm. esp. *Le Français dans le monde* (agosto-septiembre 1987), 11-17.

Lederer, Marianne: *Études traductologiques en hommage à Danica Seleskovitch*, Minard, París (comp.) 1990.

Lederer, Marianne y Fortunato Israel: *La liberté en traduction*, Didier Érudition, París, (Traductologie, núm. 7), 1991.

Lederer, Marianne: «The Translating of Literature: an Approach», *Babel*, vol. XVI, núm. 2, 75-79, 1970.

Lederer, Marianne: «The Study of Literary Translation and the Study of Comparative Literature», *Babel*, vol. XVII, núm. 4, 13-15.

Lefevere, André: *Translating Poetry*, Van Gorcum, Assen, 1975.
Lefevere, André: *Translating Literature: The German Tradition. From Luther to Rosenzweig*, Van Gorcum, Assen.
Lefevere, André: «Programmatic Second Thoughts on Literary and Translation or *Where Do We Go From Here*», en Itamar EVEN-ZOHAR y Gideon TOURY (eds): *Theory of Translation and Intercultural Relations, Poetics Today*, vol. II, núm. 4 (1981), 39-50, 1981.
Lefevere, André: «Beyond the Process: Literary Translation in Literature and Literary Theory», en Marilyn Gladdis ROSE (ed.): *Translation spectrum. Essays in theory and practice*, State University of New York, Albany, 52-59, 1981.
Lefevere, André: «Theory and Practice — Process and Product», *Modern Poetry in Translation*, núm. 41/42, 19-27, 1981.
Lefevere, André: «Literature, Comparative and Translated», *Babel*, vol. XXIX, núm. 2, 70-75, 1983.
Lepinette, Brigitte y E. Sopeña,: «Séries lexicalisées et dictionnaires bilingues. Etude de trois dictionnaires espagnol-français», *META*, vol. XXX, núm. 3, 242-254, 1985.
Lepinette, Brigitte, M. Amparo Olivares y Emma Sopeña: *Actas del Primer Coloquio Internacional de Traductología (2, 3, 4 de mayo de 1989)*, Universitat de València, Valencia, 1991.
Malblanc, B.: *Stylistique comparée du français et de l'allemand. Essai de représentation linguistique comparée et étude de traduction*, 5a ed., Didier, París, (Bibliothèque de Stylistique Comparée), 1968.
Margot, Jean-Claude: *Traduire sans trahir. La théorie de la traduction et son application aux textes bibliques* (pref. de Georges Mounin), L'Âge d'Homme, Lausana, 1979 (Traducción española de Rufino Goday: *Traducir sin traicionar. Teoría de la traducción aplicada a los textos bíblicos*, Madrid, Cristiandad, 1987).
Marouzeau, Jules: «La traduction», *Cahiers de l'Association Internationale des Études Françaises* (París), núm. 8 (junio 1956), 147-150, 1956.
Melcuk, Igor A.: «Théorie de langage, théorie de traduction», *META*, vol. XXIII, núm. 4, 271-302, 1978.
Meschonnic, Henri: «Propositions pour une poétique de la traduction», en Jean-René LADMIRAL (ed.): *Langages. La traduction* (París), núm. 28 (diciembre 1972), 49-54, 1972.
Meschonnic, Henri: *Pour la poétique II. Épistémologie de l'écriture. Poétique de la traduction*, Gallimard, París, 1973.
Meschonnic, Henri: «Le calque dans la traduction», *Cahiers Internationaux de Symbolisme* (Mons), núm. 32-32, 65-75, 1976.
Meschonnic, Henri: »Rythme et traduction», en *Colloquium 1983*, Instituut voor Vertaalwetenschap, Amsterdam, 9-15, 1983.
Meschonnic, Henri: «Alors la traduction chantera», *Revue d'Esthétique* (París), núm. 12, 75-157, 1984.
Mounin, Georges: *Les belles infidèles*, Cahiers du Sud, París, 1955.
Mounin, Georges: *Les problèmes théoriques de la traduction* (pref. de Domi-

nique Aury), Gallimard, París, 1963. (Trad. esp. de Julio Lago Alonso, *Los problemas teóricos de la traducción*, Gredos, Madrid, 1971).

Mounin, Georges: *La machine à traduire*, Mouton, La Haya, 1964.

Mounin, Georges: «L'intraduisibilité comme notion statistique», *Babel*, vol. X, núm. 3, 122-124, 1964.

Mounin, Georges: *La machine à traduire*, Mouton, La Haya, 1964.

Mounin, Georges: «L'intraduisibilité comme notion statistique», *Babel*, vol. X, núm. 3, 122-124, 1964.

Mounin, Georges: *Teoria e storia della traduzione*, Einaudi, Turín, 1965.

Mounin, Georges: «La traduction au théâtre», *Babel*, vol. XIV, núm. 1, 7-11, 1968.

Mounin, Georges: *Linguistique et traduction*, Dessart et Mardaga, Bruselas, 1976.

Mounin, Georges: «Pour une pédagogie de la traduction», en *Teoría y práctica de la traducción. Primer encuentro internacional de traductores*, Santiago de Chile, Universidad Católica de Chile, 93-98, 1981.

Mounin, Georges: «Phonostylistique et traduction», *Revue d'Esthétique* (París), núm. 12 , 9-16, 1984.

Newmark, Peter: «An Approach to Translation», *Babel*, vol. XIX, núm. 1, 3-18, 1973.

Newmark, Peter: «The Theory and the Craft of Translation», *Language Teaching and Linguistic Abstracts*, núm. 9, 5-26, 1976.

Newmark, Peter: »Thought, Speech and Translation», *Babel*, vol. XXIV, núm. 3/4, 127-129, 1978.

Newmark, Peter: *Approaches to Translation*, Pergamon, Oxford, 1981.

Newmark, Peter: «Tracking and Translating 'Unfindable' Words and Phrases: A First Essay», *Multilingua*, núm. 3/2, 97-100, 1984.

Newmark, Peter: «Literal Translation», *Parallèles* (Ginebra), núm. 7 (invierno 1984-85), 11-19, 1984.

Newmark, Peter: «A Further Note on Communicative and Semantic Translation», *Babel*, vol. XXVIII, núm. 1, 18-20, 1982.

Newmark, Peter: «Translation studies: eight tentative directions for research and some dead ducks», en Lars WOLLIN y Hans LINDQUIST (eds.): *Translation studies in Scandinavia*, CWK Gleerup, Lund, 37-50, 1986.

Newmark, Peter: «The use and abuse of a text-bound approach to translation», en Paul NEKEMAN (ed.): *La traduction, notre avenir. Actes du XIe congrès mondial de la FIT*, Euroterm, Maastricht, 66-71, 1988.

Newmark, Peter: «Translation and Mis-translation. The review, the revision, and the appraisal of a translation», en Reiner ARNTZ (ed.): *Textlinguistik und Fachsprache. Akten des internationalen übersetzungwissenschaftlichen AILA-Symposions*, Georg Olms, Hildesheim, 21-33, 1988.

Newmark, Peter: *A Textbook of Translation*, Nueva York, Prentice Hall, 1988 (Versión española de Virgilio Moya: *Manual de traducción*, Madrid, Cátedra, 1992).

Newmark, Peter: «Pragmatic translation and literalism», *TTR* , vol. I, núm. 2, 133-143, 1989.

Newmark, Peter: «Paragraphs on Translation - 6. The Universal and the Cultural in Translation», *The Linguist*, vol. XXIX, núm. 2, 48-51, 1990.

Newmark, Peter: *About Translation*, Multilingual Matters, Clevedon, 1991.

Nida, Eugene A.: «Linguistics and Ethnology in Translation Problems», *Word*, núm. 2, 194-208, 1945.

Nida, Eugene A.: «Principles of Translation as Exemplified by Bible Translating», en Reuben A. BROWER (ed.): *On translation*, Cambridge (Massachusetts), Harvard U.P., 11-31, 1959.

Nida, Eugene A.: «Semantic Components», *Babel*, vol. VIII, núm. 4, 175-181, 1962.

Nida, Eugene A.: «The Translation of Religious Texts», *Babel*, vol. IX, núm. 1/2, 3-5, 1963.

Nida, Eugene A.: «Bible Translating and Science of Linguistics», *Babel*, vol. IX, núm. 1/2, 99-104, 1963.

Nida, Eugene A.: *Toward a Science of Translating*, E. J. Brill, Leyden, 1964.

Nida E., y C. R. Taber: *The Theory and Practice of Translation*, E. J. Brill, Leyden. (Versión española y adaptación de A. de la Fuente Adánez (1986), *Teoría y práctica de la traducción*, Madrid, Cristiandad), 1969.

Nida, Eugene A.: »Science of Translation», *Language*, núm. 45, 483-498, 1969.

Nida, Eugene A.: *The Componential Analysis of Meaning*, Mouton, La Haya, 1975.

Nida, Eugene A.: *Language Structure and Translation. Essays by Eugene A. Nida* (selección e introducción de Anwar S. Dil), Stanford U.P., Stanford (California), 1975.

Nida, Eugene A.: «A Framework for the Analysis and Evaluation of Theories of Translation», en R. W. BRISLIN: *Translation: Application and Research*, Gardner Press, 1976, 47-91, 1976.

Nida, Eugene A.: «The Nature of Dynamic Equivalence in Translating», *Babel*, vol. XXIII, núm. 3, 99-102, 1977.

Nida, Eugene A.: «The Setting of Communication: A Largely Overlooked Factor in Translation», *Babel*, vol. XXIV, núm. 3/4, 114-117, 1978.

Nida, Eugene A.: «Traducción y comunicación», en *Teoría y práctica de la traducción. Primer encuentro internacional de traductores*, Universidad Católica de Chile. Santiago de Chile, 1981.

Nida, Eugene A.: «Traducción y estilo», en *Teoría y práctica de la traducción. Primer encuentro internacional de traductores*, Universidad Católica de Chile, Santiago de Chile, 1981.

Nida, Eugene A.: «Translating Means Translating Meaning. A Sociosemiotic Approach to Translating», en Hildegund BÜHLER (ed.): *Xe Congrès Mondial de la FIT. Le traducteur et sa place dans la société*, Wilhelm Braumüller, Viena, 119-125, 1985.

Nida, Eugene A.: «The role of rhetoric in verbal communications», *Babel*, vol. XXXVI, núm. 3, 143-154, 1990.

Nord Ch.: *Text analysis in Translation*. Rodopi, Amsterdam, Atlanta, 1991.

Paz, Octavio: *Traducción: literatura y literalidad*, 3a ed., Tusquets, Barcelona, 1990.

Pergnier, Maurice: «Traduction et sociolinguistique», en Jean-René LADMI-RAL (ed.): *Langages. La Traduction* (París), núm. 28 (diciembre 1972), 70-74.

Pergnier, Maurice: «Language-Meaning and Message-Meaning: Towards a Sociolinguistic Approach to Translation», en D. GERVER y W. H. SINAIKO (eds.): *Language Interpretation and Communication*, Plenum, Nueva York, 199-204, 1977.

Pergnier, Maurice: *Les fondements sociolinguistiques de la traduction*, 2a ed., Champion, París, 1980.

Pergnier, Maurice: «Théorie linguistique et théorie de la traduction», *META*, vol. XXVI, núm. 3, 255-262, 1981.

Pergnier, Maurice: «Le triangle linguistique», *Langue Française*, vol. XL-VIII, 1980.

Pergnier, Maurice: «La traduction, les structures linguistiques et le sens», en Michel BALLARD (comp.): *La traduction. De la théorie à la didactique*, Université de Lille, 61-64, 1984.

Pergnier, Maurice: «Comment dénaturer une traduction», *META*, vol. XXXV, núm. 1, 219-225, 1990.

Pergnier, Maurice: «L'ambiguïté de l'ambiguïté», en Marianne LEDERER (comp.): *Études traductologiques en hommage à Danica Seleskovitch*, Minard, París, 17-28, 1990.

Petöfi, János S.: «Semiotica verbale, teoria del testo, teoria della traduzione», en *Processi traduttivi: teorie ed applicazioni. Atti del Seminario su «La traduzione»*, La Scuola, Brescia, 97-113, 1982.

Rabadán R.: *Equivalencia y Traducción. Problemática de la equivalencia translémica inglés-español*, Servicio de Publicaciones de la Universidad de León, León, 1991.

Radice, W. y B. Reynolds: *The Translator's Art*, Penguin, Harmondsworth (eds.) 1987.

Radá, György: «L'art du 'je-ne-sais-quoi' dans la traduction», en James S. HOLMES (ed.): *The Nature of Translation. Essays on the Theory and Practice of Literary Translation*, Mouton, La Haya, 157-160, 1970.

Radá, György: «Outline of a Systematic Translatology», *Babel*, vol. XXV, núm. 4, 187-215, 1979.

Radá, György: «Comment on the article of Mr. Vázquez-Ayora», *Babel*, vol. XXVIII, núm. 2, 86, 1986.

Radá, György: «Le pouvoir du traducteur», *Babel*, vol. XXIX, núm. 4, 225-239, 1983.

Radá, György: «Basic Principles and Organized Research of the History, Theory and History of Theory of Translation», en Hildegund BÜHLER (ed.): *Xe Congrès Mondial de la FIT. Le traducteur et sa place dans la société*, Wilhelm Braumüller, Viena, 305-308, 1985.

Raffel, B.: *The Forked Tongue: A Study of the Translation Process*, Mouton, La Haya, 1971.

Reiss, Katharina: «Understandig a Text from the Translator's Point of View»,

The Bible Translator, vol. XXXII, núm. 1, 124-134, 1981.

Reiss, Katharina: «Type, Kind and Individuality of Text: Decision Making in Translation», en Itamar EVEN-ZOHAR y Gideon TOURY (eds): *Theory of Translation and Intercultural Relations, Poetics Today*, vol. II, núm. 4, 121-131, 1986.

Rigorri, Eddo: «La traduzione nelle teorie linguistiche contemporanee», en *Processi traduttivi: teorie ed applicazioni. Atti del Seminario su «La traduzione»*, La Scuola, Brescia, 71-95, 1982.

Roberts, Roda, P.: «Evolution in Translation since 1966 As Reflected in The Pages of *META*», *META*, vol. XXX, núm. 2, 194-198, 1985.

Roberts, Roda, P. y M. Pergnier: «L'équivalence en traduction», META, vol. XXXII, núm. 4 , 392-402, 1987.

Roberts, Roda, P.: «Textual Meaning, Message and Translation», en Reiner ARNTZ (ed.): Textlinguistik und Fachsprache. Akten des internationalen übersetzungwissenschaftlichen AILA-Symposions, Georg Olms, Hildesheim, 113-127, 1988.

Roberts, Roda, P.: «The need for systematization of translation theory», en Paul NEKEMAN (ed.): *La traduction, notre avenir. Actes du XIe congrès mondial de la FIT*, Euroterm, Maastricht, 117-123, 1988.

Roberts, Roda, P.: «The Concept of Function and Its Application to Literary Texts», *Target* (Amsterdam), vol. IV, núm. 1 (1992), 1-16, 1992.

Ronat, Mitsou: «L'effet de traduction dans la théorie linguistique», en *La traduction en jeu*, París, Seghers/Laffont, (Cahiers du Collectif CHANGE, núm. 19), 78-84, 1974.

Santoyo, Julio-César: *El delito de traducir*, Universidad de León, León, 1985.

Santoyo, Julio-César: «A propósito del término 'translema'», *Babel*, volumen XXXII, núm. 1, 50-55, 1986.

Santoyo, Julio-César: «Los límites de la traducción», en *Actas Jornadas Europeas de Traducción e Interpretación*, Universidad de Granada, Granada, 179-204, 1987.

Santoyo, Julio-César: *Fidus Interpres. Actas de las Primeras Jornadas Nacionales de Historia de la Traducción*, 2 vols., Universidad de León, León (ed.), 1987.

Santoyo, Julio-César: *Teoría y crítica de la traducción: antología*, Bellaterra, Universitat Autònoma de Barcelona, (Monografies de *Quaderns de Traducció i Interpretació*, n.º 4), 1987.

Santoyo, Julio-César y Micaela Muñoz: *Traducción, traducciones, traductores: ensayo de bibliografía española*, Universidad de León, León, 1987.

Santoyo, Julio-César: «Translatable and Untranslatable Comedy: The Case of English and Spanish», *Estudios Humanísticos. Filología*, núm. 9, 11-18, 1987.

Santoyo, Julio-César: «Pragmatic Aspects of Translation: Text-Focused vs. Reader Focussed Equivalence», en Reiner ARNTZ (ed.): *Textlinguistik und Fachsprache. Akten des internationalen übersetzungwissenschaftlichen AILA-Symposia*, Georg Olms, Hildesheim, 101-112, 1988.

Santoyo, Julio-César: *Translation Across Cultures. Actas del XI Congreso AEDEAN, 16-19 diciembre*, Universidad de León, León (ed.), 1988.

Santoyo, Julio-César: «Translator, Transauthor», en Reiner ARNTZ y G. THOME (eds.): *Übersetzungwissenschaft, Ergebnisse und Perspektiven. Festchrift für Wolfram Wilss zum 65. Geburtstag*, Gunter Narr, Tubinga, 91-101, 1990.

Santoyo, Julio-César y Rosa Rabadán: «Basic Spanish Terminology for Translation Studies: A Proposal», *META*, vol. XXXVI, núm. 1, 1987.

Savory, Th.: *The Art of Translation*, Jonathan Cape, Londres, 1957.

Scavée P. y P. Intravia: *Stylistique comparée du français et de l'italien*, Didier, Paris, (Bibliothèque de Stylistique Comparée), 1979.

Seleskovitch, Danica: *Langage, langues et mémoire. Etude de la prise de notes en consécutive*, Minard, París, 1975.

Seleskovitch, Danica: «Why Interpreting Is Not Tantamount to Translating Languages», *The Incorporated Linguist*, vol. XVI, núm. 2, 27-33, 1977.

Seleskovitch, Danica: «Pour une théorie de la traduction inspirée de sa pratique», *META*, vol. XXV, núm. 4, 401-408, 1980.

Seleskovitch, Danica y Marianne Lederer: *Interpréter pour traduire*, Didier Érudition, París,(Traductologie, núm. 1), 1984.

Seleskovitch, Danica: «Les notions de signifiant/signifié, de concept et de sens en interprétation», en Hildegund BÜHLER (ed.): *Xe Congrès Mondial de la FIT. Le traducteur et sa place dans la société*, Wilhelm Braumüller, Viena, 178-185, 1985.

Snell-Hornby, Mary: *Metaphorical Thought and Translation: Taking a Stand on Peter Newmark*, L.A.U.T., Tréveris, 1983.

Snell-Hornby, Mary: «Dimensions and Perspective in Literary Translation», en Wolfram WILSS y Gisela THOME (eds.): *Translation Theory and its Implementation in the Teaching of Translating and Interpreting. Akten des Internationalen Kolloquiums der AILA*, Gunter Narr, Tubinga, 105-113, 1984.

Snell-Hornby, Mary: «The role of text-linguistics in a theory of literary translation», en Reiner ARNTZ (ed.): *Textlinguistik und Fachsprache. Akten des internationalen übersetzungwissenschaftlichen AILA-Symposions*, Georg Olms, Hildesheim, 433-448, 1985.

Snell-Hornby, Mary: *Translation Studies: An Integrated Approach*, John Benjamins, Amsterdam, 1988.

Steiner, George: *After Babel. Aspects of Language and Translation*, Oxford U.P., Londres, 1975 (Trad. española de Adolfo CASTAÑÓN (1980), *Después de Babel. Aspectos del lenguaje y la traducción*, Fondo de Cultura Económica, México).

Steiner, George: «Aspects du langage et de la traduction. Entretien avec Jacques De Decker», *Cahiers Internationaux de Symbolisme* (Mons), núm. 31-32, 3-31, 1976.

Taber, Charles R.: «Traduire le sens, traduire le style», en Jean-René LADMIRAL (ed.): *Langages. La traduction* (París), núm. 28 (diciembre 1972), 55-63, 1972.

Taber, Charles R.: «Sociolinguistic Obstacles to Communication through Translation», *META*, vol. XXV, núm. 4, 421-429, 1980.

Tatilon, Claude: *Traduire. Pour une pédagogie de la traduction* (prefacio de Georges Mounin), Gref, Toronto, (Col. Traduire, Écrire, Lire), 1986.

Tordesillas, M.: «Enunciación, argumentación y traducción», en Ma Luisa DONAIRE y Francisco LAFARGA (eds.): *Traducción y adaptación cultural: España-Francia*, Universidad de Oviedo, Oviedo, 503-512, 1991.

Toury, Gideon: «The Nature and Role of Norms in Literary Translation», en James S. HOLMES, José LAMBERT y R. VAN DEN BROECK (eds.): *New Perspectives in Literary Studies*, Acco, Lovaina, 83-100, 1978.

Toury, Gideon: «Interlanguage and Its Manifestations in Translation», *META*, vol. XXIV, núm. 2, 223-231, 1979.

Toury, Gideon: *In Search of a Theory of Translation*, Tel Aviv University, Tel Aviv, 1980.

Toury, Gideon: Communication in Translated Texts. A Semiotic Approach», en Wolfram WILSS (ed.): *Semiotik und Übersetzen*, Gunter Narr, Tubinga, 99-109, 1980.

Toury, Gideon: «The Translator as a Nonconformist-To-Be, or: How to Train Translators So As to Violate Translational Norms», en Sven-Olaf POULSEN y Wolfram WILSS (eds.): *Angewandte Übersetzungswissenschaft. Internationales übersetzungswissenschaftliches Kolloquium an der Wirtschaftsuniversität Århus/Dänemark*, Århus, Å.U.P.,180-193, 1980.

Toury, Gideon: «Contrastive Linguistics and Translation Studies. Towards a Tripartite Model», en Wolfgang KÜHLWEIN, Gisela THOME y Wolfram WILSS (eds.): *Kontrastive Linguistik und Übersetzungswissenschaft. Akten des Internationalen Kolloquiums Trier/Saarbrücken*, Whilhelm Fink, Múnich, 251-261, 1981.

Toury, Gideon: «The Notion of 'Native Translator' and Translation Teaching», en Wolfram WILSS y Gisela THOME (eds.): *Translation Theory and its Implementation in the Teaching of Translating and Interpreting. Akten des Internationalen Kolloquiums der AILA*, Gunter Narr, Tubinga, 186-195, 1984.

Toury, Gideon: «Translation, Literary Translation and Pseudotranslation», *Contrastive Criticism*, núm. 6, 73-85, 1984.

Toury, Gideon: «A Rationale for Descriptive Translation Studies», en Theo HERMANS (ed.) *The Manipulation of Literature. Studies in Literary Translation*, Londres, Croom Helm, 16-41, 1985.

Toury, Gideon: «Natural Translation and the Making of a Native Translator», *Textcontext*, núm. 1, 11-29, 1986.

Toury, Gideon: «Monitoring Discourse Transfer: A Test-Case for a Developmental Model of Translation», en Juliane HOUSE y Shoshana BLUM-KULKA (eds.): *Interlingual and Intercultural Communication*, Tubinga, Gunter Narr, 1986.

Toury, Gideon: »Translation: A Cultural-Semiotic Perspective», en A. SEBEOK (ed.): *Encyclopedic Dictionary of Semiotics*, Mouton de Gruyter, Berlín, 1111-1124, 1986.

Toury, Gideon: «The Meaning of Translation-Specific Lexical Items and Its Representation in the Dictionary», SNELL-HORNBY, Mary y E. PÖHL (eds):

Translation and Lexicography. Papers Read at the Euralex Colloquium Held at Insbruck 2-5 July 1987, John Benjamins, Amsterdam,45-54, 1988.

Tricás Preckler, M.: «'Al principio era el texto...' (De la unidad textual y la práctica de la traducción)», *Quaderns de Traducció i Interpetació* (EUTI, Universitat Autònoma de Barcelona), núm. 3, 154-159, 1983.

Tricás Preckler, M.: «Lingüística textual y traducción», en *Problemas de Traducción*, Madrid, Fundación Alfonso X el Sabio, 1988, 131-153, 1988.

Tricás Preckler, M.: «La Enseñanza de la traducción: la descodificación del sentido y la ciencia pragmática», *Ici & Là*, núm. 20, 19-23, 1991.

Tricás Preckler, M.: «Polifonía discursiva y traducción: propuestas de tratamiento de los enunciadores que recuperan otro universo sociolingüístico». *Traducción y adaptación cultural: España-Francia, Universidad de Oviedo, Oviedo, 513-527,* 1991.

Truffaut, Louis: «Les enjeux de l'ambivalence dans l'opération traduisante», *META*, vol. XXV, núm. 4, 430-446, 1980.

Truffaut, Louis: «Qu'est-ce donc que traduire?», *Résonance* (Lyón), núm. 41, 53-66, 1989.

Van den Broeck R.: «The concept of Equivalence in Translation Theory: Some Critical Reflections», en James S. HOLMES, José LAMBERT y R. VAN DEN BROECK (eds.): *New Perspectives in Literary Studies*, Acco, Lovaina, 29-48, 1978.

Van den Broeck R.: «Toward a Text-Type-Orientated Theory Translation», en Sven-Olaf POULSEN y Wolfram WILSS (eds.): *Angewandte übersetzungswissenschaft. Internationales Übersetzungswissenschaftliches Kolloquium an der Wirtschaftsuniversität Århus/Dänemark*, Århus, Å.U.P., 82-96, 1980.

Van den Broeck R.: «The Limits of Translatability Exemplified by Metaphor Translating», en Itamar EVEN-ZOHAR y Gideon TOURY (eds): *Theory of Translation and Intercultural Relations, Poetics Today*, vol. II, núm. 4, 73-87, 1981.

Van den Broeck R.:, «Second Thoughts on Translation Criticism. A Model of its Analytic Function», en Theo HERMANS (ed.) *The Manipulation of Literature. Studies in Literary Translation*, Croom Helm, Londres, 54-62, 1985.

Van den Broeck R.: «From translation to transformation: how theory follows practice», en Paul NEKEMAN (ed.): *La traduction, notre avenir. Actes du XIe congrès mondial de la FIT*, Euroterm, Maastricht,134-139, 1988.

Van den Broeck R.: «Translation Theory Revisited», *Target* (Amsterdam), vol. IV, núm. 1, 111-120, 1992.

Van Hoof, Henri: «Recherche d'un modèle d'analyse en traduction», *META*, vol. XVI, núm. 1/2, 83-94, 1971.

Van Hoof, Henri: *Petite histoire de la traduction en Occident*, Cabay, Lovaina, 1986.

Vázquez-Ayora, Gerardo: «On the Notion of an Analytical Unit of Translation», *Babel*, vol. XXVIII, núm. 2, 70-81, 1982.

Vázquez-Ayora, Gerardo: «On the Notion of an Analytical Unit of Translation», *Babel*, vol. XXVIII, núm. 2, 70-81, 1982.

Vega, Cernuda, M. A.: «Wilhelm von Humboldt, traductor y teórico de la traducción», en Julio-César SANTOYO y otros (ed.): *Fidus Interpres. Actas de las Primeras Jornadas Nacionales de Historia de la Traducción*, vol. II, Universidad de León, León, 199-204, 1987.

Vinay, Jean-Paul y J. Darbelnet: *Stylistique comparée du français et de l'anglais. Méthode de traduction*, ed. revisada y corregida, París, Didier, 1977, (Bibliothèque de Stylistique Comparée), 1958.

Vinay, Jean-Paul: «Stylistique et transformation», *META*, vol. XI, núm. 1, 3-14, 1966.

Vinay, Jean-Paul: «La traduction littéraire est-elle un genre à part?», *META*, vol. XIV, núm. 1, 5-21, 1969.

Vinay, Jean-Paul: «Regards sur l'évolution des théories de la traduction depuis vingt ans», *META*, vol. XX, núm. 1, 7-27, 1975.

Vinay, Jean-Paul: «Statistiques de la servitude en matière de traduction», *META*, vol. XXV, núm. 4, 447-454, 1980.

Wandruszka, Mario: «Nos langues:structures instrumentales, structures mentales», *META*, vol. XVI, núm. 1/2, 7-16, 1971.

Vinay, Jean-Paul: «Le bilinguisme du traducteur», en Jean-René LADMIRAL (ed.): *Langages. La traduction* (París), núm. 28 (diciembre 1972), 102-109, 1972.

Vinay, Jean-Paul: «Vers une linguistique de la traduction», *Cahiers Internationaux de Symbolisme* (Mons), núm. 24/25, 65-85, 1973.

Wilss, Wolfram: *The Science of Translation. Problems and Methods*, Gunter Narr, Tubinga, 1982.

Wilss, Wolfram: «Methodological Aspects of the Translation Process», en Franz EPPERT (ed.): *Transfer and Translation in Language Learning and Teaching*, Singapore U.P., Singapur,175-192, 1983.

Wilss, Wolfram y Gisela Thome (eds.): *Translation Theory and its Implementation in the Teaching of Translating and Interpreting. Akten des Internationalen Kolloquiums der AILA*, Tubinga, Gunter Narr, 1984.

Wilss, Wolfram: «The Role of the Translator in the Translation Process», en Marilyn Gaddis ROSE (ed.): *Translation Perspectives II. Selected Papers 1984-85*, SUNY, Binghamton, 15-27, 1985.

Wilss, Wolfram: «Towards a Multi-facet Concept of Translation Behavior», *Target* (Amsterdam), vol. I, núm. 2, 129-149, 1989.

Yllera, Alicia: «Cuando los traductores desean ser traidores», en Ma Luisa DONAIRE y Francisco LAFARGA (eds.): *Traducción y adaptación cultural: España-Francia*, Universidad de Oviedo, Oviedo,639-655, 1991.

Zuber, Roger: *Les «belles infidèles» et la formation du goût classique*, Armand Colin, París, 1968.

Revistas de traducción

Babel: Organo oficial de la FIT. Heiveldstraat 245, Gante (Bélgica).

Bible translator: United Bible Societies. Reading Bridge House, Reading (Reino Unido).

Circuit: Société des traducteurs de Québec. 1010 rue de Sainte-Catherine Ouest. Montréal. Quebec.

Cuadernos de traducción e interpretación: Facultad de Traducción e Interpretación. Universidad Autónoma de Barcelona. Bellaterra (Barcelona).

Hyeronimus: Boletín conjunto de la Associación suiza de traductores e intérpretes y de traductores literarios. Löwenbergstrasse 36, Basilea (Suiza).

Jerome Quaterly: National Resource Center for Translation and Interpretation, Georgetown University. Washington (USA).

Langage et l'homme: Institut Libre Marie Haps. Rue d'Arlon 11, Bruselas (Bélgica).

Le lingüiste: Boletín de la Asociación Belga de Traductores. Allées de Provences, 17, Bruselas (Bélgica).

Méta: Presses de l'Université de Montréal. Montreal (Quebec), Canadá.

Parallèles: Ecole de Traduction et d'Interprétation. Université de Genève, 19 Place des Augustins. Ginebra (Suiza).

Sendebar: Escuela de Traductores e Intérpretes de Granada. Puentezuelas 55, Granada.

Target: John Benjamins. Amsteldijk 44, Amsterdam (Holanda).

Textcontext: Julius Groos Verlag. Postfach 102423. Heidelberg (RFA).

TTR (Etudes sur le texte et ses transformations). Département des langues modernes. Université Québec Trois Rivières, Trois Rivières (Canadá).

El traductor: Boletín de la Asociación Mexicana de traductores. Revolución 1341, México D.F.

Traduire: Organe de la Société française de traducteurs. París (Francia).

Transst: M.Bernstein Chair of Translation Theory. Tel-Aviv University. Tel-Aviv (Israel).

Il traduttorre nuovo: Organo Oficial de la Asociación Italiana de traductores e Intérpretes. Via Mesopotamia 22, Roma (Italia).

Obras de lingüística pragmática útiles para el análisis textual del proceso traductor

Adam, J. M.: *Eléments de linguistique textuelle.* Mardaga, Paris, 1990.

Anscombre, J. C.: «Dynamique du sens et scalarité», en A. Lempereur (éd.), *L'Argumentation, Colloque de Cérisy,* Mardaga, Bruselas, 1991.

Anscombre, J. C., O. Ducrot: «Lois logiques et lois argumentatives». *Le Français Moderne. Revue de linguistique française.* Conseil National de Langue française. Janvier 1979, n.1.

Anscombre, J. C., O. Ducrot: *L'Argumentation dans la langue.* Mardaga, Bruselas, 1983.

Auchlin, Zenone, A.: «Illocution et interactivité dans la structure de la conversation», *Cahiers de Linguistique Française.* n.2. Université de Genève. Ginebra, 6-41, 1990.

Austin, J. L.: *How to do things with words,* Cambridge University Press, Londres, 1963.

Authier-Revuz, J.: «Hétérogéneité montrée et hétérogéneité constitutive: éléments pour une approche de l'autre dans le discours». *Parole multiple. Aspect rhétorique, énonciatif et dialogique. DRLAV, n.26,* 1982.

Beaugrande, R.: *Text, Discourse and Process: Toward a Multidisciplinary Science of Texts,* Ablex, Norwood, N. Jersey, 1980.

Beaugrande, R. y Wolfgang Dressler: *Introduction to Text Linguistics,* 2a ed., Longman, Londres, 1983.

Beaugrande, R.: «Teoría lingüística y metateoría para una ciencia del texto», en Enrique BERNARDEZ (comp.): *Lingüística del texto,* Arco/Libros, Madrid, 1987.

Benveniste, E.: «L'appareil formel de l'énonciation», en *Problèmes de linguistique générale* II, Gallimard, París, 79-88, 1974.

Bernárdez, E.: «La lingüística del texto: ¿una revolución de la lingüística?», *RSEL,* vol. XI, núm. 1, 175-188, 1980.

Bernárdez, E.: *Introducción a la lingüística del texto,* Espasa Calpe, Madrid, 1982.

Caron, J.: *Les régulations du discours. Psycholinguistique et pragmatique du langage,* París, PUF, (Versión española de Chantal E. Ronchi y Miguel José Pérez (1988), *Las regulaciones del discurso. Psicolingüística y pragmática del lenguaje,* Gredos, Madrid), 1983.

Charaudeau, P.: *Langage et discours,* Hachette, París, 1983.

Charolles, M.: «Grammaire de textes, théorie des discours, narrativité», *Pratiques,* núm. 11/12, 133-154, 1976.

Charolles, M.: «Analyse du discours, grammaire de textes et approche grammaticale des faits de textualité», *Le français d'aujourd'hui,* núm. 86, 6-16, 1989.

Ducrot, O.: *Dire et ne pas dire: principes de sémantique linguistique*, Hermann, Paris, 1972.
Ducrot, O.: *La Preuve et le dire*, Repères-Mame, Paris, 1974.
Ducrot, O.: «Note sur l'Argumentation et l'acte d'argumenter», *Concession et consécution dans le discours. Cahiers de Linguistique française. n.4. 157-158,* 1982.
Ducrot, O.: «Opérateurs argumentatifs et visée argumentative», *Cahiers de Linguistique*, n.5, Université de Genève, Ginebra, 1984.
Ducrot, O. y otros: *Les mots du discours*, Minuit, Paris, 1980.
Ducrot, O.: *Le dire et le dit*, Minuit, Paris, 1986.
Kerbrat-Orecchioni, C.: *L'énonciation. De la subjectivité dans le langage*, Colin, París, 1980.
Kerbrat-Orecchioni, C.: *L'implicite*, Colin, París, 1986.
Maingueneau, D.: *Initiation aux méthodes de l'analyse du discours*, Hachette, París, 1976.
Maingueneau, D.: *Approche de l'énonciation en linguistique française*, Hachette, París, 1981.
Maingueneau, D.: *Genèses du discours*, Mardaga, Bruselas, 1984.
Martin, R.: *Langage et Croyance. Les «univers de croyance» dans la théorie sémantique».* Mardaga, Paris, 1987.
Moeschler, J.: *Dire et contredire. Pragmatique de la négation et acte de réfutation dans la conversation,* Peter Lang, Berna, 1982.
Moeschler, J.: *Argumentation et Conversation. Eléments pour une analyse pragmatique du discours,* LAL. Hatier, París, 1985.
Nolke, H.: *Le regard du locuteur,* Editions Kime, Paris, 1963.
Raccah, P. Y.: «Signification, sens et connaissance: une approche topique». *Cahiers de Linguistique Française. Marquage linguistique, inférence et interpétation dans le discours*, n.8, Université de Genève, Ginebra, 1989.
Roulet, E.: *L'articulation des discours en français contemporain*, Peter Lang, Berna, 1985.
Roulet, E.: «Des dimensions argumentatives du récit et de la description dans le discours», *Argumentation*, núm. 3, 247-270, 1989.
Rubattel, C.: «De la syntaxe des connecteurs pragmatiques», *Cahiers de Linguistique Française. Concession et consécution dans le discours*, Université de Genève, Ginebra, 1982.
Reichler-Béguelin, M. J.: «Anaphore, cataphore et mémoire discursive», *Pratiques*, n.57, Metz, 18-29, 1988.
Searle, J.: *Actos de habla*, Cátedra, Madrid, 1986.
Searle, J. R.: «A Taxonomy of Illocutionary Acts», en A. ROGERS y otros (eds.): *Proceedings of the Texas Conference on Performatives, Presuppositions and Implicatures*, Arlington, Center for Applied Linguistics, 27-45, 1977.
Van Dijk, T. A.: *Some Aspects of Text Grammars*, Mouton, La Haya, 1972.
Van Dijk, T. A.: «Acceptability in Context», en S. GREENBAUM (ed.): *Language and Acceptability*, Mouton, La Haya, 39-61, 1977.
Van Dijk, T. A.: *Macrostructures. An Interdisciplinary Study of Global Struc-*

tures in Discourse, Interaction, and Cognition, Hillsdale, Erlbaum, 1980.
Van Dijk, T. A.: *Texto y contexto. Semántica y pragmática del discurso*, trad. esp. de Juan Domingo Moyano, introducción de Antonio García Berrio, 3a ed., Cátedra, Madrid, (Lingüística), 1988.

Bibliografía general de diccionarios

Diccionarios bilingües generales

Amador, J.: *Diccionario francés-español, español-francés*, Sopena, Barcelona, 1983.
Denis S. y M. Maraval: *Dictionnaire français-espagnol*, Hachette, París, 1960.
García Pelayo, Ramón y Jean Testas: *Dictionnaire français-espagnol, espagnol-français*, Larousse, París, 1992.
Salva: *Dictionnaire français-espagnol, espagnol-français*, Garnier, París, 1969.

Diccionarios bilingües especializados

Amorós Rica, Narciso y Olivier Merlin: *Diccionario jurídico francés-español español-francés*, Navarra, París, 1986.
Chapron, Jean y Pierre Gerboin: *Dictionnaire de l'espagnol commercial, économique et financier espagnol-français français-espagnol*, Presses Pocket, París, 1988.
Mink, H.: *Diccionario técnico francés-español español-francés*, 2 vols., 3a ed., Herder, Barcelona, 1989.
Nania, Georges, A.: *Diccionario de informática inglés, español, francés*, Paraninfo, Madrid, 1990.
Sliosberg, A.: *Elsevier's medical dictionary. English/American, French, Italian, Spanish and German*, 2a ed., Elsevier, Amsterdam, 1975.

Diccionarios generales de lengua francesa

Dictionnaire de l'Académie française (1932-1935), 8 ed., 2 vols., Hachette, París.
Dubois, Jean (dir.): *Dictionnaire de la langue française. Lexis*, París, Larousse, 1989.
Dubois, Jean (dir.): *Dictionnaire du français contemporain*, Larousse, París, 1976.

Dupré, Paul: *Encyclopédie du bon français dans l'usage contemporain*, 3 tomos, Trévise, París, 1978.

Furetière, Antoine: *Dictionnaire universel*, 3 tomos, Le Robert, 1978, París, 1690.

Guilbert, L. y otros (dir.): *Grand Larousse de la langue française*, 7 vols., Larousse, París, 1971-1978.

Hartzfeld, Adolfe y Arsène Darmesteter: *Dictionnaire général de la langue française du commencement du XVIIe siècle jusqu'à nos jours*, 9a ed., Delagrave, París, 1932.

Imbs, Paul y Bernard Quemada (dirs.): *Trésor de la langue française. Dictionnaire de la langue du XIXe et du XXe siècle* (14 tomos previstos; I-X), CNRS, París, 1990.

Littré, Émile: *Dictionnaire de la langue française*, 7 vols., Gallimard-Hachette, París, 1967-1968.

Littré, Émile: *Le Petit Littré* (abreviado por A. Beaujan), Gallimard-Hachette, París, 1981.

Péchon, Daniel (dir.): *Le Petit Larousse illustré 1992*, Larousse, París, 1993.

Robert, Paul: *Dictionnaire alphabétique et analogique de la langue française. Les mots et les associations d'idées*, 6 vols., Soc. du Nouv. Littré, París, 1958-1969.

Robert, Paul: *Le Petit Robert 1. Dictionnaire alphabétique et analogique de la langue française* (dir. red. Alain Rey), Le Robert, París, 1993.

Robert, Paul: *Le Petit Robert 2. Dictionnaire universel des noms propres alphabétique et analogique* (dir. red. Alain Rey), Le Robert, París, 1993.

Diccionarios especiales de lengua francesa

Bailly, R.: *Dictionnaire des synoymes de la langue française*, Larousse, París, 1969.

Bar, Elvire D.: *Dictionnaire des synonymes*, Garnier, París, 1960.

Bénac, Maurice: *Dictionnaire des synonymes*, Hachette, París, 1956.

Bernet, Charles y Pierre Rézeau: *Dictionnaire du français parlé*, Seuil, París, 1989.

Bertrand du Chazaud, Henri: *Dictionnaire des synonymes*, Le Robert, París, 1983.

Borrot, A. y M. Didier: *Bodico, dictionnaire du français sans faute*, Bordas, París, 1970.

Boussinot, Roger: *Dictionnaire des synonymes, analogies et antonymes*, Bordas, París, 1973.

Cayrou, Gaston: *Le français classique: lexique de la langue du XVIIe siècle*, Didier, París, 1955.

Cellard, Jacques y Alain Rey: *Dictionnaire du français non conventionnel*, Masson-Hachette, París, 1980.

Colin, J. P.: *Nouveau dictionnaire des difficultés du français*, Hachette-Tchou, París, 1970.

Cottez, Henri: *Dictionnaire des structures du vocabulaire savant*, Le Robert, París, 1980.

Darbelnet, Jean: *Dictionnaire des particularités de l'usage*, Université du Québec, Sillery, 1988.

Dauzat, Albert, Jean Dubois y Henri Mitterrand: *Nouveau dictionnaire étymologique et historique*, Larousse, París, 1990.

Delas, Daniel y Danièle Delas-Demon: *Nouveau dictionnaire analogique*, Hachette-Tchou, París, 1971.

Dictionnaire des fréquences. Vocabulaire littéraire des XIXe et XXe siècles (1969), 4 vols., Didier, París.

Dubois, Jean y René Lagane: *Dictionnaire de la langue française classique*, Belin, París, 1960.

Dupré, Paul: *Encyclopédie des citations*, Trévise, París.

Dupriez, B.: *Gradus. Dictionnaire des procédés littéraires*, 10/18, París, 1980.

Esnault, Gaston: *Dictionnaire historique des argots français*, Larousse, París, 1965.

Genest, Émile: *Dictionnaire des citations françaises*, Nathan, París, 1954.

Genouvrier, Émile, Claude Désirat y Tristan Horde: *Nouveau dictionnaire des synonymes*, Larousse, París, 1988.

Gilbert, Pierre: *Dictionnaire des mots nouveaux*, París, Hachette-Tchou, París, 1971.

Gilbert, Pierre: *Dictionnaire des mots contemporains*, Le Robert, París, 1980.

Giraud, Jean, Pierre Pamart y Jean Riverain: *Les nouveaux mots dans le vent*, Larousse, París, 1974.

Gougenheim, Georges: *Dictionnaire fondamental de la langue française*, Didier, París, 1969.

Grandsaignes d'Hauterive, R.: *Dictionnaire d'ancien français*, Larousse, París, 1947.

Guerlac, Othon: *Les citations françaises*, 4a ed., Armand Colin, París, 1963.

Guiraud, Pierre: *Dictionnaire des étymologies obscures*, Payot, París, 1982.

Hanse, Joseph: *Dictionnaire des difficultés grammaticales et lexicologiques*, Baude, Bruselas, 1949.

Hanse, Joseph: *Nouveau dictionnaire des difficultés grammaticales et lexicologiques*, Duculot, Gembloux, 1983.

Höfler, Manfred: *Dictionnaire d'anglicismes*, Larousse, París, 1982.

Juilland, Alphose: *Dictionnaire inverse de la langue française*, Mouton, La Haya, 1965.

Lacroix, U.: *Dictionnaire des mots et des idées*, Nathan, París, 1950.

La rue, Jean: *Dictionnaire d'argot et des principales locutions populaires*, Flammarion, París, 1948.

Le breton, Auguste: *Langue verte et noirs desseins*, Presses de la Cité, París, 1960.

Maloux, Maurice: *Dictionnaire des proverbes, sentences et maximes*, Larousse, París, 1990.

Maquet, Charles: *Dictionnaire analogique. Repertoire moderne des mots par les idées, des idées par les mots*, Larousse, París, 1936.

Merle, Pierre: *Dictionnaire du français branché*, Seuil, París, 1989.

Montreynaud, Florence, Agnès Pierron y François Suzzoni: *Dictionnaire des proverbes et dictons*, Le Robert, París, 1980.

Montreynaud, Florence y Jeanne Matignon: *Dictionnaire des citations du monde entier*, Le Robert, París, 1983.

Noter, Raphaël de, H. Lécuyer y P. Vuillermoz: *Dictionnaire des synonymes: répertoire des mots français usuels ayant un sens semblable, analogue ou proche*, PUF, París, 1947.

Oster, Pierre: *Dictionnaire des citations françaises*, Le Robert, París, 1978.

Picoche, Jacqueline: *Dictionnaire étymologique du français*, París, 1980.

Rameau, M. y J. Yvon: *Dictionnaire des antonymes ou contraires*, Delagrave, París, 1933.

Rat, Maurice: *Dictionnaire des locutions françaises*, Larousse, París, 1987.

Rey, Alain y Sophie Chantreau: *Dictionnaire des expressions et locutions figurées*, Le Robert, París, 1979.

Rey-Debove, Josette y Gilberte Gagnon: *Dictionnaire des anglicismes*, Le Robert, París, 1980.

Rheims, Maurice: *Dictionnaire des mots sauvages*, Larousse, París, 1969.

Rouaix, Paul: *Dictionnaire manuel des idées suggérées par les mots, contenant tous les mots de la langue française groupés d'après le sens*, 26e ed., Colin, París, 1962.

Sandry, Geo y Marcel Garrare: *Dictionnaire de l'argot moderne*, 6a ed., Dauphin, París, 1963.

Thomas, Adolphe V.: *Dictionnaire des difficultés de la langue française* (dir. Michel de Toro), Larousse, París, 1988.

Diccionarios enciclopédicos franceses

Dictionnaire encyclopédique universel (1965), 10 vols., Quillet, París.

Encyclopaedia Universalis (1968), 20 vols. y 2 supls., París, Encyclopaedia Universalis France, 1968-1975; supls. 1980.

Encyclopédie française, 22 vols.(1965), Encyclopédie française, 1965-1967, París.

Grand Larousse encyclopédique en dix volumes (1960), 10 volms. y 1 supl., Larousse, 1960-1964; supl. 1968, París.

Larousse du XXe siècle, 6 vols. y 1 supl.(1928), Larousse, 1928-1933; supl. 1953, París.

Diccionarios generales de lengua española

Alonso, Martín: *Diccionario del español moderno*, 6a ed., Aguilar, Madrid, 1981.
Bolaño, Alfonso Carlos: *Diccionario del español actual*, 3a ed., Grijalbo, Barcelona, 1989.
Diccionario manual e ilustrado de la lengua española (1989), Espasa-Calpe, Madrid.
Moliner, María: *Diccionario de uso del español*, 2 vols., Gredos, Madrid, 1977.
Real Academia Española: *Diccionario de la lengua española*, 2 vols., 20a ed. (1990), RAE, Madrid, 1984.
Sánchez Pérez, Aquilino: *Diccionario de uso. Gran diccionario de la lengua española*, 4a ed., SGEL, Madrid, 1991.

Diccionarios especiales y especializados de lengua española

Alfaro, J.: *Diccionario de anglicismos*, Gredos, Madrid, 1970.
Casares, Julio: *Diccionario ideológico de la lengua española. Desde la idea a la palabra; desde la palabra a la idea.* Barcelona, 1971.
Corominas, Juan: *Breve diccionario etimológico de la lengua castellana*, 3a ed., Gredos, Madrid, 1990.
Corripio, Fernando: *Gran diccionario de sinónimos, voces afines e incorrecciones*, Ediciones B, Barcelona, 1990.
Covarrubias, Sebastián de: *Tesoro de la Lengua Castellana o Española* (ed. preparada por Martín de Riquer), 2a ed., Alta Fulla, 1989, Barcelona, 1611.
Fundación Tomás Moro: *Diccionario jurídico*, Espasa-Calpe, Madrid, 1991.
García de Diego, Vicente: *Diccionario etimológico español e hispánico* (intr. de Rafael Lapesa), 3a ed., Espasa-Calpe, Madrid, 1989.
Gran diccionario de sinónimos y antónimos (1991), 4a ed., Espasa-Calpe, Madrid.
Juilland, Alphonse y E. Chang Rodríguez: *Frenquency Dicitionary of Spanish Words*, Mouton, La Haya, 1964.
Lapedes, Daniel (dir.): *Diccionario de términos científicos y técnicos Mc-Graw-Hill Boixareu*, 5 vols., Marcondo-Boixareu, Barcelona, 1981.
Lázaro Carreter, Fernando: *Diccionario de términos filológicos*, Gredos, Madrid.
Marsá, Francisco: *Diccionario normativo y guía práctica de la lengua española*, Ariel, Barcelona, 1990.
Martínez Amador, Emilio, M.: *Diccionario gramatical*, Sopena, Barcelona, 1987.
Martínez de Sousa, José: *Diccionario de ortografía técnica*, Fundación Germán Sánchez Ruipérez, Madrid, 1987.
Ortega Cavero, David: *Thesaurus. Gran Sopena de sinónimos y asociación de ideas*, 2 vols., Sopena, Barcelona, 1991.

Real Academia de Ciencias Exactas, Físicas y Naturales: *Vocabulario científico y técnico (1990)*, 2a ed., Espasa-Calpe, Madrid.

Sáinz de Robles, Federico Carlos: *Diccionario español de sinónimos y antónimos*, 8a ed., Aguilar, Madrid, 1981.

Santamaría, Francisco, J.: *Diccionario de mejicanismos*, 4a ed., Porrua, México, 1983.

Seco, Manuel: *Diccionario de dudas y dificultades de la lengua española*, 8a ed., Aguilar, Madrid, 1981.

Stahal, Fred A. y Gary E. A. Scavnicky: *A Reverse Dictionary of the Spanish Language*, University of Illinois, Urbana, 1973.

Tamames, Ramón: *Diccionario de economía*, 5a ed., Alianza, Madrid, 1991.

Zaniqui, José María: *Diccionario razonado de sinónimos y contrarios*, de Vecchi, Barcelona, 1991.

Diccionarios enciclopédicos españoles

Diccionario enciclopédico Espasa (1989), 12 vols. y 1 apéndice, Espasa-Calpe, Madrid.

Gran Enciclopedia Larousse(1986), 12 vols., Planeta, 1986-1990, Barcelona.

Lexis 22. Diccionario Enciclopédico (1978), 22 vols., Bibliograf, Barcelona.

Notas

1. J. Delisle (1980), *L'Analyse du discours comme méthode de traduction*. Cahiers de traductologie, 2, Université d'Ottawa, Ottawa, p. 44.

2. Esta descripción corresponde *grosso modo* a la presentada por J. Deslile (1980), *L'Analyse du discours...*

3. R. Etiemble (1968), «La traduction est-elle un art ou une science?», *Traduire*, SFT, n.55, p. 5. Citado por R. Larose (1989), *Théories contemporaines....* p. 37.

4. G. Neubert (1986), «Die Ausbildung von Fachübersetzern in der DDR», *Babel* 2, 1986, p. 124-125.

5. S. J. Schmidt (1978), «Some problems of communicative text theories» en *Current trends of textlinguistics,* De Gruyter, Nueva York, p. 55. Citado por E. Bernárdez,(1982) *Introducción a la Lingüística del Texto*, Espasa-Calpe, p. 215.

6. J. Flamand (1983), *Ecrire et traduire: sur la voie de la création*, Ed. du Vermillon, Ottawa, p. 40-41.

7. J. C. Santoyo (1987), «Teoría y crítica de la traducción», *Quaderns de Traducció*, U.A.B.

8. Citado por J. Vernet (1978), *La cultura hispanoárabe en oriente y occidente*, Editorial Ariel, Barcelona, p. 92-93.

9. R. Larose (1989), *Théories contemporaines de la Traduction*, Presses de l'Université du Québec, Quebec, p. XXI.

10. J.Darbelnet, «La traduction raisonnée». *Méta.Journal des traducteurs.* Vol. XIV, n.3, p. 135

11. Y. Gambier, «Théorie/Pratique:une fausse alternative. Pour un concept dynamique de la Traduction. *Méta. Journal des Traducteurs*, vol.XXXI, n.2, p. 167.

12. V. García Yebra (1982), *Teoría y Práctica de la Traducción*, Gredos, Madrid. Tomo I, p. 16.

13. O. Paz (1971). *Traducción: literatura y literalidad*, Tusquets, Barcelona, p. 7.

14. R. Larose (1989), *Théories...* p. 3.

15. J.C. Margot (1979), *Traduire sans trahir*, L'Age de l'Homme, p. 16.

16. R. Larose (1989), *Théories ...* p. 7.

17. Ver H. Valot (1980), «Les «belles infidèles», en *Babel*, vol. XVI, n. 3, p. 116-123. R. Zuber (1968), *Les «Belles Infidèles» et la formation du goût classique*, Armand Colin, París. G. Mounin(1955), *Les belles infidèles*, Cahiers Sud, París.

18. R. Larose (1989), *Théories....*, p. 9.

19. G. Mounin (1955), *Les belles infidèles*. Cahiers Sud, París, p. 30.

20. J.C. Catford (1965), *A linguistic theory of translation,* Oxford University Press, p. 25.

21.   H. Meschonnic (1986), *Revue Esthétique*, n. 12, p. 38.

22.   R. Jakobson (1959), *On Translation*, R.A. Brower Editores, Harvard University Press, p. 232-239.

23.   R. Jakobson, *On Translation*. Versión francesa en *Essais de linguistique générale* (1963), Minuit, p. 80.

24.   E. Nida y Ch. Taber (1974), *The theory and practice of translating*, Brill, Leiden, p. 12.

25.   J.C. Catford (1965), *A linguistic theory of translation*, Oxford University Press, p. 1.

26.   Ch. Nord (1991), *Text analysis in Translation*, Rodopi, Amsterdam, Atlanta, p. 28.

27.   E.A. Gutt (1991), *Translation and Relevance. Cognition and context*, Blackwell, p. 5. Hace referencia a la obra de H.p. Krings (1986), *Was in den Köpfen von Ubersetzern vorgeht*. Narr, Tübingen.

28.   A. Martinet (1964), *Eléments de Linguistique Générale*. Librairie Armand Colin. Paris, p. 25.

29.   E. Whorf, *Language*, p. 214-215. Citado en G. Mounin, *Les problèmes théoriques*...p. 62.

30.   M. Wandruszka (1971), «Nos langues: structures instrumentales». *Méta. Journal des traducteurs*, Vol. XXVI, n.1, p. 15.

31.   M. Wandruszka, I«Nos langues...». p. 15.

32.   *Le Canard enchaîné*, 15-3-89.

33.   P. Newmark (1982), *Approaches to Translation*, Pergamon Institute of English, Exeter, p. 97.

34.   E.V. Clark & T.B. Carlson (1981), «Context for Comprehension». *Attention and Performance IX*. Long & Badley editores, Hillsdale, N.J., p. 75.

35.   G. Flaubert, *Madame Bovary*, Gallimard, 1961, p. 330.

36.   *Madame Bovary*. Traducción de Carmen Martín Gaite, Ediciones Orbis, Barcelona, 1982.

37.   G. Flaubert, *Madame Bovary*... p. 68.

38.   *Madame Bovary*, Ediciones Planeta, Madrid, 1984, p. 58.

39.   *L'Express*, 22 Janvier 1988.

40.   J. Delisle (1981), *L'Enseignement de l'interprétation et de la traduction*. Editions de l'Université d'Ottawa, Ottawa, p. 137.

41.   P. Newmark (1991), *About Translation*, Multilingual Matters, p. 27.

42.   R. Rabadán (1991), *Equivalencia y Traducción. Problemática de la equivalencia translémica inglés-español*. Servicio de Publicaciones de la Universidad de León, p. 51.

43.   R. Rabadán (1991), *Equivalencia*... p. 54.

44.   J. Darbelnet (1984), «De la conception à l'enseignement de la traduction». *La traduction. l'universitaire et le praticien*. Ed. U. Ottawa, Ottawa, Canada, p. 272. Es una cita a un artículo suyo aparecido en *Babel*, 1977.

45.   E.A. Gutt (1991), *Translation and Relevance*, Blackwell, p. 16.

46.   G. Mounin (1977), *Los problemas teóricos de la Traducción*, Gredos, Madrid, p. 55.

47.   J.C. Catford (1965), *A linguistic t*... p. 1

48.   M.Pergnier (1980), «Le triangle linguistique», *Langue Française*, vol. XLVIII, p. 327.

49. R. Jakobson (1963), *Essais de linguistique générale*. Minuit, Paris, p. 79.

50. R. Jakobson (1963), *Essais de...* p. 80.

51. J.B. Grize (1990), *Logique et Langage*. (Corresponde a una cita de S. Agustin en *Las Confesiones*), Ophrys, p. 91.

52. Ver A. Ribas *Proyecto docente de metodología y práctica del francés*. Inédito. p. 23.

53. E. Benveniste (1960), *Problemas de Lingüística General*, Siglo XXI Editores, Méjico, p. 68.

54. O. Ducrot (1977), «Note sur la présupposition et le sens littéral», en P. Henry, *Le mauvais outil, Langue, Sujet et Discours,* Klincksieck, París, p. 177.

55. O. Ducrot (1977), «Note sur... p. 201.

56. O. Ducrot (1977), «Note sur... p. 199.

57. J.M. Adam (1990), *Eléments de linguistique textuelle*. Mardaga, p. 30.

58. J.C. Anscombre (1975), «Il était une fois une princesse aussi belle que bonne», *Sémantikos*, v. 1, n. 1, p. 1-2.

59. E. Benveniste (1977), *Problemas de...* p. 68.

60. E. Coseriu (1977), *El hombre y su lenguaje*, Gredos, p. 221.

61. E. Coseriu (1977), *El hombre...* p. 221.

62. E. Coseriu (1977), *El hombre...* p. 221.

63. E. Bernárdez (1982), *Introducción a la Lingüística del Texto*, Espasa-Calpe, Madrid, p. 85.

64. R. Goffin (1986), «La science de la traduction 1955-1985. Une tentative de bilan provisoire». *Communiquer et Traduire*, Editions de l'Université de Bruxelles, p. 32.

65. E. Bernárdez, *Introducción...* p. 29

66. E. Bernárdez, *Introducción....* p. 40.

67. Z.S. Harris (1952), «Discourse Analysis», *Language,* n.28, 474-494.

68. D. Maingueneau, *Nouvelles tendances en analyse du discours*, Hachette, 1987, pág.114.

69. J.C. Catford (1965), *A linguistic...* p. 20.

70. J.P. Vinay, J. Darbelnet (1977), *Stylistique Comparée du Français et de l'Anglais. Méthode de traduction*, Didier, Paris, p. 1.

71. J. Delisle, *L'Analyse du Discours....*p. 88.

72. Véase la definición de estas técnicas en el capítulo dedicado al *proceso de restitución*.

73. D. Seleskovitch (1984), *Interpréter pour Traduire*, Publications de la Sorbonne, Didier Erudition,p. 10.

74. Ver por ejemplo P. Newmark, *Approaches to translation*(1981), *A textbook of translation*(1988) y *About translation(1991)*.

75. J. Delisle (1980), *L'Analyse du Discours...*p. 18.

76. J. Delisle (1980), *L'Analyse du Discours...*p. 23-24.

77. J. Delisle (1980), *L'Analyse du Discours...*p. 66-67.

78. J. Delisle (1980), *L'Analyse du Discours...*p. 99.

79. P. Newmark (1981), *Approaches to Translation*, Pergamon Institute of English, Exeter.

80. P. Newmark (1988), *A Text book of translation*, Prentice Hall, Londres.

81. G. Vázquez-Ayora (1977), *Introducción a la traductología*, Georgetown University Press, Washington, p. 50.

82. Ch. Nord (1991), *Text Analysis in Translation.Theory, Methodology, and Didactic Application of a Model for Translation-Oriented Text Analysis.* Amsterdam/Atlanta, Rodopi, p. 147.

83. *The Spectator,* 24 Septiembre 1977, citado en A. Duff (1981), *The third language. Recurrent problems of translation into English*, Pergamon Press, Oxford, p. 1.

84. F.G. Königs, «Recherches en Traductologie en République Fédérale d'Allemagne». *Méta,* Vol. XXXI, n. 2, p. 121.

85. J. Delisle (1992), «Les Manuels de traduction: essai de classification», TTR, VolumeV, numéro 1, p. 22.

86. J. M. Adam (1990), *Eléments de linguistique textuelle*, Mardaga, p. 30.

87. Concepto extraído de R. Larose (1989), *Théories contemporaines de la traduction.*

88. El concepto es de R. Larose en la obra ya citada.

89. M. Snell-Hornby (1988), *Translation studies. An integrated approach*, John Benjamins Publishing. Amsterdam/Philadelphia, p. 2.

90. H.P. Grice (1975) «Logic and conversation», en L. Cole y J.L. Morgan (eds.), *Syntax and Semantics: Speech Acts*, Academic Press, New York, p. 45.

91. A. Culioli (1973), «Sur quelques contradictions en linguistique», *Communications*, n.20, Seuil, p. 87.

92. A. Culioli, «Sur quelques...», p. 87.

93. P. Newmark (1987) «The use of systemic linguistic in translation analysis and criticism». in R. Steele y T. Threadgold (eds.), *Language Topics: Essays in Honour of Michael Halliday*, John Benjamins, Amsterdam, Filadelfia, p. 295.

94. O. Ducrot (1972), *Dire et ne pas dire; principes de sémantique linguistique,* Hermann, Paris, p. 87.

95. H. Weinrich (1988), «Pour une histoire littéraire du lecteur», en *Le Français dans le Monde*, numéro spécial février/mars, Hachette, Paris, p. 28.

96. R. Martin (1987) , *Langage et croyance. Les «univers de croyance» dans la théorie sémantique*, Mardaga, Paris, p. 29.

97. «Verts: tout en nuances», *Le Point*, n. 1002, 3 Novembre 1991.

98. C. Kerbrat-Orecchioni (1980), *L'énonciation*, Armand Colin, p. 162.

99. Véase M. Tricás (1991), «Polifonía discursiva y traducción: propuestas de tratamiento de los enunciadores que recuperan otro universo sociolingüístico». *Traducción y adaptación cultural: España-Francia*, Universidad de Oviedo, p. 513-528.

100. T. Todorov (1981), *Mikhaïl Bakhtine. Le principe dialogique suivi de Ecrits du Cercle de Bakhtine*, Paris, Seuil, p. 292.

101. J. Authier-Revuz (1982), «Hétérogénéité montrée et hétérogénéité constitutive: éléments pour une approche de l'autre dans le discours». *Parole multiple. Aspect rhétorique, logique, énonciatif et dialogique*, DRLAV. n. 26. p. 140.

102. Llamaremos L al locutor inicial y L' al locutor/traductor, mientras P corresponde al espacio discursivo que debe trasponerse.

103. M. Yourcenar, *Quoi? L'Eternité*, Paris, Gallimard, p. 30.
104. M. Yourcenar, *¿Qué? La eternidad*, traducción de E. Calatayud. Alfaguara, p. 32.
105. G. Simenon, *Maigret en Vichy*. *Novelas de Maigret*. Traducción de L. Hernández Alonso, Tomo X, Aguilar, Madrid, p. 24.
106. *L'Express*, 20 Juillet 1990.
107. *L'Express*, 22 Janvier 1988.
108. A. Duhamel (1985), *Le complexe d'Astérix*, Gallimard, p. 79.
109. *L'Express*, 31 Août 1990.
110. *L'Express*, 22 Janvier 1988.
111. *L'Express*, 22 Janvier 1988.
112. *L'Express*, 9 Juin 1989.
113. *L'Express*, 31 Août 1990.
114. M. Yourcenar, *Quoi? L'Eternité*, p. 121.
115. M. Yourcenar, *¿Qué? La eternidad*. Traducción de E. Calatayud, p. 129.
116. M. Yourcenar, *Quoi? L'Eternité*, p. 18.
117. M. Yourcenar, *¿Qué?, La eternidad*. Traducción de E. Calatayud, p. 20.
118. K. Mourad (1987), *De la part de la princesse morte*. Robert Laffont, p. 206.
119. K. Mourad, *De parte de la princesa muerta*, traducción española de Mauricio Wacquez (1989), Muchnik Editores, p. 148.
120. Ver M. Tricás (1991), «Los Implícitos Argumentativos y la Traducción», *Quaderns de Filologia*, Universitat de València.
121. O. Ducrot (1977), «Note sur la présupposition et le sens littéral», en p. Henry, *Le mauvais outil.Langue, Sujet et Discours*, Klincksieck, París, p. 174.
122. C. Kerbrat-Orecchioni (1983) *L' Implicite,* Armand Colin, Paris.
123. O. Ducrot (1977), «Note sur...», p. 173.
124. G. Thomson (1990), «What sort of meaning is preserved in translation?», *Notes on Translation*, Vol. 4 n. 1, p. 22.
125. G. Thomson (1990), «What sort of...», p. 30.
126. *L'Express*, 11 Septembre 1987.
127. J.C. Anscombre, «Dynamique du sens et scalarité», p. 125.
128. J.C. Anscombre (1975), «Il était une fois une princesse aussi belle que bonne», *Sémantikos*, Vol. 1, n. 1, p. 2.
129. O. Ducrot, «Opérateurs argumentatifs et visée argumentative», *Cahiers de Linguistique n.5*, Université de Genève, Ginebra 1983, p. 157.
130. J.M. Adam (1990), *Eléments de linguistique textuelle*. Mardaga, p. 46.
131. J.C. Anscombre (1985), «Grammaire traditionnelle et grammaire argumentative de la concession». *Revue Internationale de Philosophie*. N.155, p. 337-338.
132. J. Delisle, *L'Analyse du discours*..., p. 44.
133. J. Delisle, *L'Analyse du discours*...., p. 24.
134. O. Ducrot (1982), «Note sur l'Argumentation et l'acte d'argumenter». *Concession et consécution dans le discours. Cahiers de Linguistique française*, n. 4, p. 157-158.

Manual de Traducción Francés-Castellano

135.   J.C. Anscombre (1991), «Dynamique du sens et scalarité», *L'Argumentation. Colloque de Cérisy*. Textes édités par A. Lempereur, Mardaga, p. 133.

136.   D. Frame (1984), «Pleasures and problems of translation», en *The Craft of Translation*, Edited by John Biguenet and Rainer Shulte, The University of Chicago Press, Chicago, pág.76.

137.   P. Verlaine, «Green». *Romances sans paroles*. Oeuvres poétiques complètes. Gallimard, París, 1962, p. 205. (El subrayado del conector *puisque* es mío).

138.   Recopilación de traducciones efectuada por T. Sáez Hermosilla.

139.   V. M. Londoño (1954), *La poesía francesa del romanticismo al Superrealismo*, Buenos Aires.

140.   F. Maristany (1917), *Las cien mejores poesías líricas de la lengua francesa*, Barcelona.

141.   E. Azcoaga (1964). *Verlaine. Poesías*. Madrid, Buenos Aires, Edaf.

142.   F. Dosal, *Paul Verlaine. Antología*, Santander, 1952.

143.   A. Holguín (1954), *Poesía Francesa*, Madrid.

144.   T. Saéz Hermosilla (1984), Paul Verlaine.*Antología poética*. Bosch, col. Erasmo, Barcelona.

145.   M. Machado (1908), *Paul Verlaine.Antología*, Versión en prosa poética. Imprenta Fontanet, Librería Fernando Fe, Madrid.

146.   Ejemplos sacados de P. Y. Raccah (1989), «Signification, sens et connaissance: una approche topique». *Cahiers de Linguistique Française. Marquage linguistique, inférence et interprétation dans le discours*, Université de Genève, Ginebra, p. 180.

147.   J.C. Anscombre (1991), «Dynamique du sens..., p. 139.

148.   «Les exploits de la sonde atomique», *Le Nouvel Observateur*, Nov. 1987.

149.   J.M. Adam (1990), *Eléments pour une linguistique....*, p. 25.

150.   D. Maingueneau (1984), *Genèse de discours*, Mardaga, Bruselas, p. 154.

151.   C. Rubattel (1982), «De la syntaxe des connecteurs pragmatiques», *Cahiers de Linguistique Française. Concession et consécution dans le discours*. Université de Genève, p. 37.

152.   G. Simenon, *Maigret à Vichy*, Presses de la Cité, París, p. 182.

153.   G. Simenon, *Maigret en Vichy*, p. 178.

154.   G. Simenon, *Maigret à Vichy*, p. 133.

155.   G. Simenon, *Maigret en Vichy*, p. 134.

156.   S. Bruxelles, et alii. (1982). «Justement: l'inversion argumentative». *Lexique* 1.

157.   Ejemplo extraído de la definición de *justement* en el diccionario Petit Robert.

158.   A. Camus, *Caligula*, Gallimard, Acte IV, scène X.

159.   A. Camus. *Calígula*, Narrativa y Teatro, Seix Barral, Barcelona, p. 475.

160.   G. Simenon, *Maigret à Vichy*, p. 50.

161.   G. Simenon, *Maigret en Vichy*, p. 50.

162.   A. Camus, *La peste*, Gallimard, p. 115.

163. A. Camus, *La peste*, Narrativa y Teatro, p. 162.
164. *L'Express*, 22-1-88.
165. K. Mourad, *De parte de la princesa...* Págs. 15-20-31-44-54-64-97-104-111-114-117-171-248-253-296-299-317-318-319-333-346-348-379-423-471-542-555-578.
166. K. Mourad, *De la part de la princesse.* p. 484.
167. K. Mourad, *De parte de la princesa...* p. 333.
168. *De la part de...*, p. 461.
169. *De parte de...* p. 319
170. *De la part de...* p. 793
171. *De parte de....* p. 542
172. A. Camus, *Caligula.*, p. 57.
173. A. Camus, *Calígula*, p. 446, (en ambos casos el subrayado es mío).
174. A. Camus, *Les Justes,* Gallimard, p. 158.
175. A. Camus, *Los Justos,* Seix Barral, p. 625.
176. A. Camus, *Les Justes,* p. 144.
177. A. Camus, *Les Justes,* p. 84.
178. A. Camus, *Caligula,* p. 63.
179. A. Camus, *Calígula,* p. 448.
180. A. Camus, *Les Justes,* p. 47.
181. A. Camus, Los Justos, p. 601.
182. A. Camus, *Los Justos,* Alianza Editorial, p. 25.
183. A. Camus, *Les Justes,* p. 25.
184. A. Camus, *Los Justos,* Alianza Editorial, p. 74.
185. A. Camus, *Caligula,* p. 35.
186. A. Camus, *Calígula,* p. 438.
187. M. Wilmet,(1986), *La détermination nominale*, PUF, Paris, p. 164.
188. Citado por P. Sériot (1988), «L'Anaphore et le fil du discours (sur l'interprétation des nominalisations en français et en russe)», en *Opérateurs syntaxiques et cohésion discursive.* H. Nolke ed. Nyt Nordisk Forlag Arnold Busck, p. 150.
189. *L'Express*, 2 Mai 1986.
190. A.J. Greimas, J. Courtès (1979), *Sémiotique. Dictionnaire raisonné de la théorie du langage*, Hachette université, París, p. 33.
191. *Le Monde*, 5 mayo 1992.
192. A. Malblanc (1968), *Stylistique Comparée du français et de l'allemand.* Didier, Paris. Citado por García Yebra (1982) *Teoría y práctica...* p. 257.
193. H. Weinrich (1974), *Estructura y función de los tiempos del lenguaje*, Gredos, Madrid, p. 141.
194. *L'Express*, 5 Décembre, 1985.
195. *L'Express*, Juin, 1986.
196. *L'Express*, 20 Novembre, 1984.
197. Y. de l'Ecotais, *L'Express*, «Les extraterrestres», Mars 1982.
198. A. Duhamel (1985), *Le complexe d'Astérix*, Gallimard, p. 129.
199. A. Gorz, M. Bosquet (1978), *Ecologie et Politique*, Seuil. Points, Paris, p. 44.
200. *L'Express*, 5 Avril, 1985.
201. *L'Express*, 4 Décembre 1987.

202. *L'Express*, 15 Juillet 1988.
203. R. Seco (1978), *Manual de Gramática española*, Aguilar, Madrid, p. 73.
204. *Le Monde. Dossiers et Documents*, Décembre, 1986.
205. *L'Express*, 26 Août 1988.
206. M. Yourcenar, *Mémoires d'Hadrien,* Gallimard, p. 17
207. M. Yourcenar, *Memorias de Adriano*. Traducción de J. Cortázar. Edhasa, p. 15.
208. L. Dabène (1985), «Quelques remarques sur les verbes météorologiques en espagnol». *Autour de l'impersonnel*. Ellug, p. 119.
209. M. Yourcenar, *Mémoires...*, p. 10.
210. M. Yourcenar, *Memorias...* p. 9.
211. M. Yourcenar, *Mémoires...* p. 238.
212. M. Yourcenar, *Memorias...* p. 186.
213. M. Yourcenar, *Mémoires...*, p. 234.
214. M. Yourcenar, *Memorias...*, p. 182
215. M. Yourcenar, *Mémoires....*, p. 162.
216. M. Yourcenar, *Memorias....*, p. 130.
217. F. Letoublon, J.P. Maurel (1985), «Passif et impersonnel». *Autour de l'impersonnel*. Ellug, p. 15.
218. *Le Monde. Dossiers et Documents*, Décembre, 1986.
219. G. Molinié (1986), *Eléments de stylistique française*, P.U.F., Paris, p. 21.
220. E. Nida y Ch. Taber (1974), *The theory and practice of translating*. Brill, Leiden, p. 12.
221. J.-R. Ladmiral (1979), *Traduire: théorèmes pour la traduction*, Payot, p. 172.
222. J.R. Ladmiral, *Traduire...* p. 172.
223. J. Dubois et al (1973), *Dictionnaire de Linguistique*, Larousse, p. 139.
224. J.-R. Ladmiral (1979), *Traduire...* p. 153-154.
225. J.-R. Ladmiral (1979), *Traduire...* p. 155.
226. J. Delisle, *L'Analyse du Discours...*, p. 113.
227. C. Sarraute, «Galopins», *Le Monde*, 14-3-1987.
228. Tomamos la frase de G. Molinié, *Eléments...*p. 56.
229. *L'Express*, 10 Mai 1985.
230. E.A. Nida *Translating Meaning*. Citado por W. Wilss en «Rhetorical and stylistic issues in translation pedagogy». *Méta. Journal des traducteurs*. Vol. XXX, n. 3, Septiembre 1985, p. 231.
231. P. Macilhay, «Débiles», *Le Monde*, 3-7-81.
232. P. Newmark (1981), *Approaches to...*, p. 177.
233. Ejemplo citado por M. Coyaud (1972), *Linguistique et Documentation*, Larousse, París, p. 110.
234. M. Baker (1992), *In other words. A course on translation*, p. 202.
235. B. Malinowski (1974), «Théorie ethnographique du langage». *Les jardins du corail*, Maspero, París, p. 246.
236. B. Pottier (1968), *Introduction à l'étude des structures grammaticales fondamentales*. Publications linguistiques de la Faculté de Lettres et des

Sciences de Nancy, n.1, p. 1.

237. B. Pottier (1968), *Introduction...* p. 2.

238. B. Pottier (1968), *Introduction*....p. 6.

239. Vinay y Darbelnet en su *Stylistique Comparée du Français et de l'Anglais* llegan a distinguir entre cuatro tipos de unidades de traducción:

— *las unidades funcionales* cuyos elementos participan en una misma función gramatical.

— *las unidades semánticas* que presentan una unidad de sentido.

— *las unidades dialécticas* que articulan un razonamiento

— *las unidades prosódicas* cuyos elementos participan en una misma entonación.

También se refieren al tema, J.R. Ladmiral (1981), «Pour une sémiotique des unités de traduction», en W. Kühlwein, G. Thome y W. Wilss (eds.), *Kontrastive Linguistik und Ubersetzungswissenschaft. Akten des Internationalen Kolloquiums Trier/Saarbrücken, Munich, 280-287.* Asimismo G. Vázquez-Ayora (1982), «On the Notion of an Analitical Unit of translation». *Babel*, vol. XXVIII, n. 2, 70-81.

240. R. Larose (1989), *Théories contemporaines.....*, p. 26.

241. El texto al cual corresponde empieza así:
Ah! que l'automne est joli pour les grands journaux américains de la côte est! Leurs éditoriaux sont placés sous le signe de la jubilation feutrée ou de l'ironie condescendante. L'occasion est belle, pour eux, de se déchaîner contre ce Ronald Reagan qu'ils n'ont jamais aimé.
Formidable renversement de la situation. Le Grand Communicateur est en panne de communication. Son équipe se chamaille. Les Américains, incrédules mais sévères, commencent à se demander si les deux dernières années du mandat de l'homme qui leur avait rendu la fierté ne vont pas mal se terminer (*L'Express*, 5 -Décembre- 1986).

242. J. Flaubert, *Madame Bovary,* p. 23.

243. S. Ullman (1957), *The principles of Semantics*, Blackwell, Oxford.

244. B. Pottier (1977), *Lingüística General.* Versión española de Victoria Catalina, Gredos, Madrid, p. 96.

245. I. Spilka (1981), «Ambigüité et traduction», *Méta*, XXVI, n. 4, p. 333.

246. V. García Yebra (1983), *En torno a la traducción*, Gredos, Madrid, p. 89.

247. *L'Express*, Oct.1985.

248. J.P. Vinay, J. Darbelnet, *Stylistique comparée...* p. 9.

249. Texto definitivo del *XXVIe Rapport Général,* 1992, sobre Medio Ambiente.

250. Traducción oficial del XXVI Informe General sobre Medio Ambiente.

251. XXVIe *Rapport général*, 1992.

252. XXVI Informe General...

253. Citado por P. Newmark (1988), *A textbook...*, p. 220.

254. L. Guilbert (1975), *La créativité lexicale*, Larousse, París, p. 122.

255. P. Newmark (1988), *A textbook of Translation*, Prentice Hall, p. 140.

256. P. Newmark (1988), *A textbook...*, p. 150.

257. *XXVIe* Rapport général.

258.   *XXVI* Informe General.
259.   P. Newmark (1988), *A textbook....*, p, 104.
260.   *L'Express*, Avril 1984.
261.   «La Guerre des gaules», *L'Express*, Oct.1985.
262.   M. Baker (1992), *In other words. A course on translation*, p. 78.
263.   J. Klein (1969), «La traduction de l'image». *Mémoires et Publications de la Société des Sciences, des Arts et des Lettres du Hainaut*. Volume 82, fascicule 2, p. 156.
264.   *L'Express*, 20-2-1987.
265.   *Le Monde*, 14-3-1987.
266.   *L'Express*, 8-1-1988.
267.   H. Chuquet, M. Paillard, (1987), *Approche linguistique des problèmes de traduction,* Ophrys, p. 22.
268.   J.P. Vinay, J. Darbelnet (1977), *Stylistique comparée...* p. 6.
269.   J. Delisle (1980), *L'Analyse du Discours...* p. 167.
270.   D. Seleskovitch (1981), «L'Enseignement de l'Interprétation», *L'Enseignement de l'Interprétation et de la Traduction*, Editions de l'Université d'Ottawa, p. 35.
271.   M. Yourcenar, *Mémoires...* p. 219
272.   M. Yourcenar, *Memorias...* p. 93.
273.   M. Yourcenar, *Mémoires...* p. 175.
274.   M. Yourcenar, *Memorias...* p. 139.
275.   *Le Monde. Dossiers et Documents* (1986), «L'Afghanistan en guerre», Décembre.
276.   G. Galichet, *Psychologie de la langue française*. P.U.F., París, p. 118.
277.   J. Dubois, (1969), *Grammaire structurale du français: la phrase et ses transformations*, Larousse, París, 1969, p. 53.
278.   *Le Monde. Dossiers et Documents. (1984)*, Décembre.
279.   M. Yourcenar, *Mémoires...* p. 172.
280.   M. Yourcenar, *Memorias...*, p. 138.
281.   M. Yourcenar, *Souvenirs Pieux* , Gallimard, p. 96.
282.   M. Yourcenar, *Recordatorios,* Traducción de E. Calatayud, Edhasa, p. 98.
283.   G. Vázquez-Ayora (1977), *Introducción a la Traductología*, Georgetown University Press, p. 261-262.
284.   M. Yourcenar, *Mémoires...*, p. 219.
285.   M. Yourcenar, *Memorias...*, p. 225.
286.   M. Yourcenar, *Mémoires...*, p. 250.
287.   M. Yourcenar, *Memorias...*, p. 196.
288.   M. Yourcenar, *Quoi? L'Eternité*, p. 124.
289.   M. Yourcenar, *¿Qué? La Eternidad*, p. 132.
290.   M. Yourcenar, *Mémoires...*,p. 165.
291.   M. Yourcenar, *Memorias...*p. 132.
292.   M. Yourcenar, *Mémoires...*, p. 24.
293.   M. Yourcenar, *Memorias...*, p. 21.
294.   XXVIe Rapport général de las Commission Européenne, 1992.
295.   Traducción Oficial del XXVI Informe general de la Comisión Europea, 1992.

296. J. Delisle (1980), *L'Analyse du discours....*, p. 94-96.
297. E. Bernárdez (1987), «El nombre propio: su función y traducción», *Problemas de la Traducción*, Fundación Alfonso X El Sabio, p. 21.
298. Ver, S. Embleton (1991), «Names and their Substitutes. Onomastic Observations on Astérix and its Translations», *Target. International Journal of Translation Studies.*, 3:2, p. 175-206.
299. J. Cantera Ortiz de Urbina (1987), «La problemática de los nombres propios en la traducción del francés al español», *Problemas de Traducción*, Fundación Alfonso X El Sabio, p. 23.
300. *Le Monde. Dossiers et Documents (1986)*. Décembre, 1986.
301. *L'Express*, 11 Septembre 1992.
302. C. Klein-Lataud, C. Tatilon, (1986), «La traduction des structures grammaticales». *Méta.* XXXI, n.4, p. 370.
303. H. Chuquet, M. Paillard (1987), *Approche linguistique des problèmes de traduction*, Ophrys, p. 33.
304. Ch. Nord (1991), *Text analysis in Translation*, p. 159.
305. M. Wandruszka, *Nuestros idiomas comparables e incomparables*, Gredos, Madrid, p. 381.
306. M. Yourcenar, *Mémoires...*, p. 166.
307. M. Yourcenar, *Memorias...* p. 133.
308. M. Yourcenar, *Mémoires...*, p. 161.
309. M. Yourcenar, *Memorias...*, p. 147.
310. *L'Express*, Juin 1986.
311. *L'Express*, 13 Mai 1983.
312. *L'Express*, 25 Juin 1973.
313. *L'Express*, 1 Mars 1983.
314. *L'Express*, 30 Août 1982.
315. M. Yourcenar, *Mémoires...*, p. 21.
316. M. Yourcenar, *Memorias...*, p. 18.
317. O. Ducrot, T. Todorov (1972), Dictionnaire encyclopédique des sciences du langage, Seuil, París, p. 324.
318. M. Wandruszka (1976), *Nuestros idiomas...*, p. 293.
319. *L'Express*, 20 Novembre 1984.
320. *L'Express*, 14 Mars 1986.
321. *Nouvel Observateur*, Octobre 1984.
322. *L'Express*, 5 Août 1988.
323. *L'Express*, 20-1-1989.
324. *Le Nouvel Economiste*, 26 Août 1988.
325. Ejemplo sacado de M. Paillard, H. Chuquet (1987), *Approche linguistique des problèmes de traduction*, p. 147.
326. J. Dubois y otros (1973), *Dictionnaire de Linguistique*. Larousse, París, p. 137.
327. B. Pottier, *Lingüística general...*, p. 235.
328. *L'Express*, 19 Août 1988.
329. M. Yourcenar, *Mémoires...*, p. 293.
330. M. Yourcenar, *Memorias...*, p. 229.
331. M. Duras (1991), *L'Amant de la Chine du Nord*, Gallimard, p. 70.
332. M. Duras, *El amante de la China del Norte*, Traducción de B. de

Moura, Tusquets editores, p. 61

333.   M. Duras (1991), *L'Amant de la Chine...*, p. 58.

334.   M. Duras, *El amante de la China...*, p. 49.

335.   J. Cervoni (1991), *La préposition. Etude sémantique et pragmatique.* Duculot, p. 6.

336.   J. Cervoni (1991), *La préposition...*, p. 273.

337.   Ejemplo tomado de la mencionada obra de J. Cervoni (1991), p. 246.

338.   Ejemplo tomado de la mencionada obra de J. Cervoni (1991), p. 260.

339.   Ver A. Doppagne (1984), *La bonne ponctuation*, Duculot, Paris-Gembloux.

340.   Según *El País. Libro de estilo*, Ediciones El País, Madrid, 1990.

341.   M. Charlot et al (1982), *Pratique du thème anglais*, Armand Colin, París, p. 8-9.

342.   Seguimos las indicaciones de *El País. Libro de estilo.*

343.   J. Darbelnet (1977), «Niveaux de la Traduction», *Babel*, vol. XXIII, n. 1.

344.   E. Nida y Ch. Taber (1967), *The theory and practice of translation* p. 173.

345.   J. House (1977), *A Model for Translation Quality Assesment,* TBL Verlag Gunter Narr, Tubinga.

346.   Terminología extraída de J. R. Ladmiral (1979), *Traduire: théorèmes pour la traduction*, Payot, París.

347.   Roda P. Roberts (1992), «Translation Pedagogy: Strategies for Improving Dictionary Use». *Traduction, Terminologie, Rédaction. Etudes sur le texte et ses transformations.* Volume V, n. 1, 1er. semestre 1992, Concordia University, p. 51.

348.   Por ejemplo *Le Robert Electronique* reúne nueve mil páginas correspondientes a los nueve volúmenes de esta obra, con cien mil entradas.

349.   J. Ortega y Gasset (1947), *Esplendor y miseria de la Traducción.* Obras Completas. Tomo V. Revista de Occidente, Madrid, p. 431.

350.   H. G. Gadamer (1989), *The Craft of the translation*, Chicago University Press, Chicago, p. IX.

Índice temático

Notas

Notas

Notas

Notas

Notas

Notas

COLECCION
L e A

Lenguaje · *escritura* · Alfabetización

Dirigida por Emilia Ferreiro

La escritura, como tal, no es el objeto de ninguna disciplina específica. Sin embargo, en años recientes se ha producido un incremento notable de producciones que toman la escritura como objeto, analizándola desde la historia, la antropología, la psicolingüística, la paleografía, la lingüística... El objetivo de la **colección LEA** es difundir una visión multidisciplinaria sobre una variedad de temas: los cambios históricos en la definición del lector y las prácticas de lectura; las complejas relaciones entre oralidad y escritura: los distintos sistemas gráficos de representación y de notación; las prácticas pedagógicas de alfabetización en su contexto histórico; la construcción de la textualidad; los usos sociales de la lengua escrita; los procesos de apropiación individual de ese objeto social; las bibliotecas y las nuevas tecnologías. Los libros de esta colección permitirán agrupar una literatura actualmente dispersa y de difícil acceso, permitiendo así una reflexión más profunda sobre este objeto "ineludible".

DAVID R. OLSON Y NANCY TORRANCE	Cultura escrita y oralidad
JACK GOODY	Cultura escrita en sociedades tradicionales
JEAN BOTTÉRO Y OTROS	Cultura, pensamiento, escritura
GEOFFREY SAMPSON	Sistemas de escritura
E. FERREIRO, C. PONTECORVO, N. RIBEIRO, I. GARCIA	Caperucita roja aprende a escribir